変動する大学入試

資格か選抜か　ヨーロッパと日本

Certification or Selection?
—Secondary School / University Articulation
Reforms in Europe and Japan

伊藤実歩子 *Mihoko Ito* ◎編著

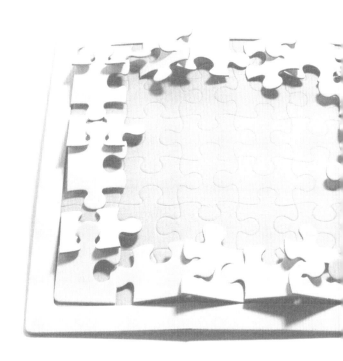

大修館書店

まえがき

　本書は、ヨーロッパにおける中等教育修了資格試験の改革を検討するものである。とはいえ、ヨーロッパ諸国を網羅することは不可能であるため、本書で取り上げることができるのは、オランダ、イタリア、オーストリア、ドイツ、フランス、スウェーデン、フィンランド（コラムのみ）、イギリスに限定される。国境を越えた資格という点から国際バカロレアもコラムで取り上げている。

　本書を構想するきっかけになったのは、2018年9月22日に立教大学で開催したシンポジウム「変動する入試改革——ドイツ・フランスの事例から——」である。学会の共催などもない小さなシンポジウムであったが、多くの参加者があり、入試改革に対する人々の関心の高さを実感した。

　このシンポジウムで明らかになったことは、日本同様、ドイツもフランスも高大接続に問題を抱えているということであった。例えば、修了資格試験の公平性や客観性の問題、大学進学者がマス化したことによる大学の定員超過の問題、試験のための学習になってしまう高校の授業の問題、あるいは大学生の学力低下の問題などである。そしてもう一つ分かったことは、これらの問題は日本においてはあまり知られていないということであった。

　本書の執筆者の多くは、教育方法学を専門として、またその中でも、比較的アプローチをとり、ヨーロッパ各国の初等・中等教育に関する教育方法・内容研究および教育評価に関する研究に従事してきた。それが高大接続の問題に関心の射程を広げたのはなぜか。そこにはおよそ三つの契機がある。

　第一に、上述したようなヨーロッパの高大接続における問題が、当然のことながら、初等・中等教育から連続するものであるということである。にもかかわらず、教育方法学において高大接続の研究は不足しているという実態がある。こうした実態を直視し、わたしたち自身のこれまでの研究の範囲を広げる必要があると考えた。

　第二は、より教育方法学的な具体的関心によるものといってよい。2000年

に OECD によって開始された PISA（Programme for International Student Assessment）は、世界の初等・中等教育に大きな影響を与えたことは周知のことである。しかし、以後 20 年が経過する中で、PISA が義務教育だけでなく、教育制度全体により強く規範的ともいえる影響を及ぼす力を持つようになったことを、批判的に検討する必要があると考えるようになった。

　第三の点はより日常的で深刻な問題意識に拠っている。日本には優れた教育実践の歴史がある。それを私たちが担当する講義やゼミで紹介すると、学生たちは、「先生、それは確かに素晴らしい実践ですね。でも、それは小学校、よくても中学校までで、高校になったら受験もありますし、あのような実践は現実的ではないですよね」と言う。それは、私たちの経験上、選抜性の高い大学でもそうでない大学でも同じ反応であった。素晴らしい授業と入試は別物なのである。学生たちは大学入試を経た自分たちの経験と日本の入試に関する常識をもとに言っているのであって、そしてまた私たち自身も同じ経験（いや、むしろ彼らよりも授業と入試を別物として受容し、入試に要領よく適応した経験）を持っているので、そうではないと強く反論できないでいることに歯がゆさを覚えていた。

　つまり、教師が高い意欲と専門性の高い目的をもって工夫を凝らした授業をしても、「教科書が終わらない」「（入試で使える）知識が身につかない」「入試に間に合わない」といった理由で、授業そのものを検討し研究することの意味が、学校階梯を上っていくにつれて喪失していくのである。この喪失に向き合うためには、多くの人々にとって人生の岐路といったイメージさえある、最もハイステイクスな教育評価の問題、すなわち大学入試に踏み込んで検討する必要があると考えた。授業と入試が別物であっていいのか。わたしたちはそれでいいとは考えていない。

　本書は、こうした素朴な気持ちから作った素朴な本である。上記の問題をすべて解決したなどというつもりはないし、できるものでもない。またヨーロッパを範にすべきだというつもりもない。ヨーロッパの入試改革の現状と課題を検討することで、日本の入試改革の問題を相対化できる視点を提供できれば良いと考えて作り始めた本である。

　本書の作成途中において、共通テストの英語外部試験や記述式問題の導入に大きな批判が集まり、2019 年 11 月から 12 月にかけていずれも延期となった。以降（もちろんそれ以前からも）、多くの書籍や雑誌の特集などで大学入試改革は議論されてきている。そうした議論を参照すれば、わたしたちは明確な立場を示していないと思われるかもしれない。それでも、先述の通り、高大接続改革の研究に教育方法学の研究者が踏み込むことは大きな挑戦であった。しかし同時に必要なことでもあったと思っている。読者に忌憚のないご意見をいただければ幸いである。

著者を代表して

伊藤　実歩子

【追記】2020 年に始まったコロナウィルス感染拡大によって、ヨーロッパの多くの学校や大学も長い休校に追い込まれたことは周知のとおりである。そして、当然のことながら各国の中等教育修了資格試験もまたそれへの対応を余儀なくされた。各章の終わりに、追記として、各国の対応を短くまとめている。日本の対応はどうなるのだろうか。なお、コロナに関する情報は常に更新されるため、「追記」は最新のものではないことはあらかじめ断っておく。

目　次

まえがき　i

序章

一発勝負の国から見たヨーロッパの入試改革 ………… 伊藤実歩子　1

　1. はじめに／ 2. 日本とヨーロッパの大学入試の比較──「大学が入学者を選抜する」制度と「入学者が大学を選択する」制度／ 3.「教育評価」としての大学入試を構想する／ 4. 日本の入試改革の議論に欠けているもの／ 5. 本書の構成

第 1 章　*the Netherlands*

見直され続けるオランダの中等教育修了資格試験

　──教育の論理に根差す試験とは ……………………… 奥村好美　21

　1. はじめに／ 2. 複線型の中等教育と修了資格試験／ 3. 様々な評価方法を組み合わせた試験のあり方──現代外国語科を例に／ 4. 学校試験の質の維持／ 5.「教育の質の矮小化」──オランダの試験への批判／ 6. おわりに

　【コラム①】生徒たちのための、生徒たちによる組織（LAKS）　43

第 2 章　*Italy*

イタリアの高校生はなぜマトゥリタ試験の改訂に抗議したのか

　──生徒の学習を尊重した修了資格試験のあり方 ………… 徳永俊太　45

　1. はじめに──高校生によるデモ／ 2. 学校での学習を尊重するマトゥリタ試験／ 3. イタリア語と複数の教科内容を問う筆記試験／ 4. 学校での学習全般を問う口述試験／ 5. マトゥリタ試験改革の背後にあるもの／ 6. おわりに──マトゥリタ試験改革のその後

　【コラム②】イタリアにおける PISA ショック　66

　【コラム③】一メートル四方のかぎられた世界　68

第3章　*Austria*

オーストリアのマトゥーラ改革と「PISA 型教育改革」

──口述試験で測られる能力 ……………………………… 伊藤実歩子　71

1. はじめに／2. 統一マトゥーラ導入前史──PISA ショックからの教育改革／3. 統一マトゥーラの三本柱／4. 口述試験という方法──教員・学校の指導性の確保／5. おわりに

【コラム④】オーストリアに大学入試がやってきた！──マトゥーラの限界？　95

第4章　*Germany*

Bildung<small>ビルドゥング</small>とアビトゥア──ドイツにおける伝統的理解と現在の議論

……………………………… ロター・ヴィガー／伊藤実歩子 訳　99

1. はじめに／2. 古典的概念としての Bildung／3. アビトゥア小史／4. アビトゥアの質に関する論争／5. アビトゥアの比較可能性と公平に関する議論

解説：Bildung とアビトゥア──アビトゥアの歴史と現在

……………………………………………………………… 伊藤実歩子　117

第5章　*France*

なぜバカロレア改革は混乱を引き起こしているのか

──平等と選抜のフランス的ジレンマ ………………………… 坂本尚志　123

1. はじめに／2. フランスの「入試」バカロレア／3. バカロレア試験の歴史／4. 現在のバカロレア試験／5. バカロレアは取ったけれど──進路選択という難問／6.「選ばれる大学」から「選ぶ大学」へ──改革への抵抗／7. 2019 年、状況は改善したのか？──選抜と平等のジレンマ／8. 脱「試験一発勝負」のために──バカロレア・高校教育改革／9. おわりに──バカロレア改革のゆくえ

第6章　*France*

フランスの「受験戦争」

　　──グランゼコール準備学級におけるエリート選抜 ········ 坂本尚志　143

　　1. はじめに──「エリート社会」フランスとグランゼコール／2. グランゼコールとは何か？──その現状／3. グランゼコールに入るには──グランゼコール準備学級（CPGE）の位置づけ／4. グランゼコール準備学級の教育／5. グランゼコールの入試──トップ校高等師範学校では何が要求されるのか？／6. バカロレアとグランゼコール入試──何が同じで、何が違うのか？／7. おわりに──エリート選抜の変動

　　【コラム⑤】エリート選抜の裏側で　170

第7章　*Sweden*

生涯学習社会スウェーデンの大学入試

　　──オープンでシンプルな制度を目指して ····················· 本所　恵　173

　　1. 大学入学制度の概要／2. 25：4ルールの導入と廃止／3. 高等教育試験／4. 生涯学習社会の中の大学教育

　　【コラム⑥】大規模カンニング　194

　　【コラム⑦】フィンランドの入試改革──生涯学習と社会人入学の伝統の転換　197

第8章　*United Kingdom*

イギリスのAレベルと多様な入学資格

　　──受験機会ではなく、進学機会の公平性を ················ 二宮衆一　201

　　1. はじめに──大学進学の切符としてのAレベル／2.「合格通知」ではなく、「条件提示」／3. 多様な入学資格／4. 公平な選抜とは／5. 暗記では対応できないAレベルの試験問題／6. 手間をかけた採点／7. おわりに

　　【コラム⑧】Aレベルの試験官（Examiner）　227

　　【コラム⑨】国を超える大学入学資格としての国際バカロレア　229

第9章 *Japan*
　揺れる日本の大学入試改革
　　──その実態と挑戦……………………………………………木村　裕　235
　　1.　日本の大学入試改革の流れと揺らぎ／2.　日本の大学入試をめぐる現
　　状と改革の主要な方向性／3.　大学入学共通テスト改革の具体とそれを
　　めぐる議論／4.　個別選抜に関する改革をめぐる動き／5.　個別選抜に関
　　する特徴的な取り組み／6.　日本の大学入試改革に見る特徴と挑戦

　各国教育制度図　265

　あとがき　271

　索引　274

序章

一発勝負の国から見たヨーロッパの入試改革

伊藤実歩子

1. はじめに

　わたしたちは一発勝負の試験の国に生きている。一発勝負とは、同日同時、同一内容の試験を可能な限り同じ条件下にある場所で受けるということを意味している。大学入試センター試験でも、その前の大学共通第一次学力試験でも同様に、全国同じ日、同じ時間に、多くの受験者が静かに着席し、同じ試験問題が配布されるのを厳粛に待つ。大学入試には、この厳格で静粛なイメージが定着している[1]。一方で、こうした厳密で容赦ない入試文化は、日本社会のゆがみとしても厳しく批判されてきた。例えば、知識の有無を問う暗記主義や、一点刻みで合否が分かれることの非教育性、あるいはその結果としての強い学歴信仰などに対する批判である。このような批判に対して、「多様性」の原理に基づいた入試の必要性が主張され、国公私立大学を問わず、多様な推薦入試方法が展開されるようになった。現在では、実に、大学入学者の４割以上が指定校推薦や AO 入試などの多様な入試制度を利用している。しかしながら、基本的には、これまでのセンター試験のように、同日同時同一内容の試験を受けるのが正統な大学入学ルートで、それこそが平等、公平な方法だと思っている人びとはまだまだ多数派だろう。それゆえに、といえるかどうかは実証できないものの、高大接続改革と銘打たれた記述式問題や英語の外部試験導入は、社会を大いに混乱させるものと捉えられ、結局、2019 年後半に頓挫した。記述問題自体は、国公立大学の二次試験や一部の私立大学の入試問題でも見られるにもかかわらず、センター試験への導入

は困難だったのである。「公共性」と「公平性」が求められてきたセンター
試験を代表とする日本の試験文化のもとでは、記述式試験は受け入れられな
いものなのだろうか。

その可能性を検討するにあたっては、日本とは異なる試験文化の発展や試
行錯誤の経験が参考になる。そこで本書では、ヨーロッパの入試改革を検討
している。とりわけ、大学入試制度が問題視され、あるいはかつて改革の焦
点となり、日本と時期を前後して入試改革が進行している8か国（オランダ、
イタリア、オーストリア、ドイツ、フランス、スウェーデン、コラムとして
フィンランド、イギリス）を取り上げた。とはいえ本書は、ヨーロッパの制
度を良いものとして安易な「輸入」を意図するものではない。一方、日本の
文化や社会制度には合わないと一蹴するものでもない。こうした短絡的な二
者選択の姿勢を取るのではなく、各国の入試改革までの歴史的経緯や現状、
評価方法の実際などを丁寧に記述することによって、日本の問題を相対化す
る視点を浮かび上がらせたい。

なおヨーロッパでは、後期中等教育修了資格（高等教育入学資格）があれ
ば、原則的には希望する大学に入学できる制度を取る国が多く、本書で検討
している国々も例外ではない。したがって厳密には、大学入試と付した本書
のタイトルや先の表現は正確ではない。日本とヨーロッパでは、選抜試験と
資格試験というシステムの根本的な違いがあるが、本書では通称として大学
に試験によって入学するシステムを「大学入試」あるいは「入試」と表現す
る。なお、後期中等教育修了資格ならびに同試験という表現も場合によって
使用する。

2. 日本とヨーロッパの大学入試の比較
——「大学が入学者を選抜する」制度と「入学者が大学を選択する」制度

教育社会学者の天野郁夫は、日本が「入学試験」の国であることに対して、
欧米を「卒業試験」の国と称した[2]。ドイツのアビトゥア、フランスのバカ
ロレア、英国のAレベルといった中等教育修了資格およびその制度を示し
たこれらの名称は日本でもよく知られているだろう。

　こうしたヨーロッパの制度を、本書の問題関心に沿って表現すれば、「入学者が大学を選択する」制度ということができる。対して、日本は「大学が入学者を選抜する」制度ということになる。別の表現をすれば、ヨーロッパは下級学校が大学入学者の学力を保証する制度であるのに対し、日本は上級学校が入学者の学力を査定する制度ともいえる。近年、どちらの制度も限界を迎えており、大学入試改革を余儀なくされている。本書では各章において各国のそうした事情が詳細に検討されるが、その前提として、以下では、日本とヨーロッパの入試制度の問題点を、本書の問題意識に関連付けて検討してみたい。

（1）日本の大学入試の問題点——「公平性」と「多様性」が共存する制度

　大学入試を考えるための重要な軸として、「公平性」と「多様性」がある[3]。そしてこの両者は非常に両立が困難である。公平で、多様な人材が獲得できるような試験の方法があれば一番良いのだが、現実には、公平性を担保すれば、多様性が犠牲になる。逆もまたしかりである。それゆえに、入試をめぐる問題は決して解決されることがない。

　「公平性」と「多様性」の対立は、2020年度からの国語と数学における記述式問題の導入や英語の外部試験導入が、相次いで見送られたことに端的に表れている。すなわち、記述式問題や外部試験の導入の根底には、これからの時代には「知識・技能」だけでなく、社会や日常の生活から課題を発見し、それを複数の資料と組み合わせるような思考力・判断力・表現力といった「多様な」能力が必要だとする考えがあった（詳細は第9章を参照）。しかし、これに対する最大の批判は、多様な能力を評価する手続きが「不公平」だという点にあった。例えば、新聞の見出しのひとつに「採点のばらつき『公平性』欠く」（2019年11月14日　東京新聞朝刊）とあったように、自己採点と実際の評価に齟齬が出る確率が高い、採点者による評価のばらつき、その採点者の質のばらつきなどが「公平でない」という世論が強く、文科省はそうした「手続き的公平性」への不安をどうしても解消することができなかったのである。

　しかし、一方で不思議に思うことがある。新しい「共通テスト」での公平
性がこれほど批判されたのに対して、推薦入試やAO入試などの選抜方法
においては、公平性が社会的に大きな問題にはならない。それはなぜか。推
薦入試やAO入試の選抜方法は、「学力を不問にしている」と言われたり、
「だからこれからは学力を問うようなものにしよう」と主張されたりするこ
とはあっても、その選抜方法に対して公平性や客観性のある方法を具体的に
検討しようという議論になってはいない。なぜなのだろうか。

　この理由の一つは、教育社会学者の中村高康が指摘するように日本の大学
入試制度研究が、1990年代半ばまで、「すでにその時点で大学入学者の3割
が通過していた推薦入学制度を枠組みに積極的に取り込んでいくという作業
を教育社会学者が怠ってきた」[4]ことにある。中村の推薦入学試験の拡大に
注目した研究によって、推薦入試は学術的にも認知されるようになったが、
共通テストへの記述式問題導入の見送りによって、多様な入試の方法につい
ての議論もまた頓挫してしまった印象を持つ。

　繰り返しになるが、推薦入試による入学者が4割を占める日本の入試制度
は、全体として、果たして「公平」なものといえるのだろうか。言い換えれ
ば、一般入試に対する日本の過剰な公平性信仰はなぜあるのか。こうした問
いに答えてきたのが、中村より以前の世代による日本の教育社会学研究であ
る。

①「公平性信仰」の起源

　日本の入試において「公平性」が重視されるようになった背景を、園田英
弘は、明治維新にさかのぼり、次のように指摘している[5]。すなわち、日本
は明治維新で「下級武士による『革命』を経た」ために、「階級構造は著し
く開放的」になった。そのため教育に関しては、ヨーロッパ諸国が伝統的な
階級構造を維持するために学校教育制度を設計したのとは異なり（第4章解
説を参照）、「学校が旧支配階級の身分文化と断絶する形で制度化」された。
そして、官僚、専門的職業人、経営者、企業職員などから構成される新しい
階級が、学校教育を通じて作り出された。つまり、社会階級の構造が開放的
であったために、学校制度もまた開放的となり、「それが人々の上昇移動へ

の野心をたえまなく加熱する役割を果たした」。このような制度の中にあって、入学試験は誰でも受けることができた。誰でも受けられるからこそ、同じ問題、同一日程などの手続き的な「公平性」が求められるようになった。園田は、「学力だけにもとづく公平な競争が、近代の日本人に開放感を与え」、「学力だけの公平な競争が存在しているということが、多くの日本人を受験という戦場へ駆り立てた、最大の原動力」となったがゆえに、「日本人は公平ということを信じすぎてしまったのかもしれない」と指摘した。わたしたちのセンター試験や共通テストに対する公平性信仰は、明治維新までさかのぼることができる歴史的・文化的な背景を持つものだったのである。

②見えない不公正

久冨善之は、入試における公平と経済的文化的格差について、以下のように指摘をしている[6]。共通一次試験において、「競争過程・判定尺度に対する公正要求とは対照的に、一人ひとりの子どもの持つ競争条件、つまり親・家族の違い（差）、またその社会的集積としての階層差が、競争の公正に反することだとして、今の日本で怨嗟・憤激の的になっているとは言えない」[7]。そして、それは「競争は『公正』になされているとだれもがみとめるがゆえにその結果の優・劣を『秩序』として受け入れ、その秩序が『正当化』される」からだとした。そしてブルデューを引きながら、こうしたメカニズムは、「文化資本相続の隠蔽性」ゆえだとした。文化資本を相続することが外から見えにくいのは、家族にとっての学力・学歴獲得競争が「彼らが保持する経済的・文化的な力をどれだけ有効な比率で子どもの学業的達成へと転化できるのかの『戦略』にほかなら」ず、「この競争と戦略の下では、『競争の公正』の要求は、競争がもつ秩序化・正当化作用を妨げないようにしか働かない」と指摘している。すなわち、日本において競争の仕組みに対する公平への要求は非常に高い一方で、その競争の前提となる階層差は、仕組みに隠されて国民の不満の対象にはならないのである。

競争がもつ秩序化・正当化作用とは、誰もが受験可能で、多肢選択式によって正否が明示されるセンター試験が持つ作用だと考えるとわかりやすい。これが今回の記述式問題の導入で大きく揺さぶられることになり、あれだけ

の批判が起こったと考えることができるだろう。今回の一連の改革では、英語の外部試験導入が、地方に住む生徒たちや複数回試験を受けることが経済的に困難な生徒たちに不利だということが報道されたが、実はそうした地域格差や経済的格差による不公平はこれまでもあった。しかし、競争が持つ秩序化・正当化作用によって、あるいは手続き的公平性によって、センター試験は公平になされているというイメージが維持され、競争条件の差による不公正が隠されてきたのである。

③「冷却」としての推薦入試・「個人化」する推薦入試

竹内洋が、日本社会の特徴を選抜社会であると指摘し、「加熱」と「冷却」が機能していると説明したことはよく知られている。選抜の直前までは誰でも努力すればどんなポストも学歴も獲得できるという「加熱」作用が働き、選抜の後には、選抜に敗れた者を別の価値に移行させて「冷却」したり、あるいは価値は変換せずに次善の策で満足させたりする「縮小」の仕組みが用意されてきたと論じたのである[8]。

この「加熱」と「冷却」という考え方を用いて、竹内は、すでに1980年代に推薦入試が増加した現象を次のように分析していた。すなわち、そこで拡大した「『多様性』基準はすでに『公平性』に傾斜した試験の裏側に作動した冷却の中に存在していた」[9]。推薦入試が一般入試よりも時期的に前に実施されることを考えると、実際には、加熱の中（＝一般入試）では敗れることを予期した者たち、あるいは加熱自体に価値を見出さなかった者たちが、推薦入試の仕組みに取り込まれ、またその仕組みをこれまで支えてきたといえるだろう。ただし、竹内は、「多様性」は「公平性」の基準に照らしてみれば、いろいろな問題があるとも指摘している。例えば、特定の高校からの入学者数の実績に基づいた指定校推薦制度、高校間格差を反映しない内申書の成績の妥当性などである[10]。現在であれば、特定のスポーツ経験者、留学経験者や帰国子女であるといった保護者の経済力や職業に依存した条件を設定した入試方法は妥当かといった問題があるだろう。しかし、こうした問題は認識されても、推薦入試は決して「共通テスト」ほどに厳しい批判にさらされることはなかった。

　推薦入試については、天野郁夫が「個人化」という言葉でこれを説明している。「入学者選抜方法の多様化は、入学試験による学力評価以外の多様な評価手段の導入の形式で進行しているが、それは『個人性』の記録のさらなる精緻化をもたらしつつある。クラブ活動やボランティア活動の点数化は、その象徴といってよい」[11]。つまり、推薦入試は、量的に急速に拡大しながら、その質的基準は「個人化」の方向へと進み、共通の選抜方法の基準作りや学力保障が問われることはなかったのである。

　上記の竹内や天野の指摘から30年以上が経過した。限られた大学での競争率が変わらず高い一方、選抜機能を喪失した大学も多くあり、一般入試というものがもはや破綻していると言われて久しく時間がたつ。「試験の得点に基づいて、公平・公正な序列づけに基づく選抜ができるというのは幻想」であり、これまでのような「入試に依存した学力把握には限界がある」[12]とする指摘は、もはや入試（改革）関係者だけでなく、世論としても認知されているのではなかろうか。

　そうした中で、センター試験への記述式問題導入の頓挫から見えてきたものは、いまだ強固な「公平性信仰」である。もっともそれは、センター試験あるいは新しい「共通テスト」にのみ残されたように見える。一方で推薦入試では、多様性の一層の拡大によって天野が指摘した「個人性の精緻化」が進んだだけでなく、そもそも「冷却」装置であった推薦入試における「加熱」が見られる状況になっている。この状況を公平性でもって「冷却」できないとすれば、ほかにどのようにしてそれを「冷却」すればよいのだろうか。この点は、本書を貫く基本的な考え方につながるため、後述したい。

（2）ヨーロッパの後期中等教育修了資格試験の問題点
——ヨーロッパの制度は本当に「非競争的」なのか

　ヨーロッパでは、後期中等教育修了資格さえ所有していれば、原則としてどの大学のどの学部にでも入学できる。日本の大学入試が、「定員を上回る志願者を序列化された点数のみによって不合格とする『落第試験』」[13]と言われるのに対して、ヨーロッパの後期中等教育修了資格試験は、落とすための

試験ではない。これを聞くと一般的には、「ヨーロッパは競争がなくていい」という反応が多い。しかしながら、ヨーロッパの大学へ進学するための試験制度は本当に非競争的なのだろうか。

①中等教育におけるドロップアウト問題

　結論から言うと、ヨーロッパの制度が非競争的ということはできない。それは、日本とヨーロッパにおける進級制度の相違に一因がある。日本は義務教育で履修主義（年数主義）を採用しているのに対して、ヨーロッパの多くの国では一般的に修得主義（課程主義）が採用されている。履修主義は、被教育者が所定の教育課程を、その能力に応じて一定年限の間、履修すれば当該の教育課程を履修したとする考え方である。一方、修得主義は、所定の課程を履修し、教育目標に対して一定の成果を収めることを求める考え方である[14]。

　例えば、オーストリアでは、後期中等教育の最終学年生徒の内、ストレートで最終学年に到達したのはおよそ60％のみであることが指摘されている。残りの40％の生徒は、少なくとも1度は留年（8％）していたり、異なる学校種へ移動していたり（25％）、ドロップアウト（7％）した生徒である。とりわけ、職業教育学校において留年、転学、ドロップアウトが多く、対して、それらの割合が最も低いのが、大学進学を前提としたAHS（ギムナジウム）である。AHSは転学率（15.1％）、留年率（8.8％）とドロップアウト率（6.5％）ともに低い[15]。ただ、AHSの留年率などの低さは、ここに進学するまでに社会階層的な選抜が行われているためである。このことに留意すれば、中等教育を修了するまでの過程において、日本ではまだ自確しにくい「見えない選抜」が行われているといえよう。留年[16]やドロップアウトは、本人の成績不振や意欲喪失などの理由が大きく、見える選抜と思われるかもしれない。しかし、留年、転学、ドロップアウトが多い職業教育学校に進学するというそもそもの選択に、社会階層や移民を背景とする出自であるといった、本人のやる気や努力とは関係のない要因が働いていることを考えれば、やはり「見えない選抜」と言えるだろう。

　一方、日本の高校の状況を見れば、制度上は修得主義ではあるものの、高校中退率1.3％（平成29年度）[17]、留年率は東京都でおよそ0.3％（平成30年

度)と実質的には履修主義であり[18]、オーストリアとの違いは歴然としている。

　つまり、マトゥーラやドイツのアビトゥア、フランスのバカロレアなどの試験自体が選抜的でないことは確かであるが、実態として、その試験を受ける後期中等教育の最終学年に到達するまでに、生徒は選抜されている。したがって、日本と比較したときに、ヨーロッパの入試制度は「非競争的」であると一言で済ますことはできない。

　また同時に、ヨーロッパでは大学においてもドロップアウト率が高いことが問題となってきた。近年では、EU全体で学士取得者を増やすことが目指されており、実際に取得率も徐々に向上してきてはいるものの、大学を卒業するのは日本ほど容易ではない[19]。

　こうした状況を見ると、日本とヨーロッパでは大学入試をめぐる問題の質が異なることが分かる。日本は競争的な大学入試の方法や、入試の是非が問題となるのに対して、欧州では、いかに中等教育の中退率を下げるかということが問題になる。より厳密には、留年はそれほど問題ではなく、(前期)中等教育修了資格を持たないままに社会に出ることが問題視される。そしてその問題に対応するために、後期中等教育の前段階である義務教育段階や前期中等教育でのドロップアウト、および職業高校でのドロップアウトを抑制することが課題となっている。

②中等教育修了資格試験の「テスト化」

　ヨーロッパの後期中等教育修了資格試験制度は、上述したような「見えない選抜」の上で成立してきたが、一方で、近年この資格取得者が増加していることはヨーロッパ諸国に共通する傾向である。野田文香は「ドイツでもフランスでも最近は高学歴化が進展し、高等教育と職業訓練のハイブリッド化が起こっている」[20]と指摘する。本書では、高等教育と職業訓練のハイブリッド化については、特に、スウェーデンの事例にみることができる(第7章)。こうした状況は、ヨーロッパ高等教育圏の構築を目指すボローニャ・プロセスによる教育政策の標準化の影響を受けている[21]。大学進学希望者の増加に伴う改革を本書では検討するが、その傾向を先述の天野は「予言」している。少し長くなるが引用する。

　［ポストモダン社会における：引用者注］就学の普遍化と長期化は、第一に、上級学校への進学希望者の増加と、それに伴う選抜の試験の重要性の高まりをもたらす。社会が「業績の貴族制」を志向し、学校に「業績」に基づく評価と分類の役割を期待すればするほど、卒業試験にせよ入学試験にせよ、入学者の決定につながる試験に客観性、公平性を求める社会的な圧力が強まり、それが、一方では同一問題による一斉試験、共通試験への、他方では標準化され規格化されたテストへの志向を生み出す。イグザミネーションのテスト化である。ヨーロッパ諸国が長く伝統としてきた口頭試問タイプの試験や論文タイプの試験は、こうしてその非効率性、非客観性、実施の困難さなどのゆえにしだいに姿を消し、代わって選択肢式のテストが試験の支配的な技術となっていく。

　　第二にそれは、学校教育に投入される諸資源の増加と社会的影響力の増大とから、学校の公共的責任を問い、ひいては国家による学校の「監視」の強化を求める政治的な圧力を生み出す。この、学校は巨額の投資に値する成果を上げているのか否かを問う声もまた、成果を「監視」する手段としての、国家規模で実施される標準・共通テストへの期待につながる[22]。

　第一点目に述べられている「イグザミネーションのテスト化」は、ヨーロッパの大学入試の内容に関わる重要な変化である。イグザミネーションという語は、試験するという意味以外にも、調べる、審査する、検討するなど多くの意味を含むもので、ヨーロッパの「試験」は伝統的にエグザミネーションであった。これに対して主にアメリカで開発された「テスト」は、より客観的で公平性を重視したものだった。この違いを前提として、天野は、ヨーロッパの試験が「テスト化」していることを指摘しているのである。この天野の指摘、すなわち、「イグザミネーションのテスト化」[23]と「アカウンタビリティーの手段としてのナショナル・テスト化」の図式は、学校ごとに行ってきた後期中等教育修了資格試験を国あるいは州で統一化することなどに端的に表れている。天野は、こうした動向をヨーロッパに起こりつつある

ものとした一方、そのような動向と日本は異なる状況にあると述べている。

　この天野の論考を踏まえると、現在のヨーロッパはもはや単純な「修了資格試験の国」ではなくなりつつあるといえる。しかし、だからと言って日本の一般入試のような「一発勝負」が増えてきているわけでもない。本書で取り扱う諸国では、高校在学時の成績が資格取得の要件であったり、高校の授業に基づいた試験が行われ（不合格であれば再試験も行われ）たりすることによって、高校教育と資格試験は連続したものとなっている。それにはどのような理論的背景あるいは歴史的背景があるのかを、改革の現状とともに検討するのが本書の目的である。

3.　「教育評価」としての大学入試を構想する

　「教育評価」とは、学習者に必要な学力は何かを検討し、教育の結果としてそれが身についたか、足りない点は何か、それを身につけるために今後どうすればよいかということが、学習者自身にも教師にもわかる評価のあり方である。その評価の具体的な方法として「試験」がある。大学入試も「試験」の一つである。天野郁夫は、試験を次のように定義している。「試験という評価と分類の行為には、対象となる人々の個別性、個人性、いい換えれば多様性、不同性、独自性が前提とされている。人々は試験を通して『固有の個人性を身分として』与えられるのであり、教育はそうした個人性の発達の機会を、平等に保障するものでなければならない」[24]。

　本書でこれから検討する各国の大学入試改革の検討は、こうした考え方に基づき進めたい。ただし、注意しなければならないのは、こうした考え方に基づいたときにヨーロッパの制度が理想的であると主張しているわけではないという点である。むしろ本書が目指しているのは、教育評価の一つとして「試験」を位置付ける立場からの、大学入試研究である。

　これまで、学力の問題を引き取るべき教育内容・方法研究（教育方法学）が「高大接続・連携を扱った学術的な資料は、不足気味」であった。なかでも「接続」に関する研究はなお模索段階にあると指摘されている[25]。日本の大学入試に関する研究は、前述したように熾烈な選抜競争に注目する教育社

会学研究が中心であった。しかしながら、大学入試が苛烈な競争である状況
はすでに過去のものとなっている。近年では、進学先を選ばなければ希望者
全員が大学進学することは可能であり、むしろ定員割れを起こしている大学
の実態を踏まえて、学生の学力低下をめぐる問題や学力不問の AO 入試の
あり方などに議論の焦点がうつっていた。

　本書は、こうした点も踏まえ、「接続」の一形態である大学入試に、教育
方法学の視点からアプローチしようとする試みである。各国の事例の中で、
多様な試験方法の実態や実際の試験問題が検討されることになる。

　もっとも、教育方法学の研究者が入試研究に取り組むのは初めてではない。
その中のひとつに、1990 年代に教育内容・方法の視点から、とりわけ教育評
価の視点から入試改革に言及した先行研究がある。到達度評価研究会編著
『子どものための入試改革』（1996 年）である。同書において、到達度評価
研究会（以下、到達研）が批判の対象としていたのは、義務教育学校におけ
る相対評価であり、そのシステムで熾烈な競争になっていた高校入試であっ
た。到達研が研究・開発した到達度評価とは、到達目標を規準に、それに到
達しているかどうかで子どもたちを評価する評価の方法である。そしてこの
「到達度評価」を支持する立場からは、入試制度は「資格試験・進級である」
べきだと考えられており、高校入試も大学入試もともに資格試験化すること
が主張されていたのである[26]。

　同書では、徐々に私大の利用も拡大していたセンター試験を資格試験とし
て活用する提案など、現在の議論にもつながる主張が見られる[27]。その中で
も、本書の問題意識に関連しているのが、松下佳代による「受験学力」に関
する論考である。松下は、受験学力の問題点として次のように述べている。
「『受験学力』の本質は、暗記・つめこみといったようなものではなく、むし
ろ「目的合理性」の追求にある。目的合理性というのは、＜目的＞そのもの
の価値を問うことなく、設定された目的に対して適していると考えられる
＜手段＞を利用することにもっぱら関心が向けられることをいう」。そのう
えで、「受験学力」の問題は、入試問題の制約によってもたらされ、受験産
業によってパッケージ化される（「消費としての学習」）ことによって起こる

「学習の部分化」にあるとした。またそれによって学習が現実のどのような場面で役に立つか、あるいは学習の意味を問わない、あるいはそのような意識を排除するような学習観がもたらされることが、受験学力の問題だとした。そしてこのような問題は、「入試問題」を改善することで解決される可能性があると指摘している[28]。

　また、同書で示された理論的立場と連続性を持つ教育評価論を展開する田中耕治は、資格化への移行も視野に入れて教育課程の「接続」の中に大学入試を位置づけることを主張する。具体的には、大学入試において調査書を重視することを提案する。田中は調査書を活用した入試の利点を3点あげる。すなわち、①一発勝負から子どもたちを解放する、②子どもたちの諸能力をトータルに把握することができる、③下級学校の教育課程を尊重することができる。それによって、入試の社会的加熱装置がゆるみ、子どもたちは入試から解放され、高校が教育改革、授業改革の余地、希望、期待を持つことができ、どのような授業を、どのような方法によって評価すればよいかという、授業と評価が一体化した教育課程へと改善できる可能性を与えるという。調査書を活用したこうした方法とその意義は、2001年に相対評価が廃止され、目標に準拠した評価が採用された現在、より実現可能な方法として検討する必要がある[29]。しかし、先に示した天野に従えば、現行の調査書を利用することによって起こる「個人性の精緻化」の問題が残る。すでに、調査書を利用した入試は行われているが、それに基づいてほぼ無選抜で入学できるもの（指定校推薦や大学附属校推薦など）であったり、教科の学力以外の要素（スポーツや生徒会活動など）をより重視したりと、まさに「個人性」に依拠した選抜が行われており、それが学力の軽視などの問題になっているからである。

　本書は、日本の内申書の問題点や改善策を指摘するものではないが、田中が指摘する上記の3点、すなわち、一発勝負ではない、諸能力をできるだけトータルに把握し、下級学校の教育課程にレリバンスのある大学入試の仕組みが必要であるという主張には強く影響を受けている。したがって、本書は、松下のいう「入試問題」だけでなく、記述や口述、あるいはコースワークな

ど、より広義での試験の方法に射程を広げて、ヨーロッパの大学入試の事例
を検討したい。また、田中が指摘するように大学入試を教育課程の接続の中
に位置づけて検討するためにも、高校での授業や成績がどのように入試制度
と関連しているのか検討したいと考えている。

4.　日本の入試改革の議論に欠けているもの

　加えて、本書では、これまでの日本の入試改革の議論において十分に検討
されてこなかった視点も検討する。その一つが、公正の原理である。

　先に取り上げた竹内洋は、すでに 1980 年代に、日本の入試制度には「公
正」への視点が欠けていると指摘した。竹内はアメリカを例にとって、「（入
試における）公平は機会の平等原理にもとづいているのに対し、公正は、実
質的平等や大学の社会への貢献などを組み入れたものである」ことを指摘し
たうえで、「日本の大学入試多様化論には、このような公正原理についての
言及が殆どない」と指摘した。そして「入試多様化論議を実り豊かにするた
めには、機会の平等の公平原理に対応する公正の原理の検討が是非ともなさ
れなければならない」と述べた。そして、先に触れたように「公平性」は
「冷却」とリンクして作動することを踏まえて、「『多様性』は『公正』との
リンクでうまく作動するのではなかろうか」と提案している[30]。

　公正の原理は、現在の入試改革においても十分に議論されていないように
思われる。上述のように、日本の大学入試に関する論点はもっぱら「公平か、
そうでないか」であり、「公正」に対しては、個別の大学における対応はあ
るものの、教育政策としてはほとんど関心が寄せられていない。それは中村
高康が指摘する次のような日本的特殊性によって、「公正性」を考察する必
要がなかったことに一因があろう。

　　　現代の推薦入学は、……血縁の原理としての階層要因が混入している
　　痕跡がみられない。現代日本においてそうした要素が混入しているのは、
　　むしろ競争的筆記試験のほうである。それは、日本においては競争的筆
　　記試験がエリート選抜であるのに対して、推薦入学がマス選抜の制度で

あることでほぼ説明は尽くされる。推薦や面接や作文という方法自体が階層的要因を混入させるのではなく、それらがエリート選抜と結びついたときに混入されやすくなるということであって、エリート選抜とあまり結びついていない現代の推薦入学は、血縁の原理にからめとられた前近代的推薦制度の復権ではない[31]。

　ヨーロッパでは、口述試験や記述試験の文化が中産階級以上に有利であり、そのため歴史的社会的に問題化してきたが、日本の場合は、階層要因は筆記試験のほうに現れており、かつそれは一般的には認識されずに、あくまでも希望者全員が受験できる一斉の筆記試験は公平だと考えられている。つまり、日本の特殊性は、筆記試験の階層的要因が認識されていないこと、および現在の推薦入試における面接や小論文といった方法は階層的要因の影響を受けにくいことにある。

　しかし、多様性の原理に基づく入試においても「公正」の問題はすでに指摘され始めている[32]。例えば中室牧子は、慶応大学法学部やSFCのAO入試での合格者のうち、大手予備校の推薦入試対策コースの受講者がおよそ半数を占めていることを指摘し、予備校へのアクセスしやすさの格差を生み出す居住地や経済格差には注意を要すると述べている。首都圏在住で経済的に恵まれた家庭の高校生は有利となり、地方の高校生には不利になるためだ。

　こうした事態に対して、早稲田大学では地方の高校に指定校推薦枠を優先的に配置する措置や、推薦・一般を問わず出願前に奨学金受給対象者を決定するなどの措置をとっている。一方、大学の授業料無償化に関する国の議論は始まっているものの今のところ個別の大学の対応に任されている（詳細は第9章参照）。なお、ヨーロッパの大学は、基本的に国立で、授業料が無料もしくは安価に抑えられており、日本と単純な比較はできない。入試改革は、行財政に関わる要因も大きく、そういった論点を含む入試の制度設計については本書の目的を超えることをあらかじめ断っておきたい。

　記述にせよ、多肢選択にせよ、あるいはAO入試にせよ、試験というものが、経済的あるいは文化資本的に十分に準備ができる層に有利なことは間違

いない。多肢選択だから公平で、記述だから不公平などということはできない。本書では、日本の入試制度と入試方法、そしてそれらに根付く日本固有の「公平」観を相対化するために、多様な試験の方法（オランダやイタリア、オーストリア他）とともに、公正の原理（イギリスやフランス）、あるいはエリート教育（フランス）や多様な年齢構成を可能にする入学試験の方法（スウェーデンやフィンランド）についてとりあげる。

5.　本書の構成

ヨーロッパでは、ボローニャ・プロセスによって、一定程度、制度の標準化（あるいは調和）が図られている。ボローニャ・プロセスとは、1999 年のボローニャ宣言により、2010 年までに欧州高等教育圏を構築することを目指した欧州の政府間協定である。ボローニャ・プロセスでは、欧州高等教育の共通学位制度（学士 3 年、修士 2 年、博士 3 年）、欧州単位互換蓄積制度（ECTS）、質保証制度、欧州チューニング（欧州各国における高等教育の各学問分野の教育プログラムの目標や学修成果、カリキュラム、評価方法などの共通参照基準を検討したもの）など、ほかにも多数のプログラムが取り組まれた[33]。

このボローニャ・プロセスを各国の入試改革の外的要因とすれば、内的要因としての各国の入試事情やその歴史的・社会的背景は実にさまざまである（もちろん共通する点も同様にある）。そして、その「さまざま」には、先に述べたように、日本にはない方法や視点が複数ある。本書の各章では、こうした方法や視点を長短含めて検討していきたい。

各章では、それぞれの国の特徴に添って大学入試が検討されるが、共通に貫かれているのは「教育評価」としての大学入試という考え方である。①一発勝負ではない、②多様な入試の方法を、③公正の原理や④大学入学者の多様な年齢構想といった視点も含めて、ヨーロッパを事例に検討している。検討にあたっては、日本の大学入試への適用を念頭において多様な方法の適切性を検討するスタンス、すなわち、この方法が一般入試に、あの方法が推薦入試に適切であるというような判断は取らない。いわば、一般入試にありが

ちな一発勝負、推薦入試にありがちな学力不問といったいずれの現状に対しても本書は批判的な立場をとっている。

　本書に登場する国については、後期中等教育修了資格試験における選抜性の低い群からオランダ、イタリア、オーストリア、ドイツを、選抜性の高い群からはフランス、スウェーデン、フィンランド（コラム）、イギリスを取り上げている[34]。ただし、この区分は変容しつつあり、絶対的なものではない。

　第1章では、オランダの全国共通試験と学校で行われるテストをめぐる取り組みを検討する。学校評価制度が進むオランダでは、どのようにしてハイステイクスな試験である中等教育修了資格試験の質を保証しているのだろうか。第2章のイタリアは、学校での学習が重視される資格試験について検討する。ここでは、試験の主役である生徒の評価への参加を検討することによって、試験のステイクホルダーはだれかということを再考できるだろう。また、イタリアと第3章のオーストリアについては、口述試験の内実についても検討している。口述試験はヨーロッパにおけるもっとも古い試験方法である。日本では、記述式問題導入だけで大騒ぎになったが、イタリア、オーストリア、ドイツでは、記述よりもさらに評価が困難な口述試験が修了試験の必修である。オーストリアについては、修了試験が統一化された改革の背景に PISA があることを指摘する。第4章は、ドイツのドルトムント工科大学教授ロター・ヴィガー氏の翻訳論文とその解説から構成されている。大陸ヨーロッパでもっとも古い後期中等教育修了資格試験の一つであるアビトゥアの歴史と、ドイツ語圏でもっとも重要な教育理念である「人間形成」を意味する Bildung（ビルドゥング）がどのように両立されてきたのかを、現在のアビトゥア改革を踏まえて検討する。

　次のフランスや北欧の事例は、日本の大学入試改革を検討するうえで、新しい視点を提供するものとなるだろう。フランスに関しては二つの論文がある。第5章は、バカロレア改革に関するもので、選抜と平等の問題を検討する。第6章は、グランゼコールに代表されるフランスのエリート教育である。エリート教育は日本において研究・政策ともに最も立ち遅れている分野の一

つである。フランスのエリート教育は、エリート教育たるべく日本以上に厳しい選抜を行っている点、またそうした点が、現況の階級を強化しているという批判があり、公正の視点からの改革が行われているところに焦点を当てる。

第7章のスウェーデンやフィンランド（コラム）では、大学新入生の年齢構成が幅広い点が日本と大きく異なる。社会人入学生の多さ、すなわち職業経験と大学入学資格の関わりという日本ではあまり議論されていない点に、スウェーデンではすでに半世紀以上の取り組みがある。

第8章で取り上げるのはイギリスである。イギリスのAレベルにおける外部試験機関の位置づけ、その運用方法、実際の試験問題と評価方法などからは、日本とは異なる大学入試のあり方、すなわち「公平」よりも「公正」を重視する考え方がみてとれるだろう。また、採点に関わる評価技術の進歩は、その是非は別にしても、大陸ヨーロッパや日本は足元にも及ばないことが分かる。本書に取り上げる国を評価の仕組みについて類別すれば、評価先進国としての英国、北欧、評価後進国としての大陸ヨーロッパと区別することも可能であろう。イギリスの章には大陸ヨーロッパの特色を浮かび上がらせるための位置づけも与えている。

なお、各章末に、ブックガイドとしてその章の理解をより深めるための参考文献を数冊あげている。また、そのあとには各国に加え、フィンランドの入試および国際バカロレアに関するコラムを付している。本書の執筆者の多くは中・長期にわたり研究対象の国に滞在し、研究だけでなく、その国の市井の人々と交流し、文化を含めて教育というものを理解しようと努めてきたという共通点がある。そうした経験は本文以外にもこのコラムで生かすことにした。本書の内容を検討する中で、入試は制度だけで割り切れない、各国の国民性や文化に影響を受ける部分が多いと感じた。そうした「文化」も紹介することで、各国の入試改革に対する理解も進むことを期待している。

最後の第9章では、日本の入試改革のこれまでの現状や議論をまとめている。先に終章を読んだ上で興味のある国から読むこともできるし、興味ある国をいくつか読んでから、終章で日本のことを改めて読むこともできる。

「あとがき」では、各章をふまえた上で、日本の大学入試改革を見直す視座を提案している。あわせてお読みいただきたい。本書を読んだ後に、大学入試に関して少し違った見方ができたとすれば、編著者全員の喜びである。

Book Guide

◎全国到達度評価研究会『子どものための入試改革』京都法政出版、1996年。

◎佐々木隆生『大学入試の終焉――高大接続テストによる再生――』北海道大学出版会、2012年。

◎中村高康編『リーディングス日本の高等教育①大学への進学――選抜と接続』玉川大学出版部、2010年。

◎本田由紀『教育は何を評価してきたか』岩波新書、2020年。

1　中村高康はそれを「学力一斉筆記試験」と総称している。中村高康「推薦遊学制度の後任とマス選抜の成立――公平信仰社会における大学入試多様化の位置づけをめぐって――」『教育社会学研究』第59集、1996年、pp.145。ただし、一発勝負の度合いは徐々に緩和されてきてはいる。国立大学の前期後期日程やあるいは多くの私立大学では一般入試での複数回の受験機会が設けられている。もちろん、後者の場合は、少子化に伴う受験料収入の確保という経営的な要因もある。

2　天野郁夫『[増補] 試験の社会史』平凡社ライブラリー、2007年、p.353。

3　竹内洋『選抜社会――試験・昇進をめぐる＜加熱＞と＜冷却＞――』1988年、メディアファクトリー、pp.62-63。

4　中村高康『大衆化とメリトクラシー――教育選抜をめぐる試験と推薦のパラドクス――』東京大学出版会、2011年、p.81。

5　園田英弘「学歴社会――その日本的特質」『教育学社会学研究』第38集、1983年、pp.50-58。

6　久冨善之『競争の教育』労働旬報社、1993年、pp.140-145。

7　久冨の言う「公正」は、園田の言う「公平」であり、後述する竹内の言う「公正」ではないことに留意したい。本書では、公平と公正の言葉の使い分けは、基本的に竹内の定義による。

8　竹内洋『選抜社会――試験・昇進をめぐる＜加熱＞と＜冷却＞――』1988年、メディアファクトリー、p.32。

9　同上、p.68。

10　同上、pp.68-69。

11　天野郁夫「補論　試験の近代・テストの現代」『[増補] 試験の社会史』平凡社ライブラリー、2007年、p.381。なお、この引用元の初出は、『季刊子ども学』第三（春季）号、1994年である。

12　佐々木隆生『大学入試の終焉――高大接続テストによる再生――』北海道大学出版会、2012年。

13　佐々木、同上書、p.149。

14　履修主義と修得主義が卒業や進級の要件の場面で適用されると、年数主義と課程主義となる。田中耕治編著『よくわかる教育課程【第2版】』ミネルヴァ書房、2018年、pp.104-105。

15 https://derstandard.at/2000002064721/Nur-60-Prozent-erreichen-problemlos-Abschlussk lasse-in-Oberstufen（2020 年 4 月 1 日確認）

16 原級留置ともいう。

17 https://www.mext.go.jp/content/1421593_6.pdf（2020 年 4 月 1 日確認）

18 東京都立高等学校（全日制）の過去 5 年の割合。定時制は過去 5 年で 4% 前後。いずれにして も 高 い 数 字 で は な い。https://www.metro.tokyo.lg.jp/tosei/hodohappyo/press/2020/02/18/ documents/02_02.pdf（2020 年 4 月 1 日確認）

19 詳細は、山内麻里「第 1 章 各国の教育訓練システムの特徴」藤本昌代 / 山内麻里 / 野田文香 編著『欧州の教育・雇用制度と若者のキャリア形成——国境を越えた人材流動化と国際化への 指針——』白桃書房、2019 年を参照。

20 同上、p.18。

21 野田は、「ボローニャ・プロセスの理念は、あくまでも欧州各国の高等教育制度の「調和」で あり、画一化を目指しているわけではない」と指摘している。同上書、p.92。

22 天野、同上書、pp.379-380。

23 天野、2007 年、p.365、379。

24 天野、p.374。

25 根津朋実「カリキュラム研究からみた『高大接続・連携』の諸課題」『教育学研究』第 83 巻第 4 号、2016 年 12 月、p.403

26 到達度評価研究会『子どものための入試改革』京都法政出版、1996 年、p.260。

27 中内敏夫は、「…センター試験の拡大をその資格試験化という条件付きで提案する。できあが ってくる大学入試像は、有資格者全員の入学制、単位取得大学は学生の随意選択というかたち のものになってくるだろう」と述べている。同上書、p.220。

28 同上、pp.109-115。

29 田中耕治『教育評価』岩波書店、2008 年、p.183-189。

30 竹内、前掲書、pp.68-69。

31 中村、前掲書、p.46。

32 中室牧子、藤原夏希、井口俊太郎「「AO 入試」の再評価——慶應義塾大学湘南藤沢キャンパ ス（SFC）を事例に」Keio SFC Journal Vol.14, No.1, 2014, p.180。

33 詳細は、野田文香「第 3 章 欧州の高等教育改革——ボローニャ・プロセスが目指す調和と標 準化——」藤本昌代 / 山内麻里 / 野田文香編著『欧州の教育・雇用制度と若者のキャリア形成 ——国境を越えた人材流動化と国際化への指針——』白桃書房、2019 年を参照。

34 この分類は、大場敦「欧州における高大接続」『高等教育研究』第 14 集、2011 年、pp.107-126 を参照した。

第 1 章 *the Netherlands*

見直され続けるオランダの中等教育修了資格試験
——教育の論理に根差す試験とは

奥村好美

1. はじめに

　日本では、大学入学共通テストでの記述式問題の導入が採点の質を理由に見送られることが 2019 年 12 月に発表された。この背景には、誰が採点しても同じ結果になる試験が「良い試験」であるという想定がある。ここで述べる「良い試験」とは公平な試験を指す。もちろん、将来の進路が決まるような重大な試験で、採点者によって採点にバラつきが出るのは公平性に欠けるという主張はもっともなものである。しかしながら、世界に目を向けてみると、記述式問題どころかもっと多様な評価方法を取り入れている国は多い。

　オランダの中等教育修了資格試験もその一つである。これは、大学へ入学するための「入試」ではなく、中等教育を修了するにふさわしいかどうかを判断するための「資格試験」である。そのため、一定のレベルを越えれば誰でも合格することができる。オランダの場合、資格を取るためには、全国規模で行われる「中央試験（centraal examen）」という筆記試験に加え、各中等教育学校で行われる「学校試験（schoolexamen）」で合格することも求められる[1]。中央試験では、多肢選択問題のような問題だけでなく、記述問題も出題される。さらに学校試験では、筆記試験だけでなく、発表やレポートなど様々な評価方法が用いられる。日本の公平性確保の議論からすれば、考えられないような仕組みであろう。こうしたオランダの評価システムに対しては、OECD によって「学校ベースの要素と中央の要素、量的アプローチと質的アプローチ、改善の機能とアカウンタビリティの機能、そして学校の水

平的責任と垂直的責任との間で良いバランスが取れていることで国際的に際立っています」[2]と評価されている。ここでの評価システムとは、中等教育修了資格試験だけでなく学校評価等を含む評価システム全体を指すことから、オランダの評価システム全体が国際的に高く評価されていることになる。

　本章では、オランダの中等教育修了資格試験に着目して、一見公平性に欠けるように見える試験制度をオランダではなぜ、どのようにして有しているのか、また試験問題や採点の質をどのように保障しようとしているのか、こうした制度に対してはどのような批判や議論があるのか等を示すことを通じて、ハイステイクスな試験への眼差しを問い直してみたい。

　ただし、具体的に中等教育修了資格試験の話に入る前に、こうした試験制度の背景にある考え方に少し触れておきたい。入試制度を含む国の制度は、その社会を生きる人々の考え方を反映している。同じ西洋諸国の中にも、アメリカをはじめとするアングロ・サクソン型の考え方と、オランダを含む主に北欧・西欧型の考え方があることが指摘されている[3]。後者は、ライン諸国型と呼ばれるが、必ずしもライン川流域の国にとどまらない。

　表 1 は、アングロ・サクソン型とライン諸国型の二つの思考様式を対比的に示している。左列のアングロ・サクソン型アプローチでは、ルール・トップによる決定・効率・標準・測定可能・短期的利益などがキーワードとしてあげられている。一方で、右列のライン諸国型アプローチでは、価値・意思決定への参加・効果・カスタマイズ・人間的側面などがキーワードとしてあげられている。この二つのアプローチはもともと教育を想定して提案されたものではない[4]。また、アングロ・サクソン型の方に「お金、お金、お金」とあるなど、やや極端に単純化している向きがあり、必ずしも当てはまらないケースもあるだろう。しかしながら、ライン諸国型アプローチのキーワードは、オランダの試験制度にも一定程度反映されていると見ることができる。もちろん、標準化の波はあらゆる所でオランダにも押し寄せており、全てがライン諸国型アプローチで取り組まれているわけではない。それでも、標準化や測定可能な目標のみによらない制度のあり方がいかに実現され、議論されているかを次節より見ていきたい。

表1　アングロ・サクソン型アプローチ対ライン諸国型アプローチ

アングロ・サクソン型アプローチ	ライン諸国型アプローチ
不安を抑制する：疑念を管理する	希望を作り出す：何かを信頼する
ルール志向	価値志向
マネジメントが決定する（トップダウンアプローチ）	みんなが意思決定に参加する（ボトムアップアプローチ）
効率性の強調（迅速なマネジメント）	効果の強調（ゆっくりしたマネジメント）
標準化	カスタマイズ
測定可能な目標	顕著な変化
短期的な利益の最大化（多いほど良い）	継続的な再評価と解釈（人間的側面）
自分の利益を優先する	コミュニティを組織する
個人のパフォーマンス	集団の強み（チームのパフォーマンス）
仕事の差異化と専門化（specialization）	多方面にわたる専門性（expertise）
自由市場での競争	公私間のバランス
お金、お金、お金	人々、地球、利益（profit）

出典：Heijmans, J. and Christians, J. (Eds.) (2017) p.6

2．複線型の中等教育と修了資格試験

(1) 複線型の中等教育

　最初にオランダの中等教育がどのように構成されているかを説明しておく。オランダでは、中等教育以降の教育が複線型である（266ページ参照）。具体的には、アカデミックな研究などを行うために大学（Wetenschappelijk onderwijs；以下WO）へ進みたい生徒は6年間の大学準備教育（Voorbereidend Wetenschappelijk Onderwijs；以下VWO）、将来小学校教師や看護師などになるために高等職業教育（Hoger beroepsonderwijs；以下HBO）へ進みたい生徒は5年間の上級一般中等教育（Hoger algemeen voortgezet onderwijs；以下HAVO）、美容師などになるために中等職業教育（Middelbaar beroepsonderwijs；以下MBO）へ進みたい生徒は4年間の中等職業準備教育（Voorbereidend middelbaar beroepsonderwijs；以下VMBO）といったように、進路によって進む中等教育が異なっている。ただし、それらの複

数をコースとして併設している中等教育学校は多く、そこでは 2 年間コース
の選択を遅らせることもできる。コースの内訳としては、2014 年に VWO も
しくは HAVO へ進んだ生徒は 43% 程度、VMBO へ進んだ生徒は 50% 程度で
あるとされている[5]。こうした制度により、オランダでは、中等教育へ進む
12 歳頃にその後の進路がある程度決まっているといえるだろう。

　このように述べると、初等教育から中等教育へ移行する時点で激しい競
争・選抜が行われていると考える人もいるかもしれない。しかしながら、ど
の中等教育へ進むかについては試験のみで決定されるわけではない。実は、
2014-15 年度より以前は、どの中等教育へ進むかを選ぶ際には、試験開発な
どを担う機関である Cito（Centraal Instituut voor Toetsontwikkeling；以下
Cito）によって開発された Cito テストと呼ばれる全国試験の結果と初等学
校からのアドバイスをもとに、当事者の希望を踏まえて決定されていた[6]。
Cito テストは義務ではなかったものの多くの学校が用いていたテストであ
る。当時は、子どもたちをよく知る学校からのアドバイスを重視しつつも、
全国試験の結果と照らして中等教育が選択されていた。しかしながら、2014-
15 年度より Cito テストを前身とする「中央最終試験」が実施されることと
なった[7]。それに伴い、試験実施時期が遅くなった。それまでの Cito テスト
が 2 月に行われていたのに対して、中央最終試験は 4〜5 月に行われること
となった。これにより、試験結果の返却時期が遅くなり、以前のように試験
結果をどの中等教育へ進むかを選択するために使用することはできなくなっ
た。試験自体が、子どもたちの中等教育選択のためというよりは、主に初等
学校を評価するために実施されるようになったからである。その結果、現在
は、当事者の希望を考慮した上で、初等学校におけるそれまでの成績等を参
照し、子どもたちの学習状況を総合的に初等学校の教員が判断してアドバイ
スを出す。それに基づき、子どもたちの中等教育は選択される。ただし、後
から試験結果が返ってきた際に、学校からのアドバイスよりも試験結果が良
かった場合には、進学予定の中等教育を変更することも可能である。

　このことについては、教師が低所得家庭の子どもに本来より低いアドバイ
スを出しがちであること、また試験結果が良かった場合に進学予定の中等教

育を変更しようとするのは一部の高学歴の保護者のみであり、低所得家庭の子どもたちは本来試験結果が加味されていれば進学できた中等教育へ進学できていないことがニュースでも取り上げられている[8]。低所得家庭の子どもの教育機会が本来よりも狭められていることが問題とされており、試験を再度中等教育選択のために用いることが議論されている。所得の違いが教育機会を狭めることは問題であるが、この議論を別の視点から見ると、一部の保護者を除いて子どもを大学へ進学させることに積極的な価値を置いていないことを意味しているともいえる。ここではその是非については触れないが、大学進学のみを目指して初等教育の頃から過度な競争が行われているわけではないことはわかる。

　なお、一度進学してから、もし将来の夢が変わるなど他の進路に進みたくなれば、時間がかかる場合もあるがコースを変わることも可能である。実際、2014年にはVMBOからVWOもしくはHAVOへと編入した生徒は3％程度いたとされている[9]。このように様々な道が準備されているため、初等学校卒業と同時にいずれかのコースに進むと進路が変えられないわけではない。

　このように、オランダの中等教育は複線型になっているため、中等教育修了資格試験もコースごとに異なる。オランダで大学（Universiteit）と呼ばれるのはWOだけであるが、HBOも学士の学位を取得することができるため、高等教育にあたる。本章では、以後、WO及びHBOへの接続を主に担うVWOとHAVOに焦点をあてることとする。VWOとHAVOの4年生以上の学年は、中等教育後半という意味で「第2段階（tweede fase）」と呼ばれる。中等教育修了資格試験の学校試験はこの時期に行われる。第2段階では、生徒は次の3種類の教科を履修する[10]。一つめは、共通必修教科である。具体的には、VWOでは、オランダ語、英語、第2現代外国語、社会、体育、文化・芸術教育もしくは古典文化があり、HAVOでは、オランダ語、英語、社会、体育、文化・芸術教育が共通必修教科として定められている。二つめは、生徒が選択した「プロフィール（profiel）」と呼ばれる専門コースの教科である。専門コースには、①経済・社会、②文化・社会、③自然・健康、④自然・技術という四つがあり、生徒たちはここから一つのコースを選択す

る。生徒は選択したコースの必修教科と、選択教科から一つを選んで履修する必要がある。例えば、経済・社会系コースの必修教科としては、VWO、HAVO ともに、数学 A（または B）、経済、歴史があり、選択教科としては VWO、HAVO ともに現代外国語、地理学、社会科学、マネジメントと組織がある。ただし、選択教科については、学校は最低限 1 教科開講すればよく、必ずしも選択教科全てを開講する必要はない。三つめは、生徒が受験する選択試験の教科である。生徒たちは学校が設定している選択可能教科から 1 教科を選べることになっている。これらの教科が試験の対象となる。

（2）中央試験と学校試験

　中等教育修了資格試験は、先述したように、全国規模で行われる「中央試験」という筆記試験と、各中等教育学校で行われる「学校試験」から成る。

　中央試験は例年 5 月に実施される。VWO の生徒は先に挙げた教科から 8 教科、HAVO の生徒は 7 教科の試験を中央試験で受けることになっている[11]。中央試験は、いわゆる標準テストである。中央試験の作成には、中等教育学校の教師たちも関わっている[12]。試験を作成する際には、試験ごとに約 10 人が関わる。このうち 8 人が受験生を教えている教師たちである。受験生を教えている教師たちが関わることによって、試験問題が現在の中等教育学校での授業や生徒たちと合っているかどうかが検討できるようになると考えられているためである。具体的には、Cito の試験作成グループの教師たちが問題を作成し、試験協会（College voor Toetsen en Examens；以下 CvTE）の検討委員会の教師たちが問題を検討の上決定する。検討委員会は、議長とその教科の教師として十分な経験を持つ 2 ～ 3 人の教師によって構成される。議長は、WO や HBO といった上級学校の、その教科専門家が担う。

　学校試験は、先述したように VWO と HAVO の 4 年生以上にあたる第 2 段階で実施される。いわゆる筆記試験だけでなく、発表やレポートなど様々な評価方法が用いられる。このため、標準テストである中央試験では評価しにくい側面の評価が可能となる。学校試験という呼称ではあるが、成績というイメージと近いといえよう。学校試験では、中央試験にない教科だけでな

く、中央試験にある教科であっても中央試験で評価しにくい側面を中心に実施されうる。試験問題の作成は、学校内で教師たちによって行われる。

　2019年12月現在、生徒が修了資格を取得するためには表2の五つの要件を全て満たすことが求められる[13]。一つでも満たされなければ合格することはできない。

表2　修了試験資格要件（2019年12月時点）

①　中央試験の平均スコアが10レベル中5.5以上であること。
②　中核教科（オランダ語、英語、数学）の最終スコアが、基本的に10レベル中6以上であること。ただし、1教科だけ5でも可。
③　全ての試験教科の最終スコアが基本的に10レベル中6以上であること。ただし、5が一つあって他の全ての最終スコアが6以上であれば可。また4が一つあっても他の全ての最終スコアが6以上かつ平均も6以上であれば可。さらに5が二つある、もしくは5が一つと4が一つある場合も他の全ての最終スコアが6以上かつ平均も6以上であれば可。ただし4より小さいスコアがあると不可。
④　VWOの場合、文化・芸術教育と体育の教科で「十分」もしくは「良い」の成績を取っている。HAVOの場合、体育の教科で「十分」か「良い」の成績を取っている。
⑤　算数テストを受けていること。

　これらの要件を満たすことで、生徒たちは資格を得ることができる。要件①では中央試験の平均スコアが5.5以上であることが求められている。また、要件②では、中核教科の最終スコア（中央試験と学校試験の合算）が基本的に6以上であることが求められている。要件①は2011年の8月から、要件②は2012年の8月から導入されたものである[14]。それまでは、要件③にあるように、中央試験と学校試験を合算した最終スコアしか求められていなかったため、中央試験で結果が悪くても学校試験で高得点を取れば合格できる仕組みとなっていた。また、中核教科の最終スコアで4があっても、他教科でカバーすることもできていた。こうした状態を回避することを目的として、要件①と要件②は加えられた[15]。こうした要件の追加に関しては、要件①など中央試験を重視するような修正であるようにもみえるが、総合的に見ると、これは学校試験を軽視するものではなく、異なる側面を評価している中央試験と学校試験の両方で一定レベルの達成を求めるものと捉えることができよう。

　これらの要件に加えて、要件④では、文化・芸術教育や体育といった教科の成績も含まれている。これにより、文化・芸術教育や体育といった中央試験で実施されない教科も中等教育学校のカリキュラムにおいて軽視されないような配慮がなされている。要件⑤の算数テストとは、2010 年に実施が決定されたものであり、PISA の数学的リテラシーの結果が下がったことなどを受けて、いわゆる算数の技能が低下しているのではないかといった懸念から実施されるようになった。算数テストの結果は成績表に掲載されるものの、資格取得にあたってはその結果は考慮されない。テストを受験すること自体が要件とされている。ただし、2019 年 12 月現在、今年度より算数テストを廃止する法案が提案されており、今後廃止される可能性がある。方向性としては、今後算数テストを中央試験ではなく学校試験の中に組み込み、数学や経済学など既存の教科の中で実施するか別立てて実施するかなどを学校が選んで実施できるようになる可能性がある。

　実際、2020 年 2 月に要件を確認したところ、こうした経緯により、算数テストの受験が要件から外されていた。また、他にも要件③や④に変更が見られた。要件③において、中央試験が行われない教科の平均スコアや個々の教科の最終スコアでも 4 未満を取ってはいけないという記述が加えられた。また、要件④から文化・芸術教育の文言が消えた。文化・芸術教育については、VWO でも HAVO でも要件③の方で一定の成績を取ることが求められるようになった。ただし、VWO の場合は、「プロフィール」と呼ばれる専門コースの教科で「ギリシア語と文化」もしくは「ラテン語と文化」を取っていれば、文化・芸術教育は免除されることになった。こうしたルールに関する詳述は避けるが、こうしてみるとオランダでは、状況に応じて、試験の要件やあり方が常に見直されている。議論を重ねながら柔軟により良い試験のあり方が探られていることがわかる。

3.　様々な評価方法を組み合わせた試験のあり方——現代外国語科を例に

　本節では、公開されている中央試験の過去問題及び現代外国語科の学校試験のためのハンドブックを基に、現代外国語科の試験を具体的に示す[16]。

（1）技能別に評価される現代外国語科

　現代外国語科において、想定されている外国語は、英語・フランス語・ドイツ語である。現代外国語科の領域は、次の A〜F の六つからなる。

領域 A 読みの技能	領域 D 書く技能
領域 B 聞く（視聴する）技能	領域 E 文学
領域 C 話す技能	領域 F 学問や職業へのオリエンテーション

　中央試験は、領域 A「読みの技能」のみを評価することになっている。一方、学校試験では、少なくとも領域 B「聞く（視聴する）技能」領域 C「話す技能」領域 D「書く技能」を含むことが求められる。これらに加えて、その他の領域を含めることもできる。全国的な標準テストで取り扱える内容には限界がある。オランダでは、中央試験で取り扱う領域を A「読みの技能」に限定して、その他の領域を学校試験にゆだねることで、全国的な標準テストが有する試験の限界にとらわれずに、生徒たちに必要な力の育成・評価を実施しようとしていると考えられる。

（2）「読みの技能」を評価する中央試験

　中央試験は、領域 A「読みの技能」のみを評価対象とするため、複数のテキストとそれに対する問題で構成されている。「読みの技能」の「資格基準（eindtermen）」としては、①確かな必要性があれば、どんな情報が関わっているかを示す事ができる、②テキストの要点を示す事ができる、③テキストの重要な要素の意味を示す事ができる、④テキストの部分間の関係を示す事ができる、⑤著者の意図、意見、気持ちに関して結論を導く事ができるという五つが設定されている。

　ここで、2018 年 5 月 16 日に実施された VWO の英語の中央試験問題例を紹介する[17]。試験時間は 2 時間半である。試験では、生徒たちは全部で 11 のテキストを読み、計 41 問を解く。そのうち計 30 問が多肢選択問題、計 11 問が記述問題となっている。多肢選択問題の配点は各 1 点、記述問題の配点は問題によって 1〜3 点までの幅がある。合計 48 点満点であり、25 点で

スコアが 6.0 となる。つまり、約半分の問題に正答することで、合格ライン
である 6.0 に達することになる。

　試験問題には、「アジアにおける工場労働者」「LED カーペットの開発に
よって床がスクリーンに変わる」といった実用的なテキストが用いられるこ
とが多い。前者の出典は経済誌である『エコノミスト（The Economist）』
であり、後者の出典は科学誌である『ニューサイエンティスト（New Scien-
tist)』である。前者には多肢選択問題が 1 問のみ、後者には記述問題と多肢
選択問題との 2 問がある。後者の LED カーペットのテキストの問題例を挙
げてみると、記述問題は、「テキストによれば、LED カーペットが十分な成
功を収めるためには、どのような二つの条件が必要でしたか？解答用紙に二
つの条件を記入してください」とされている。回答には、テキストから読み
取った内容である「カーペットの層が光を伝えられるようにしなくてはなら
なかったこと」及び「ひどい摩耗に耐えられるようにしなくてはならなかっ
たこと」といった二つを含むことが求められている。多肢選択問題は、文章
中に 2 箇所空欄があり、そこに単語を埋める問題である。空欄は 2 箇所ある
が、どちらにも同じ用語が入る。読み取った文章内容に合うよう、そこに当
てはまる語を選択肢から選んで回答する問題である。このようにしてみると、
記述問題を含んでいると言っても、やはり標準テストでは限定的な語学力し
か評価できないように思われる。

　なお、こうした中央試験の採点は、筆記試験の場合、中等教育学校の教師
によって行われる[18]。最初は、その試験を受けた生徒を担当している教師が
採点を行い、次に（多くの場合）異なる学校の別の教師がチェックを行う。
最終的な評価は第 1 評価者と第 2 評価者の合意によって決定される。教師た
ちを試験から排除するのではなく、専門性の高い教師たちに二重のチェック
をしてもらうことで、採点の質を保とうとしていることがわかる。

（3）学校だからこそ評価できる技能を評価する学校試験
　現代外国語科の学校試験は、複数の領域で実施される[19]。ここで取り上げ
る問題は、領域 C「話す技能」である。試験で達成することが求められてい

る技能のレベルは CEFR（外国語の学習・教授・評価のためのヨーロッパ言語共通参照枠 ［Common European Framework of Reference for Languages: Learning, teaching, assessment］）に準拠している。「話す技能」は、CEFR と同様に、「やりとり」を伴う「会話」と、1 人以上の聞き手が話を「受け取る」ような「話すこと」との二つに分けられている。この二つをどのような配分で評価するかに関しては学校に任されているが、できれば「会話」と「話すこと」を 2/3 対 1/3 の配分で評価することが推奨されている。これは「会話」が「話すこと」の特徴の多くをカバーしていると考えられているためである。とはいえ、「話すこと」は、いわゆる発表のような課題のみで評価されるわけではなく、少し前に見た映画について終わり方を明かさないように話すといった課題が出されることもある。

　「話す技能」の試験では、「会話」と「話すこと」のどちらにおいても、CEFR との対応でいうと、HAVO の場合には英語は B1＋、フランス語で B1、ドイツ語で B1＋、VWO の場合には英語で B2、フランス語で B1＋、ドイツ語で B2 に当たるレベルが求められる。このうち、「会話」の B1 レベルは「該当する言語が話されている地域への旅行の際に生じる可能性のある大抵の状況に対処できる。馴染みのあるトピック、生徒が個人的な関心を持つトピック、もしくは日常生活に関連するトピック（例えば、家族、趣味、仕事、旅行、話題の出来事など）について、準備なしで会話に参加できる」とされている。B2 レベルは、「ネイティブスピーカーとの通常のやり取りが概ね可能であり、流れるような会話に流暢に参加できる。馴染みのある文脈では、議論に積極的に参加し、立場を説明およびサポートできる」とされている。B2 では「通常のやり取りが概ね可能」とあるように、多少の間違いや言葉のつまりがあっても相互作用の中で補い合いながら、ある程度自然に流暢にネイティブスピーカーと会話ができるレベルが求められている。

　「会話」の「資格基準」としては、①対象とする言語の使用者と社会的な接触を行い適切に反応できる、②情報を求め、提供できる、③感情を表現できる、④事柄や人物を説明し、見解や議論を表現できる、⑤会話を進めるために用いる戦略を分かっているという五つが設定されている。このうち、①

の「適切に反応」とは、会話の内容に合う形で、かつその文脈のレベルで発言を行うことを指す。このことから、「社会的な接触を行い適切に反応できる」という言葉には、生徒が試験中にもし分からないことがあればそれを尋ねたり、情報が不足していれば提供したり、話し相手が話せるように時にあえて話さなかったりすることも含まれる。まさに社会を模した文脈で、その言語を使って適切に話すことができるかが問われている。これらのことから、話し相手によって会話の質が左右されると考えられるため、「会話」の試験を行う際には、できれば相手は、教師自身もしくはネイティブスピーカーのアシスタントが担うことが望ましいとされている。

　ここで、B2 レベルに対応する「会話」の学校試験問題を示す。次の問題は、ユトレヒトにあるリートフェルトカレッジ（Rietveldcollege）という中等教育学校におけるフランス語の会話に関する問題である。

【問題例　締め切り延長を願い出る】
《状況》
あなたのクラスには、「ネイティブスピーカー」から、週の終わり「までに」外国の都市を訪問することについての 10 ページのレポートを書く課題が出されました。期間が短すぎる上、課題は長すぎます。
《問題》
・あなたはクラス全体の代表をします。
・礼儀正しく交渉してください。
・会話相手を納得させられるよう主張を行ってください。
・会話相手が言うことには適切に対応してください。

　この問題では、生徒が直面しそうな現実的な文脈が設定されており、無理な課題の期限や内容について交渉を行うことが求められている。個人の生活世界に関わる問題であり、B1 レベルのようにも思えるが、交渉し、相手を納得させることが求められるという点で B2 レベルであるとされる。この問題では、語学力だけでなく、自然なやり取りといった相互作用の面でも一定の基準を達成することが求められている。こうした問題では、相手の発言に対応しながらある程度即興的に相手を説得できるような会話を行うことが求められる。このような課題が課されれば、筆記試験では高い点数を取ることができるのに、会話することはできないというような生徒は少なくなるだろう。

ただし、こうした課題を一度実施しただけで生徒の「会話」のレベルを評価することは難しいだろう。このことから、単一のパフォーマンスだけで生徒のレベルを特定するのではなく、できるだけ多くの言語状況で適切に行動できるかを確認することが推奨されている。正確に評価しようとして課題を単純化しようとするのではなく、複数の言語状況で生徒が持つ力を確認しようとすることで、必要な力が評価されようとしているといえる。

　なお、学校試験の採点は、その学校の教師たちによって行われる[20]。ただし、学校試験の結果は教育監査局によってチェックされ、学校試験の結果と中央試験の結果の平均に大きな違いがあった場合には、学校試験の結果を調整することが求められる。このことは、学校試験と中央試験で異なる技能を評価する現代外国語科で特に問題視されている。生徒たちの読みの技能とその他の技能にレベルの違いがあったとしても、読みの技能（中央試験）の結果に合わせて、その他の技能（学校試験）の総合的な評価結果が調整されてしまうからである。また、本来、目標に準拠して採点されたはずの学校試験の結果に手を入れることで、本来の学力実態を反映しなくなることも問題視されている。

　以上より、学校試験では、実際に外国語を習得することができているかを示すことが求められており、全国的な筆記試験では評価しえないような問題が位置付けられていた。学校試験の結果が中央試験の結果と大きく異なる場合に調整が求められることによる問題が指摘されてはいるものの、学校試験それ自体は、本来求められる力を生徒たちに育成し、それが身についているかを評価するという教育的な理由から実施されているといえるだろう。

4．学校試験の質の維持

　オランダの学校試験が教育的な理由から実施されているとしても、試験の質を維持するために何の手立ても取られていないわけではない。国や様々な組織が、学校が学校試験を作成、実施、評価していく支援を行っている。なお、学校試験の質は、公立の場合は地方自治体、私立の場合は学校理事会が第一に責任を負う。

　まず、「資格基準」や「試験プログラム」が国によって定められる。先述した現代外国語科の試験でもそうであったように、学校は、到達目標である「資格基準」に沿って学校試験を作成することが求められる。また、学校は「試験プログラム」に従って、PTA（Programma van Toetsing en Afsluiting）と呼ばれるプログラムと、試験規則を設定しなくてはならない。「試験プログラム」とは、先ほどの現代外国語科の例でいえば、領域 A「読みの技能」の評価は中央試験で、領域 C「話す技能」などの評価は学校試験で実施するというように、試験内容がどのように中央試験と学校試験とに分けられるかを教科ごとに示す共通枠組である[21]。PTA には、学校試験で「試験プログラム」のどの部分が評価されるか、学校試験の構成要素の内容、学校試験が行われる方法、試験や該当する再試験が行われる期間、再試験の方法、評定が決定される方法などが含まれる[22]。学校試験は各学校の裁量に任されている部分が多いため、PTA も学校ごとに異なる。PTA と試験規則は、教育監査局や受験生に提供されなくてはならない。多くの場合、各学校のウェブ・ページで見ることができるようになっている。

　次に、教育監査が行われている。オランダには、教育監査局があり、教育の質を評価している。教育監査は、『監督枠組』に基づいて実施される。2017年版の中等教育用の『監督枠組（Onderzoekskader 2017 voor het toezicht op het voortgezet onderwijs)』[23] を見てみると、監査される領域として、「教育プロセス」「学校の雰囲気」「学習成果」「質の保証と熱意」「財政的マネジメント」の五つが挙げられている。このうち、「教育プロセス」領域のスタンダードに「評価と（生徒の次の教育段階への）接続は注意深く行なわれている」という指標が含まれている。そのスタンダードのもとで、先に述べたPTA や試験規則などが評価されることになっている。また、先述したように、学校試験自体やその結果も教育監査局によってチェックされる。

　さらに、学校が実際に試験を作成する際には、カリキュラム開発研究所（Stichting Leerplanontwikkeling：以下 SLO）が作成した教科ごとのハンドブックを参考にすることができる。実は、前項の学校試験についての内容もそのハンドブックによる。前節で示したように、ハンドブックには、生徒が

どのような力を身につけるべきかといった「資格基準」やレベルごとに応じた課題例などが示されており、具体的にイメージしやすくなっている。

　加えて、学校が使うことができるチェックリスト等も開発されている。例えば、中等教育学校協会（VO-raad）は、学校自身が作成した試験規則、PTA、学校試験の接続的性質の質を自己評価できるようなチェックリスト等を開発している[24]。学校試験の接続的性質に関するチェックリストから例を挙げてみると、それには大きく五つの指標が含まれている。例えば、「学校試験を構成しているテストや実践的な課題は、接続的な性質を持つ。これには次のものが含まれる」の指標には、「試験プログラムに基づく部分（「資格基準」）は、なるべくなら2回以上テストしないことが望ましい」「学校試験のテストには、多くの学習内容が含まれている」「学校試験のテスト数は教科ごとに制限されている」の三つが挙げられている。これらは「望ましいもの」とされている。テストが増えすぎないようにできるだけ同じ到達目標を評価するテストは複数回実施しないことが奨励されているものの、必ずしも義務付けられているものではない。一方で、「PTAには学校試験のみが含まれている。進歩を見るテスト、形成的なテストなどはPTAの一部にはならない」といった指標は、「必要なもの」とされている。学校では形成的評価のためにテストが行われることもあるが、それはPTAに含んではならないとされている。このような形で、チェックリストと言っても指標ごとに、それが「必要なもの」か「望ましいもの」かが明示されている。

　また、SLOも、作成した試験の質を教師が自己評価できるようなチェックリスト等を開発している[25]。例えば、試験の信頼性や妥当性に関して自己評価できるようなチェックリストには、内容妥当性、構成概念妥当性、信頼性などの九つの観点があり、それぞれの観点ごとに一から七つの問いが含まれている。具体的には、内容妥当性の観点であれば、「試験は扱われた学習内容をカバーしているか？」「全ての知識は期待される習得レベルに基づいて評価されているか？」「技能に関連するすべての習得すべき側面が評価されているか？」「テストもしくは課題は、すべての期待される学習目標を十分にカバーしているか？」の四つの問いが示されている。これらを用いること

で、学校は質の高い試験を作成することが求められている。

　他にも、SLOは、学校が学校試験を作成する際、テストマトリクスを合わせて作成することが求められていることに関して、その例を示している[26]。具体的には、ブルーム・タキソノミーの改訂版であるアンダーソン（Anderson, L.W.）らのタキソノミーに基づいて作成した問題をチェックできるようなシートである（表3）。マトリクスの一番上には、試験箇所、「資格基準」、内容等が示される。マトリクスの縦軸には、試験の内容テーマが記される。横軸には、「記憶する」「理解する」「応用する」「分析する」「評価する」「創造する」といった認知過程を示す言葉が並ぶ。内容テーマごと、認知的能力ごとにいくつの問題があったかがチェックできるようになっている。

　このように、オランダでは、法や共通の枠組に基づく範囲で、学校ごとに独自の試験を作成、実施、評価し、その質を保障することが求められている。学校に一定の自由を与えるとともに、学校が試験の質を保障しやすくなるようなツールをふんだんに用意する形で支援が行われている。そして、その取り組みの質が第三者である教育監査局にチェックされることで、試験の質が保たれているといえる。

表3　試験問題の質をチェックするシート

	試験マトリクス							
	試験箇所： 資格基準： 内容： （ここで示される情報はPTAと対応している）							
	認知的能力							
試験における内容テーマ	記憶する	理解する	応用する	分析する	評価する	創造する	テーマごとの問題数	重みづけ／得点数
認知的能力ごとの問題数								

5. 「教育の質の矮小化」——オランダの試験への批判

　これまでに取り上げてきたようなオランダの試験は、オランダではどのように捉えられているのだろうか。本節では、特に中央試験などの国レベルで行う試験に対する批判や議論を取り上げる[27]。ここでは、オランダでの試験をめぐる代表的な批判である「教育の質の矮小化」に関する議論を取り上げる[28]。

　「教育の質の矮小化」というと、標準的な試験で問うことができる内容に偏りがあり、教育の質が矮小化されてしまうといった批判がイメージされやすいかもしれない。オランダでも、そうした指摘はある。例えば、教育審議会（Onderwijs Raad）によると、近年、中央試験に限らず、国語や算数といった教科での測定可能な目標や成果が一面的に強調されてきたことが指摘されている[29]。

　それによって、国語や算数以外の歴史や経済、哲学などの教科や、社会的コンピテンシーや市民性、そして問題解決力や共働する力、コミュニケーション力やICTリテラシー等の教科を超えた「汎用的スキル」等については、あまり着目されなくなるという。こうした状況に対して「認知的能力が強調されることによって、基礎技能であまり良い成績が収められない児童・生徒が犠牲になる恐れがある。彼らは自分が過小評価されていると感じる可能性がある。教育の幅広い目標にもっと関心を向けることでこれを防ぐことができる」[30]と述べられている。こうした指摘をふまえ、オランダの教育が児童・生徒に何を提供しなくてはならないかという教育目標についての議論が一層必要であると考えられている。

　こうした議論に加えて、オランダでは、教育の社会的機能をふまえると現行の試験制度では機能的に偏りがあるという批判が展開されている。スヘーレンス（Scheerens, J.）らによると、これまでのオランダでは、時代によって変遷しつつも教育の社会的機能として、「資格化」、「選択」や「振り分け（allocatie）」、「社会化」等が挙げられてきた[31]。「資格化」とは、「（初等教育の場合は中等教育、中等教育の場合は高等教育のように）後続する教育や労

働市場への準備を生徒に行わせるための教育の重要性を示す」機能である。「選択」とは、「生徒が自分のレベルで（中等教育）修了資格を取得することができるように、自分にあった学習コースや学校種に振り分けられる」ことと関わっている。そして「振り分け」とは、「できる限り良い社会的任務や役割がもたらされるように技能レベルを差異化する」ことである。「振り分け」は、「資格化」と「選択」の組み合わせと捉えることができるが、特に「選択」とはコインの裏表のようにしばしばセットで捉えられる。そして「社会化」とは、社会で生きていくための市民性の育成等に関わる機能である。このように教育の機能には、その後の人生へ向けた準備をさせたり、生徒が自分に合う進路へ進めるようにしたり、社会で生きていくための力を育成したりすることがあると捉えられてきたことがわかる。

　こうした機能に加えて、2016 年に教育審議会が出した報告書においては、「人間形成（persoons vorming）」という機能が加わっているとスヘーレンスらは指摘する。2007 年に教育審議会が出した報告書では、「資格化」「選択・振り分け」「社会化」に関してのみ言及があったのに対して、2016 年の報告書では、「選択・振り分け」に関する言及がなくなり、「資格化」「社会化」「人間形成」の三つに対して言及がなされているという。こうした変化の理由として、スヘーレンスらはビースタ（Biesta, G.）の影響があったのではないかと述べる。

　ビースタは、教育の機能として「資格化」「社会化」「主体化」の三つを挙げている。ビースタによれば、「主体化の機能は、おそらく社会化の機能の反意語として、もっともよく理解されるかもしれない。主体化の機能は、まさに『新参者』を既存の秩序にはめ込むことを表しているのではなく、そのような秩序からの独立を暗示するあり方や、個人がより包括的な秩序の一つの単なる「標本」ではないようなあり方のことを表している」[32] とされている。

　この点で、教育審議会が言及する「人間形成」という機能にどこまでビースタが述べるような、人としての解放などの意味が込められているかについては慎重に見極める必要があるだろう。スヘーレンスは、2016 年の教育審議

会の報告書で「人間形成」に言及している言葉として「個性の発達（per-soonlijkheidsontwikkeling）」「人格形成（character building）」「批判的態度」を挙げているものの、そこからビースタの「主体化」との相違点を見極めるのは難しいからである。それでも、スヘーレンスがこうした指摘を行う背景として、オランダの教育にビースタの考え方が一定の影響を与えていることは事実であろう。そして、教育審議会でも「資格化」以外の機能に目が向けられていることがわかる。

　スヘーレンスはこのような形で教育の機能を整理することで、人々が「資格化」の機能に限定して教育を捉えているわけではないと述べる。そして、現在の教育では、試験が「資格化」のみに重点を置き過ぎており、「社会化」や「主体化」が犠牲になっていることが教育審議会やカリキュラム改革の議論等から示されるという[33]。「教育の質の矮小化」は、こうした意味で言われているのである。スヘーレンスらは、試験とカリキュラムは一体であると考える。オランダでは、汎用的スキルの育成や「人間形成」を射程に入れたカリキュラム改革が進められており、ここで示したような試験をめぐる批判はそれとセットで議論されている。しばしば日本では「指導と評価の一体化」が各教師レベルでのみ言われるが、オランダではこれが国レベルで意識され、議論されているといえる。このように、オランダでは、試験の内容を問わずに公平性だけを議論するのではなく、教育の目標、教育がそもそも果たす機能やカリキュラムと合わせて試験が問い直され、議論されていることがわかる。

6．おわりに

　本章の冒頭で、アングロ・サクソン型アプローチ対ライン諸国型アプローチの対比を述べた。ライン諸国型アプローチでは、価値・意思決定への参加・効果・カスタマイズ・人間的側面などがキーワードとしてあげられていた。この視点で、これまで見てきたオランダの中等教育修了資格試験制度を見直してみると、まさにこうしたキーワードが当てはまるといえそうである。
　改めて整理してみると、オランダの試験制度は、全国的に実施される中央

試験で資格を授与するかどうかの客観的な裏付けを取るとともに中央試験の限界も見定め、学校でしか評価できない力は学校に任せる（「カスタマイズ」）ことで、子どもたちに必要な学力（「価値」）を保障できるような豊かな評価のあり方を実現しようとしていると捉えられる。そして、その試験制度については常に議論が行われ、より良く改善するために見直され続けていた。また、日本では考えられないことであろうが、試験の作成や実施、評価のプロセスに学校の教師が「参加」することで、より「効果」的な試験の実現が目指されていた。試験の質については、標準テストだけに限定して公平性を担保しようとするのではなく、法や共通の枠組み等をもとに各学校が試験を作成・実施・評価し、それを第三者がチェックするという形で維持しようとされていた。さらに、試験をめぐっては、教育の目標、教育が果たす機能やカリキュラムと合わせて試験が問い直され、議論されていた。そもそも試験内容や位置づけを問わずに公平性だけを重視しようとするのは、試験を選抜の論理で考えることによるのではないだろうか。オランダの事例は、試験を教育の論理（「人間的側面」）で捉えなおすことを提起しているように思われる。

【追記】2020 年のオランダの中央試験は中止され、基本的に、学校試験の結果のみで合否が判断される。学校試験は電話やビデオ通話を通じて行われる。生徒間の距離を 1.5m 以上保つなどの対策をして、学校で実施することもできる。合格のために学校試験に求められる要件は、本来学校試験に求められていた要件（本稿で2020 年 2 月時点として示した内容）と基本的に同じである。また、学校試験の結果次第では、最大 2 教科で、学校が組織する「結果改善試験」を受験できる。結果改善試験が、元の学校試験の成績より良かった場合のみ、学校試験の結果及び結果改善試験の結果を半分ずつ用いて算出された点数を利用することができる。
※Examenblad webpage [https://www.examenblad.nl/nieuws/20200414/flyers-van-het-ministerie-van-ocw/2020?regime=hflinks&horizon=vjtalef01czz]; Rijksoverheid [https://www.rijksoverheid.nl/onderwerpen/coronavirus-covid-19]（2020 年 4 月 27 日確認）

Book Guide

◎リヒテルズ直子『オランダの教育──多様性が一人ひとりの子供を育てる』平凡社、
　2004年。

◎奥村好美『〈教育の自由〉と学校評価──現代オランダの模索』京都大学学術出版会、
　2016年。

1　Examenblad webpage ［https://www.examenblad.nl/veel-gevraagd/schoolexamen/
　　2019?regime=hflinks&horizon=］（2020 年 1 月 3 日確認）

2　Nusche, D., Braun, H., Halasz, G., & Santiago, P., *OECD reviews of evaluation and assessment in
　　education: Netherlands 2014*, Paris: OECD, 2014, p.13.

3　Bakker, P., Evers, S., Hovens, N., Snelder, H. en Weggeman, M., "Het Rijnlands model als inspi-
　　ratiebron", *Holland Management Review*, Nr. 103, 2005, pp.72-81.

4　「ライン諸国型モデル」とは Albert, M. が 1990 年代に命名したとされる。これに基づき、Bak-
　　ker, P. 他が社会や組織といった視点から整理した考え方が、オランダの教育を述べる際にも参
　　照されている（Heijmans, J. & Christians, J., The Dutch Way in Education: Teach, Learn &
　　Lead the Dutch Way, the Netherlands: Onderwijs Maak je Samen, 2017）。

5　Ministry of Education, Culture and Science, *Key figures Education 2016*, 2016, p.14.

6　吉田重和「オランダにおける中等教育への進学プロセス──全国共通学力テストと学校アドバ
　　イスに着目して」『早稲田大学大学院教育学研究科紀要　別冊』16 号-2、2009 年、pp.61-69。

7　中央最終試験といっても、全ての子どもたちが同じ中央最終試験を受けなくてはならないわけ
　　ではなく、大臣が認めたその他の試験を受けても良い。例えば、2018-19 年度は、学校は五つの
　　試験から選択することができ、いわゆる「中央最終試験」のシェアは 50％を下回っていた。

8　Het Parool webpage ［https://www.parool.nl/nederland/cpb-eindtoets-moet-zwaarder-we
　　gen-bij-schooladvies~b0b0013e/?referer=https%3A%2F%2Fwww.google.com%2F］（2020 年 1
　　月 3 日確認）

9　Ministry of Education, Culture and Science, op. cit., p.14.

10　SLO webpage ［https://slo.nl/sectoren/havo-vwo/profielen/］（2020 年 1 月 3 日確認）

11　Rijksoverheid webpage ［https://www.rijksoverheid.nl/onderwerpen/voortgezet-onderwijs/］
　　（2020 年 1 月 3 日確認）

12　Examenblad webpage ［https://www.examenblad.nl/onderwerp/docentbetrokkenheid/2020］
　　（2020 年 1 月 3 日確認）

13　Rijksoverheid webpage ［https://www.rijksoverheid.nl/onderwerpen/eindexamens］（2020 年
　　1 月 3 日確認）

14　Examenblad webpage ［https://www.examenblad.nl/onderwerp/aangescherpte-examene
　　isen-in-het/2012］（2020 年 1 月 3 日確認）

15　要件①や要件②などの要件を追加した場合、どの程度正確に合否判定を算出できるかについて
　　調べた研究もある。Van Rijn, P.W., Béguin, A.A. & Verstralen, H.H.F.M., "Educational measure-
　　ment issues and implications of high stakes decision making in final examinations in second-
　　ary education in the Netherlands", *Assessment in Education: Principle, Policy & Practice*,
　　Vol.19, No.1, 2012, pp.117-136.

16 Meijer, D. & Fasoglio, D., *Handreiking schoolexamen modern vreemde talen havo/vwo: Duits, Engels, Frans*, Enschede: SLO, 2007. なお、このハンドブックは 2007 年に出されたものであるが、2018 年 12 月 17 日に更新されている SLO のウェブ・ページ［https://slo.nl/@4449/handreiking-18/］でも掲載されていることから、現在も使われているものと考えられる。

17 All examens webpage［https://alleexamens.nl/examens/VWO/］（2020 年 1 月 3 日確認）

18 College voor Toetsen en Examens, Het Centraal Schriftelijk Examen en Uw Rol als Docent, 2019.

19 以下、本項の内容は次の文献による。
   Meijer, D. & Fasoglio, D., op. cit.．

20 Nusche, D., Braun, H., Halasz, G., & Santiago, P., op. cit., pp. 72-73.

21 Examenblad webpage［https://www.examenblad.nl/veel-gevraagd/waar-kan-ik-terecht-met-vragen/2020］（2020 年 1 月 3 日確認）

22 Ouders en Onderwijs webpage［https://www.oudersonderwijs.nl/op-school/lessen-rapport-en-examen/examens/programma-voor-toetsing-en-afsluiting/］（2020 年 1 月 3 日確認）

23 Inspectie van het Onderwijs, *Onderzoekskader 2017 voor het toezicht op het voortgezet onderwijs*, 2019.

24 VO Raad webpage［https://www.vo-raad.nl］（2020 年 1 月 3 日確認）

25 SLO webpage［https://slo.nl/handreikingen/havo-vwo/handreiking-se-chin-hv/kwaliteit-schoolexamen/criteria-kwaliteit/］（2020 年 1 月 3 日確認）

26 *Ibid.*

27 ここでの批判の対象は、中等教育修了資格試験の中央試験だけでなく、初等教育の最終学年で子どもたちが受ける中央最終試験等も含んでいる。

28 その他の批判としては、アメリカの文脈を参照して「アカウンタビリティ」や「ハイステイクスなテスト」がもたらす副次的影響に関して行われた研究に基づく批判や、テストが子どもにも教師にもストレスを与えると本来中央試験では評価できない部分を評価するはずの学校試験が中央試験の準備になってしまいかねないといった指摘などがある。

29 Onderwijsraad, Brochure *Een smalle kijk op onderwijskwaliteit*, Den Haag: Onderwijsraad, 2013.

30 *Ibid.*, p.6.

31 Scheerens, J.m Brouwer, A., Sanders, P., Veldkamp, B. & Luc van der Vegt, A., *Fundamentele Vragen Over Examens en Toetsing: Eindrapportage*, Utrecht: Oberon, 2019.

32 ガート・ビースタ著、藤井啓之、玉木博章訳『よい教育とは何か―倫理、政治、民主主義』白澤社、2016、p.35。

33 ただし、教育審議会とカリキュラム改革の議論では主張の違いが見られるとされている。教育審議会は社会化や人間形成にもっと関心を払うべきであると主張しつつも、認知的側面について直接的には述べていない。これに対して、カリキュラム改革の議論では、認知的側面のスリム化が主張されている。

Column

コラム①　生徒たちのための、生徒たちによる組織（LAKS）

　中央試験を受ける際に、試験問題や試験を受ける環境に不備があり、十分な力が発揮できなかったとしたらどうだろう。その試験で将来が決まるのは納得できないと感じる人は多いだろう。「HAVO の試験の問題 10 を解くことができなかった。なぜなら、図の印刷がとてもひどくて読むことができなかったから」「学校は試験をスポーツデイと同じ日に行うことを計画し、生徒たちが体育館の隣でサッカーをしていた」などの、中央試験に対する苦情は、全国生徒行動委員会（Landelijke Aktie Komitee Scholieren；以下 LAKS）が受け付けている。LAKS とは、オランダの中等教育に関わる全ての生徒たちのための、生徒たちによる組織である。明らかに学校側に問題があることがわかるような苦情の場合、正当であると判断されれば、その試験結果が無効にされることもある。

　LAKS が担うのは、試験への苦情対応だけではない。オランダでは、各学校に経営参加委員会（medezeggenschapsraad；以下 MR）を設置することが求められている。MR とは、学校運営に保護者や（中等教育学校の場合は）生徒も関わることができる委員会である。学校は様々なテーマについて事前に MR からの助言や同意を得る必要があり、場合によっては、MR は学校の運営方針に異議を唱えることもできる。メンバーは、その学校の生徒が 25％、保護者が 25％、教職員が 50％という割合で構成される。MR は最低 4 人からなる。実際にはしばしば生徒が最低 2 人は参加することから、生徒 2 人、保護者 2 人、教職員 4 人などの構成になる。LAKS は、MR に参加する生徒たちが、生徒の権利や義務、学校をどのように改善するか等を学ぶ場として研修コースの提供も行っている。

　LAKS は他にも中等教育の生徒たちの権利を守るための活動を行っている。教育文化科学省（ministerie van Onderwijs, Cultuur en Wetenschap）の官僚や、時には大臣と協議を行うこともある。協議が

うまくいかない場合には、LAKS は全国の生徒たちに学校をストライキして デモを行うことを呼びかけることもある。例えば、2007 年や 2011 年には、年間 1040 時間の授業を受ける義務があるのは多すぎると主張したデモが実施されている。デモの結果、すぐに主張が通るわけではないが生徒の主張をもとに再検討がなされる。2015 年 9 月以降、年間 1040 時間の授業を受ける義務はなくなり、代わりに 5 年間の HAVO で 4700 時間、6 年間の VWO で 5700 時間のように中等教育学校全体で最低限満たすべき授業時間数が定められることとなった。こうした LAKS の活動を支えているのは、教育文化科学省からの助成金である。教育文化科学省は、時に自らを批判する立場となる組織にお金をだしていることになる。生徒たちが、人として尊重され、自分たちの権利をめぐって大人たちと対等に議論できる存在と見なされているといえるだろう。

（奥村好美）

【参考】
・LAKS［https://www.laks.nl］（2020 年 1 月 3 日確認）
・Volkskrant［https://www.volkskrant.nl/nieuws-achtergrond/1040-urennorm-middel bare-scholen-afgeschaft~bb6485fa/］（2020 年 1 月 3 日確認）
・リヒテルズ直子「（オランダのシティズンシップ教育第 5 回）仲間市民としての高校生の政治参加——中等教育（中学・高校）のシティズンシップ教育（2）」『Voters』18 号、2014 年、pp.20-21。

第 2 章 *Italy*

イタリアの高校生はなぜマトゥリタ試験の改訂に抗議したのか
——生徒の学習を尊重した修了資格試験のあり方

徳永俊太

1．はじめに ——高校生によるデモ

　イタリアの全国紙であるラ・レプッブリカ紙（La Reppubblica）の web 版の記事[1] が伝えるところによると、2019 年 2 月 22 日に後期中等教育課程の修了資格試験であるマトゥリタ試験（maturità）[2] の改訂に反対する高校生たちの抗議デモが首都ローマで行われた。高校生たちは、政府や大臣を「落第（bocciato）」させよと叫んで行進をした。政府の教育予算削減に対する反対も兼ねたこのデモは、学生組織が企画したもので、同日に他の都市でも同様のデモが行われた。企画者によれば、参加した生徒はイタリア全土で 7 万人にものぼる。北部の都市トリノでは、教育・大学・研究省（Ministero dell'Istruzione, dell'Università e della Ricerca、以降は公教育省とする）の事務所に卵が投げつけられ、警官隊との衝突も起こった。高校生をはじめとする社会からの批判を受け、改訂されたマトゥリタ試験は 2019 年 6 月に初めて実施されたものの、2019 年 11 月に見直しの方針が示された。結局のところ、改訂された試験は 1 回だけ行われ、撤回されたということになる。

　ここで登場するマトゥリタ試験の受験生は、イタリアの後期中等教育課程に在籍している生徒の一部である。イタリアの後期中等教育は、複線型の学校制度を特徴としており、在学期間も 3 年制から 5 年制に分かれる。本章では、後期中等教育の学校の総称として、高等学校という言葉を用いる。私立の学校は少なく、ほとんどが国立の学校になる。学校は進学系と職業系に大別され、進学系の高等学校はリチェーオ（liceo）と呼ばれる。リチェーオは

5年制で、ヨーロッパの大学に進学することを目的とした4年制の国際リチェーオもある。第二中等学校国家試験（Esame di Stato della Scuola secondaria di secondo grado）、すなわちマトゥリタ試験の受験資格を有するのは、基本的にリチェーオとその他の5年制の高等学校に在籍している生徒のみである。試験によって得られる後期中等教課程の修了資格はそのまま大学入学資格になり、資格取得者は一部の学部（医学部など）を除いて、希望する大学と学部を選択することができる。進学系の高等学校はさらに、専門別の系に分かれており、幅広い教養を身につけるというよりは、高等学校の段階から専門的な学習を行うことが目指されている。高等学校の就学期間は最長5年なので、生徒たちの専門性も必然的に高くなっていく。さらにイタリアでは生徒を留年させることも積極的に行われるので、マトゥリタ試験を受けるためには、相応の学力も必要になる。結果として、大学に進学するのか、大学でどのような分野を学習するのかといった進路の選択は、中学校卒業段階である程度完了しており、マトゥリタ試験は大学に入学するための資格を問うという性格が強いのである。

　12歳から14歳の生徒を対象とした前期中等教育課程を修了する際にも国家試験があり、そこで得られる前期中等教育課程の修了資格を持って、生徒たちは希望する後期中等教育の学校を選ぶことができる。その際には、大学進学時と同様に入学試験は課されないものの、中学校で成績を踏まえた上での進路指導が行われる。進学系の高等学校に進んで学習についていけるのかが、教師たちによって吟味されるのである。この進路指導に対して、イタリアでは古くから批判がある。生徒にとって積極的な選択ではなく、消極的な選択になってしまっているのではないかという批判、そして一度選択をしてしまった場合、別の系に移ることが制度上は保障されているものの、非常に難しい状態になってしまっているという批判である。初等教育が5年間、前期中等教育が3年間なので、進路選択は14歳で行われることになり、結果として、生徒たちは早い段階で自分の進路を決定しなければならない。マトゥリタ試験の性格を考えて行く際には、このような高等学校入学時における生徒の「自主性」に基づいた選抜が存在していることに留意する必要があ

る。イタリアの教育研究でも、ほかのヨーロッパ諸国同様、この中学校卒業時の進路選択を教育格差につながるものとして捉える傾向が強く、マトゥリタ試験はあまり研究の対象になってこなかった。

　しかし、今回の改訂とそれに伴う抗議によって、マトゥリタ試験は大きな注目を集め、その意義が問い直されることになった。この章では、改訂されたマトゥリタ試験の内容とそれに対する社会の反応を追いながら、問い直された修了資格試験としてのマトゥリタ試験の意義を明らかにし、日本への示唆を得ていきたい。

2．学校での学習を尊重するマトゥリタ試験

　まず、マトゥリタ試験の運営面に焦点を当てて、その性格を考えてみる。マトゥリタ試験は、1923年の学校改革の際に、後期中等教育と高等教育を接続するための試験として導入された。この時の改革はジェンティーレ改革と呼ばれ、5・3・5制などの今日まで続くイタリアの学校制度の枠組みがおおよそ出来上がった。それ以降、マトゥリタ試験は、学校年度の最終月である6月に実施されてきた。

　試験の大きな枠組みは公教育省が決めているものの、試験問題の作成、採点は各高等学校に設けられた運営委員会にゆだねられており、試験も各学校で実施される。大学への接続を目的としていたため、導入時には大学教員などの外部の人間によって運営委員会が組織され、試験が運営されていた。つまり、生徒がどのようなことを学習してきたのかということよりも、生徒が保持している能力を評価する性格が強かった。この時の運営の仕方は、大学が生徒を評価するという点では、日本の大学入試に近い。

　しかし、第二次世界大戦後の1952年に、この運営委員会の構成に大きな変更が加えられた。運営委員会に、委員会を設置している高等学校の教員が加わることになったのである。大学教員などの外部の人間と学校教員という内部の人間とによって組織された運営委員会が試験を運営するというやり方は、今日まで存続している。2018-19年度の試験では、内部3名、外部4名（そのうち1名は委員長）で、運営委員会は組織される。内部の人間が運営

委員会に参加するということは、試験において生徒の学校での学習が尊重されるという可能性を持っており、さらに高等学校での学習とマトゥリタ試験、そして大学での学習が接続する可能性をも持っている。学校での学習が重視されていることは、最終的な得点配分からも読み取ることができる。マトゥリタ試験は筆記試験（prova scritta）と口述試験（prova orale）に大別されて行われる。各テストの点数に、学業成績が加算され、最終結果（満点は100 点、合格点 60 点）が算出されるのである。

　マトゥリタ試験の大枠は、1997 年に定められたもので長らく運用されてきた。しかし、2017 年に公布された法律によって、マトゥリタ試験に大幅な変更が加えられたのである。そして、改訂後初となる試験は、2019 年 6 月 19 日から実施された。生徒たちは、自分の将来を決めるハイステイクスなテストであるにも関わらず、自分たちだけが先例の全くない状態で試験を受けることに不公平さを感じたのだろう。デモにおいても、「自分たちはモルモットではない（Non siamo cavie）」というシュプレヒコールが叫ばれた。イタリアの公教育省もそのあたりに配慮し、「2018-19 年度第二中等学校国家試験に関する FAQ」（FAQ Esame di Stato della Scuola secondaria di secondo grado, anno scolastico 2018-19、以下 FAQ と略す）を web 上で公開している。FAQ の冒頭には、以下のような序文が添えられている。本章で示したものは、2020 年 2 月 20 日に確認したものである。公教育省の HP には、FAQ に合わせて、関連の法律、告知、そして試験問題の例なども記載されている[3]。

　　　このページでは、学校業界、生徒、教師、学校管理者および家族から出された質問の中で、頻度の高い質問に対する回答を集めています。このリストは、国家試験のあらゆる側面を明らかにするその他の有用な回答も提供していくために、定期的に更新されます。

　ここまで見てきたように、運営の仕方から考えると、マトゥリタ試験は生徒の学校での学習を尊重する性格を帯びている。2018-19 年度の試験からは、

得点配分が変更されたことで、その傾向はより強まったと考えられる。FAQ には「3年間の成績評定（credito）の配点はどのように変更されましたか。試験間の点数はどのように分割されましたか」という質問がある。これらに対する公教育省の回答は以下の通りである。

　（答）学習過程において、各生徒に割り当てあてられる最大の成績評定は、等しく 40 点で、第三学年（最大 12 点）、第四学年（最大 13 点）、第五学年（最大 15 点）となっています。今年度試験を受ける生徒は、第三学年と第四学年で習得した「古い」成績評定の変更をすでに受けており、新しい表では、合計が 40 になるように計算ができるようになっています。以前は、学習過程における点数は最大 25 点になっていました。試験には、それぞれ 20 点が割り当てられます。

　回答からは、マトゥリタ試験において、最終成績は、第三、四、五学年の成績評定から計算される基礎点に、筆記試験と口述試験の獲得点数に合わせて算出されることが分かる。この基礎点の変更が、今回の改訂において最も重要だと考えられる部分である。後期中等教育は 2 年目までが義務教育になっており、義務教育が修了した 3 年目からの成績評定が、マトゥリタ試験の点数に反映されるということになる。これまで最大 25 点であった基礎点は、一気に 40 点に増加した。全体を見ると、基礎点が 40 点、筆記試験が 40 点、口述試験が 20 点、優秀者へのボーナスとして 5 点という計算方法になっている。結果として、学校での学習を重視する傾向が強まったものの、マトゥリタ試験が学校のカリキュラムに与える影響も強まったといえるだろう。ちなみに、改訂の方向性が示されたのは、2017 年 4 月 13 日の立法令（Decreto legislativo）によってであり、これはほぼ学年度末の時期にあたる。点数の変更は、生徒にとっては寝耳に水であったかもしれない。

　補足しておくと、改訂前は、成績評定を参照した基礎点が 25 点（第三学年から順に 8、8、9 点）、筆記試験が 45 点、口述試験が 30 点、優秀者へのボーナスとして 5 点という配分であった。成績評定の参照自体は 1997 年の

改革から行われており、歴史的に見れば、学校での学習を重視する傾向は、現代に近づくにつれてより強まっている。

3.　イタリア語と複数の教科内容を問う筆記試験

　続いて、具体的なテストの内容を見ることで、そこで測定されようとしているものについて考えていきたい。マトゥリタ試験の最初に行われるのは、筆記試験である。改訂前は、筆記試験が 3 種あり、それぞれ 15 点、計 45 点となっていた。2018-19 年度からは筆記試験が 2 種に減らされて、各 20 点の計 40 点となった。筆記試験は、第一筆記試験と第二筆記試験からなり、前者は全ての系で共通してイタリア語の問題が、後者は進学した系の教科に関する問題が出される。例えば、古典系の場合であれば、ラテン語とギリシャ語に関する問題が出される。

　第一筆記試験は、公教育省が大枠を規定しており、以下の 3 類型に分類される七つのテキストから、生徒が手掛かりとなるテキストを一つ選んで解答する形になる。

　　　類型 A：イタリア語の文学テキストの分析と解釈。（テキストは二つ）
　　　類型 B：論述テキストの分析と作成。（テキストは三つ）
　　　類型 C：時事問題に対する解説・論説文の批判的考察。（テキストは二つ）

　筆記試験の例として、公教育省は本番と同じく七つのテキストと問題を HP に掲載している。表 1 に示すのは、類型 C の問題で、試験の時間は 6 時間であることと、イタリア語の辞書、母語がイタリア語ではない生徒はイタリア語・母語の辞書を使ってもよいことが付記されている。これは類型 A および類型 B でも同様である。

　問題文中に「あなたの知識、経験、私的な読書」とあるように、テキスト外の知識を援用することを求めている点が、第一筆記試験の特徴である。これは類型 A と B も同様である。異なるのは、類型 A と B がテキスト内容をまとめたうえで、自分の考えをまとめるものであるに対して、類型 C では、

表1　第一筆記試験の問題例

第一筆記試験—類型C

時事問題に対する解説・論説文の批判的考察

　どのように助け、助けられるかを知るための要求と感受性を理解することの原点が、脆さです。

　弱さや、力への欲求のためのみっともない不良品だとして自分の脆さを隠すのではなく、それを知り、それを生かすように仕向けられたヒューマニズムは、本当の強さに、ことによると人工的な補完物に基づくことになります。敬意が恐れを抱かせることに等しくなるような錯乱した論理は、恥ずべきことなのです。

　あなたの脆さが他者の脆さを勇気づけ、あなたに回帰する、そして平穏を意味する社会的健康を促進する文明。平穏とは、束の間のはかない幸福ではなく、陶酔の瞬間さえを入り込める連続的な状態です。

　思慮分別の基礎としての脆さが認識させてくれるのは、個人の豊かさは自分以外のものであるということ、一人では人は人であるとはいえず、そうでなければ自分自身の生活と社会全体の生活を誤って解釈した偏屈ものに過ぎないということなのです。

ヴィットーリオ・アンドレオーリ『ガラスの人。脆さの力』
リッツォーリ社、2008年。

　提示された引用文は、精神科医のヴィットーリオ・アンドレオーリの論文から引用されたもので、人間の条件における真の力の要素として、自分自身の脆さと弱さの自覚を提起している。あなたの知識、経験、私的な読書に言及しつつ、このテーマについて考察せよ。必要であれば、適切なタイトルをつけたいくつかの段落に考察を分けてもよいし、内容を総合的に示す全体のタイトルを付けて論を提示してもよい。

主に自らの考えをまとめるものになっているところである。そのために、類型AとBは、類型Cに比べて提示されるテキストの量が多くなっている。

　では、類型Cでは自分の意見が述べられていれば得点が期待できるのかというとそうではなく、イタリア語を正確に使いこなすことができているのかどうかのほうが重視されている。2018年11月26日に公開された「国家試験の第一筆記試験の作成と実施のための枠組み（Quadro di riferimento per la redazione e lo svolgimento della prima prova scritta dell'esame di Stato）」には、次ページの表2のような評価のための一般指標が示されている。配点の60%は、類型A、B、C共通で、作成するテキストの語彙や形式によって評価されることになっている。現在のイタリアの学校教育はイタリア語の習

表 2　第一筆記試験採点のための指標（全体と類型 C の表を筆者が統合）

作成物の評価のための一般指標（最大 60 ポイント） 指標 A ・　テキストの発案、計画化、組織化 ・　テキスト上のまとまりと一貫性 指標 B ・　語彙の豊富さと語彙への精通 ・　文法上の適切さ（正字法、形態法、構文論）、句読点の適切かつ効果的な使用 指標 C ・　知識と文化的な参照の幅広さと適切さ ・　批判的な意見の表明と個人的な評価
具体的な評価するための要素（類型 C：最大 40 ポイント） ・　タイトルと段落分けの表明における、筋書きと一貫性に関するテキストの関連性 ・　説明における整理されて、筋の通った展開 ・　知識と文化的な参照の適切さとつなぎ

得をかなり重視しており、それに適合する形で第一筆記試験の重みが増していると考えられる。

　イタリア語の能力を問う第一筆記試験に対して、第二筆記試験は各系に沿った問題になっている。第一筆記試験と同様に 6 時間が試験時間とされており、美術系や音楽系などでは、6 時間を超えることも想定されている。古典系では、辞書の持ち込みも許可されている。第二筆記試験の難易度については、言語系の FAQ が参考になるだろう。質問に対して、日本の外国語教育でも参照されている CEFR に準拠することが示されており、求められているレベルは、第一専攻言語は CEFR のレベル B2、第三言語はレベル B1となっている。日本の外国語教育が高等学校卒業時に求めているのがレベルB1 なので、第一専攻言語ではそれよりも一段階上のレベルが求められている。

　現在イタリアでは、リチェーオは芸術系、古典系、言語系、音楽・舞踊系、科学系、人文科学系に大別されている。国際リチェーオは、この枠に当てはまらないものもある。第一筆記試験が公教育省の主導のもと共通して行われるのに対して、学校の多様さを鑑みて、第二筆記試験は各学校の運営委員会に大きくゆだねられることになっている。また FAQ の様々な個所で言及さ

れているように、公教育省は系によって試験に不利益が生じないように配慮している。

　次ページの表3・4に示すのは、人文科学系のリチェーオと社会・経済系の国際リチェーオの試験問題例である。問題は大きく二部に分かれており、提示されたテキストをまとめて自らの考えを表明するのが第一部、テキストの主題とはやや離れた問いを自分で選び、論を展開するのが第二部となっている。

　他の系の試験問題もおおよそ同じような出題形式で、選択式や短答式の問題ではなく、与えられたテーマに基づいて、自らの考えを表明するものになっている。第二筆記試験に関しては、評価規準は具体的に示されていない。このような論述形式の問題は、採点にブレが生じるのではないかという問題がつきまとう。しかし、これまで採点に関する問題提起はそれほどなされてこなかった。今回の改訂においてなされた第二筆記試験への批判は、教科横断的な要素を盛り込んだことに対してである。2017-18 年度は、筆記試験は単一の教科の内容から出題をされていた。それに対して、上述した例の一つ目では社会学と教育学、例の二つ目では経済と福祉というように、教科横断的な論考が求められている。教科横断的（multidisciplinare）という言葉は、今回の改訂でたびたび登場するキーワードである。

4．学校での学習全般を問う口述試験

　マトゥリタ試験の口述試験はおおよそ1時間程度で行われ、もともとは生徒が専門とする教科内容に関する出題がなされていた。その点では、これまで述べてきた学校での学習を重視する性格を持っているといえる。

　しかし、2018-19 年度の改訂で、様々な変更が加えられた。もともと 30 点であった口述試験の配点は、改訂によって 20 点になり、10 点分少なくなった。筆記試験の配点が上がっていることを踏まえると、今回の改訂で唯一配点が下がった箇所になる。そして、質問される内容には大きな変更が加えられた。従来の教科内容に沿った質問ではなく、教科を横断するような質問がなされるようになったのである。教科横断的な論考を求めていた第二筆記試

表 3　人文科学系のリチェーオの第二筆記試験（例）

題：民主主義の教育と学校の役割

第一部

　教育学の特徴は、社会的な観点から個人の教育に関心を持った学問であることで、サッラチーノ（Sarracino）がいうように、個人から「ポリス」までをみている。教育学の社会的側面は、必然的に倫理的な側面、社会の改善を志向する政治に結び付く結果となる。この意味において、デューイ（Dewey）も断言しているように、活動的な市民性の教育は、全ての教育学的な計画に内在しているのである。

　受験生は、自分の知識をもとにして、引用されている文書の読解と分析を活用しながら、このことに関する自らの考えを、社会学の教育学に対する貢献に特に注意を向けながら、記述せよ。

文書1（サラッチーノのもの、省略）

文書2（デューイのもの、省略）

第二部

受験生は、以下の問いの中から二つを選び、論を展開せよ。

1. 演習的な教育方法の使用は、ジョン・デューイの教育学的提起における基盤の一つである。しかし、彼以前においても、様々な思想家が、相互的で協同的な教授＝学習を通して、どのように生徒たちが個人的に改善していくのかを明らかにしてきた。
   受験生は、これまでに行われてきた研究に光をあて、対話と協同の教育に関する先駆者たちの中の一人について、叙述せよ。
2. 受験生は、教育学の行動主義について、一般的な特徴を概説せよ。
3. 市民の活動的な参加は、現代社会において進行している社会的、文化的、経済的変遷の過程の中で自分自身を方向付けられるようにすることを含んでいる。
   受験生は、永続的な教育を必要とするようないくつかの主要な社会の変化とは何かについて、叙述せよ。
4. 受験生は、より統合的で、全ての市民のニーズに答える学校を支えうる、主要な福祉政策のいくつかを特定せよ。

表 4　社会・経済系の国際リチェーオの第二筆記試験（例）

第一部

　経済学者のセージ・ラトゥーシュ（Serge Latouche）は、現在の世界における環境に関わる要求に適合した政策を再構築するために、反成長の概念を提起した。

　それに対して、ヴィンチェンツォ・コミート（Vincenzo Comito）は、「共有経済（*sharing economy*）」の概念について、デジタル技術のビジネスに束縛されたそれらの実施との不一致を批判的に証明することで、問い直している。

　提示された文書に言及し、それらの知識を基礎にして、受験生は、共有と持続可能性に関する取り組みと理念に関して、自らの考察を表明せよ。

文書1（ラトゥーシュのもの、省略）

文書2（コミートのもの、省略）

第二部

受験生は、以下の問いの中から二つを選び、論を展開せよ。

1. 福祉の形態にある可能性と限界は何か。
2. 地域の発展における第三セクターの重要性とは何か。
3. グローバル経済の文脈においても、地域を価値づけることはどのようにして可能か。
4. 不平等を減らしていくための政治的・経済的手段とは、どのようなものでありえるか。

験の記述内容に関して質問をすることも盛り込まれている。さらに、これまで口述試験の対象になってこなかった、教科外活動での学習履歴が問われることになった。公教育省のHPや省令などには、「教科横断的」、「統合的」といった言葉で、マトゥリタ試験が測定するものを表現している。

　生徒の統合的な能力を測定するために、出題の仕方にも大きな変更が加えられた。その場で初めて見る材料をもとに出された問題に対して、即興的に答えるものになったのである。運営委員会は、受験者数に2を足した数の封筒を用意し、その中に「詩的なまたは散文のテキスト、画像、写真、本から引用されたイメージ、新聞記事、コメントをするためのデータ付きの表、グラフィック、設計に関するヒント、取り組むべき問題状況」などを封入する。運営委員会は、三つの封筒を提示し、受験者は中身を見ずに、一つを選び、そこに示された中身を元に出題される問題に答えるのである。選択された封筒は以降使われない。そのために、受験者数に2を足した数が用意され、全員が三つの封筒から選択をするのである。この出題方法は、事前に何が問われるのかが把握しにくく、問題の難易度をそろえることも難しい。そのために、「クイズ番組」、「宝くじ」といった批判がメディアやSNSで繰り替えされた。前述の学生デモにおいても、"Maturità o l'Eredità" という旗が掲げられた。l'Eredità は、イタリアの放送局 Rai 1 が放映する有名なクイズ番組である。

　なぜこのやり方が批判をされるのかというと、改訂前は生徒が作成した自らの専門に関わる修了論文を事前に提出し、それに基づいて口述試験が行われていたからである。生徒たちからすると、修了論文を基に質問をされる方が答えやすいであろうし、自分の学習履歴を参照しやすい。修了論文に基づく口述試験をやめたことで、マトゥリタ試験は、学校での学習との関係を前よりも希薄にしてしまったといえるだろう。

　しかし、口述試験に関するいくつかのやり方、試験で聞かれる内容を見ていくと、学校での学習を重視する傾向は別の形で現れている。まず、試験問題を作成するにあたって、ある文書が参照されることがFAQに明記されていることに着目したい。

　（答）材料（テキスト、文書、プロジェクト、問題）の選択を実施する
　際には、クラス評議会が作成した文書に示された記載にしたがって、系
　の特殊性とクラスで実際に展開された過程を考慮します。この文書は、5
　月 15 日までに、国家試験（著者注：マトゥリタ試験のこと）を視野に
　入れて準備がなされます。

　着目したいのは、クラス評議会（Consiglio di Classe）によって 5 月 15 日
までに作成される文書（以下、5 月 15 日文書）である。クラス評議会とは、
1980 年代に教育を含めた行政の地方分権化の際に設置されたもので、クラ
スの運営について教師と保護者が話し合うものである。口述試験は、この評
議会で作成された 5 月 15 日文書をもとに、クラスで実際に行われたことを
参考にして試験が作成されると、FAQ では回答されている。ここで重要な
のは、後期中等教育からはクラス評議会への生徒の参加が規定されていると
いう点である。生徒たちは、自分たちが何を学習してきたのかを総括する場
に立ち会うことができるわけであり、そこでの総括は口述試験に影響する。
つまり、間接的にではあるものの、ステイクホルダーである受験生はマトゥ
リタ試験に対して一定のかかわりを持つことができるのである。5 月 15 日文
書の参照は、様々な形でこれまでの試験でも行われてきた。
　学校での学習を重視することに関わって、新しく問われるようになった内
容は、以下に示す 2 点である。1 点目は、学校＝労働互換学習（Alternanza
Scuola＝Lavoro）という学校外での活動である。これは、2015 年の法律に
よって制定された比較的新しい学習活動である。生徒は学外の機関が提供す
るプログラムに参加し、そこで学習を行う。この学習に学校関係者は基本的
に関与せず、外部委託の形を取る。いわゆる企業インターンに近いものもあ
れば、教科横断的なワークショップのようなものもある。FAQ では、レ
ポートやマルチメディアレポートによって、学校＝労働互換学習における自
身の経験と語り、「横断的なコンピテンス」を示すことを受験生に求めてい
る。
　筆者は、2018 年 5 月にボローニャ市の歴史教育研究団体が提供するプログ

ラムを見学した。対象は言語系のリチェーオの生徒である。プログラムは「食」がテーマとなっており（この年にボローニャ市がボローニャ料理のキャンペーンを開催していた関係もある）、筆者が見学した活動では、「フードポルノ」というタイトルで、食べ物を食べるという目的ではなく、SNSの写真投稿などによって消費する行為を告発する動画を作成していた。プログラムの提供者に聞いたところ、ボローニャ市の食文化や歴史なども事前に学習しているということであった。ここで作成されていた動画は、口述試験の際に使用されるものであると思われる。

　2点目は、「市民性と憲法（Cittadinanza e Costituzione）」に関わる項目である。「市民性と憲法」は、カリキュラムにおける特定の領域ではなく、カリキュラムを貫くテーマとして、2008年の法律で設定されたものである。それ以降、学校教育において「市民性と憲法」に関する学習を行うことが強く求められるようになった。これは、日本の学習指導要領にあたる「カリキュラムのための全国要領（Indicazioni Nazionali per il curricolo）」にも明記されている。特に2012年要領の補足解説として出された2017年の文章には、「市民性と憲法」が学校教育において非常に重要であることが繰り返し強調されている。これに関して、マトゥリタ試験のFAQでは、以下のような回答がある。

　　（答）「市民性と憲法」の教育は、様々な分野において市民性のコンピテンスを発展させることを目的とした活動（コース、プロジェクトなど）の展開に基礎を置くもので、例として合法性の教育、活動的な市民性の教育などが挙げられます。すべてのクラス評議会は、クラスで行われたことをまとめた5月15日の文書の一部において、これらの過程を強調・説明し、それが口述試験における特定の部分での主題となります。

　「市民性と憲法」がマトゥリタ試験の対象となるのは、今回が初めてとなる。ここでも、5月15日文書を参照することが求められており、生徒が間接的に問題作成に参加することができるようになっている。しかし、「市民性

と憲法」はカリキュラムの全領域を対象としたテーマであるため、何が問われるのかは、生徒にとって見えにくい。これは新しい口述試験全体にも言えることである。

　改訂された口述試験は対策がしにくいためか、試験向けの参考書などは時事問題などを幅広く勉強しておくことを勧めるものが多い。新しく問われる「市民性と憲法」に関しては、イタリア共和国憲法の条文や EU の規定などを解説するといった具合である。ある参考書は、口述試験に対するアドバイスを 8 点挙げている [4]。冷静になれ、平静な口調で話せ、黙るのはよくないといったアドバイスは、一般的なものであり、どのような口述試験においても共通するものだろう。しかし、その中の二つのアドバイスは、マトゥリタ試験の性格を掴むうえで非常に興味深い（太字は原文ママ）。

　　4）運営委員の半数は**クラスの先生**で構成されていることを決して忘れてはいけない。彼らは受験生のことをよく知っているし、彼ら自身も外から来る仕事仲間に良い印象を与えたいと思っている。つまり最高の状態に生徒を鍛えあげたということを見せたいわけだから、事実上彼らは「被告弁護人」になるのだ。

　　5）外部の運営委員も、内部の運営委員も、全ての試験運営委員は、最高の状態になるように**クラスの全ての生徒を安心させる**ことを目指しているのを、常に覚えておくようにせよ。

　二つのアドバイスを意訳すると、口述試験では生徒に対する教育的な配慮がなされるはずだから安心せよ、ということになるだろう。マトゥリタ試験において、運営委員会と生徒との間には、評価するものと評価されるものという関係だけではなく、教育をするものと教育をされるものという関係も存在しているのである。

　以上のことからまとめると、従来の口述試験は、生徒が高等学校で学習してきた教科の学習内容について質問するものであった。それに対して、新し

い口述試験では、教科に関する質問は横断的になり、加えて教科外の学習に関する質問が多くなって、生徒の学校生活全体が評価の対象になっている。そこでは、教科に関わる能力だけではなく、統合的な能力が問われている。日本に引き付けて考えると、選抜入試ではなく推薦入試に近づいていると言えるのではないだろうか。このように書くと各生徒の学習履歴が十分に反映されたものになっているように思われる。しかし、イタリア全土で抗議を繰り広げた生徒たちの主張に耳を傾けるのであれば、彼らが自分たちの学習としてとらえているのは教科の学習である。彼らは、試験が教科横断的になったことで、自分たちの学習履歴からマトゥリタ試験が乖離している、と主張している。学校生活全体から生徒が達成したカリキュラムを見出して評価しようと考えた公教育省に対して、生徒たちは教科の学習の中にこそ達成したカリキュラムを見出すべきであると主張している。そして、自分たちの学習とマトゥリタ試験との対応関係が明確であることを求めているのである。

5.　マトゥリタ試験改革の背後にあるもの

　では、このようなマトゥリタ試験の改革はなぜ行われたのだろうか。この転換を理解するためにキーワードが二つある。一つは、イタリアの全国学力テストである INVALSI テスト[5]、もう一つが学校教育で生徒たちが身に付けるものとして想定されるようになったコンピテンス（competenza）[6]である。

　INVALSI テストとは、INVALSI（指導と形成の教育システムに対する評価のための全国機関：Istituto nazionale per la valutazione del sistema educativo di istruzione e di formazione）によって行われている全国学力テストである。もともとは OECD の PISA 調査の影響を受けて始められたものである。イタリアは、全国的な学力調査を行っていなかったこともあり、南部と北部の学力格差、留年という措置の有効性などの問題は、意識されてはきたものの、具体的な調査によっては立証されていなかった（本章のコラム参照）。PISA 調査は、それらに実証的なデータで裏付けを与え、それらの問題を明確に意識させることになったのである。これ以降のイタリアでは大規模

な学力調査である INVALSI テストが行われるようになり、その結果をもっ
て教育の効果が検証されるようになった。INVALSI テストの結果は、教育
行政の改革だけではなく、学校が自己評価（auto-valutazione）を行う際の
資料として使用することが強く求められている。そのために、現在のイタリ
アでは、INVALSI テストが学校教育を規定している側面が強くなっている。

　今回の改訂において、マトゥリタ試験の受験資格に、INVALSI テスト
（イタリア語、数学、英語）を受験していることが初めて付け加えられた。
FAQ では、マトゥリタ試験に INVALSI テストの点数を考慮しないことが
明言されている。しかし、前述の学生デモでは、INVALSI テストをマトゥ
リタ試験に持ち込むものだという批判も見受けられた。マトゥリタ試験は、
INVASI テストのような大規模調査とは異なるものとして捉えられているこ
とも、この批判から読み取ることができる。

　そして、INVALSI テストは、間接的にもマトゥリタ試験に影響を与えて
いる。それはコンピテンスという概念をイタリアの公教育に導入したからで
ある。もともとイタリアでは、コンピテンスという言葉が、個人の特性を表
す言葉として使われていた。その後、PISA 調査などの影響もあり、測定可
能な共通尺度としてコンピテンスは捉えなおされた。さらに、欧州のキー・
コンピテンシーの影響を受け、コンピテンスの概念は多義化している。現在、
公教育の目的はコンピテンスの獲得とされ、欧州のキー・コンピテンシー、
すなわち①母語でのコミュニケーション、②外国語でのコミュニケーション、
③数学的コンピテンスと科学・技術の基礎的なコンピテンス、④デジタル・
コンピテンス、⑤学ぶことの学び、⑥社会的・市民的コンピテンス、⑦進取
の気性と起業家精神、⑧文化的意識と文化的表現、を獲得していくことが目
指されている。これらは、身に付けているのか、いないのかを測定できるも
のであるとみなされている。

　コンピテンスが測定可能な能力とみなされたことで、子どもの学習成果は、
コンピテンスを獲得したのかどうかで判断することになった。この流れを受
けて、マトゥリタ試験の評価するものがコンピテンスと捉えなおされたので
ある。上述した八つのキー・コンピテンシーのうち、①母語でのコミュニ

ケーションは第一筆記試験で、⑥社会的・市民的コンピテンスは口述試験で問われている。

　以上のことを踏まえると、マトゥリタ試験の改訂による変化として、以下の4点が挙げられる。第1に、学校での学習がより重視されるようになった。成績評定から計算される基礎点が25点から40点に引き上げられたことが根拠となる。ただし、口述試験が個々の生徒の専門的な学習成果を反映したものになっていないという批判もある。第2に、コンピテンスの獲得をイタリア公教育の目的とする流れに呼応する形で、国家試験も生徒のコンピテンスの評価の対象とした。結果として、教科横断的な要素が試験に盛り込まれ、統合的な能力も評価の対象となった。ただし、今回の試験のやり方で、それらを十分に評価できたのかについては、疑問が残る部分もある。第3に、近年導入された学校＝労働互換学習という必修の教科外活動が評価の対象となった。結果として、教科の能力だけではなく、受験者の人格全体を評価する方向に試験が向かっている。合わせて、市民性に関する評価を導入したことも、この方向に向かうことを推進している。第4に、口述試験において生徒の様々な学習履歴が参照されるようになったことで、生徒も参加するクラス評議会で作成される5月15日文書が、試験に与える影響が強くなった。ステイクホルダーとしての生徒の立場がやや強まったということもできる。

　これらのことを総合すると、コンピテンスの導入の影響を受けて、評価の対象がより広範になり、それに伴って、生徒が学校で学習したものや学習した文脈が以前より重視されるようになった。学習の文脈を確認するクラス評議会の文書づくりに生徒が参加できることを考えると、生徒の試験運営への関わりが若干強くなったと言える。一方で、教科の枠を超えた試験にこだわるあまり、専門的な学習の成果が試験に反映されていないという批判もある。この点から見れば、生徒の学習履歴はやや軽視されるようになったとも言える。そもそも、マトゥリタ試験のようなやり方で、多くのコンピテンスを評価することは可能なのだろうか。

　考察を進めるとすると、公教育省は、学校教育の目的をコンピテンスの獲得とし、その目的に合わせてマトゥリタ試験は改訂された。在学中の学習を

尊重することは、生徒にとって歓迎される事態のように思われたものの、彼らはマトゥリタ試験が自分たちを尊重していないと訴えている。今回の改革で浮き彫りになったことは、公教育省が想定するカリキュラムと生徒たちが自覚しているカリキュラムとのズレではないだろうか。イタリアの生徒たちは、マトゥリタ試験の改訂において明らかになったこのズレに抗議をし、それは真っ当な意見として社会に受け入れられた。はたして日本において、今の高校生たちがどのような学習をし、それを試験においてどのように評価するのかという発想があるだろうか。

6. おわりに ——マトゥリタ試験改革のその後

　近年イタリアでは、安定的な政権が生まれず、組閣作業が長引く事態が続いている。2019 年 9 月 5 日に新内閣が発足し、ロレンツォ・フィオラモンティ（Lorenzo Fioramonti）が公教育大臣に就任した。フィオラモンティは経済学を専門とする大学教員で、大衆政党の五つ星運動（Movimento 5 stelle）に所属している。大臣就任後、全ての公立学校の全学年に、気候変動および持続可能性に関する授業を年間 33 時間盛り込むことを決定して、世界から脚光を浴びた。

　フィオラモンティは、これまでのテストに関する方針の転換を打ち出している。まず、INVALSI テストへの参加を任意とすることを表明した。これはどの学校段階が該当するのかは、2020 年 1 月時点では明示されていない。導入以降、INVALSI テストは悉皆調査で行われ、イタリアの公教育を規定する装置になっていたので、これは大きな転換である。調査が抽出で行われるようになるであれば、学校の自己責任を求める手段ではなく、教育行政の検証のための手段として、テストは位置づけなおされるかもしれない。

　さらに、マトゥリタ試験に関する改革も表明している。当初、フィオラモンティはマトゥリタ試験の変更は行わないと述べていたものの、2019 年 11 月に、いくつかの変更点を加えた来年度の実施のための省令にサインをしている。主な変更点は二つあり、どちらも新しいものではなく、批判が多かった方法を廃止するというものであった。一つは、口述試験から取り除かれて

いた歴史に関する質問を復活させること、もう一つは「クイズ」、「宝くじ」と批判されていた封筒を開封する形での口述試験を廃止したことである。

　マトゥリタ試験の再変更が決定された際、フィオラモンティは、ラ・レプッブリカ紙のインタビューで自身のテスト体験についても言及し、マトゥリタ試験は生徒同士が競争をする選抜型の試験ではなく、生徒同士が協同する資格型の試験であるという認識を示している。

　　（以下はラ・レプッブリカ紙の記事からの一部引用[7]。彼とはフィオラモンティを指す）
　　彼は言った：「私は何度もクラスメートのものをコピーさせてもらいました。」そして、彼は言う：「より良い社会を形成するために関わりあうことは、大きな憲法上の価値です、私たちは絶対に無関心を避けなければなりません。若者たちはグループで勉強しなければなりません。がり勉と不出来な子は一緒でなければなりません。質問を理解した生徒は、それを仲間に教師よりもうまく説明することができます。」

　フィオラモンティの考え方をあえて大胆に解釈するのであれば、学校生活と社会生活は連動しており、学校は社会が望むこれからの社会の在り方である。フィオラモンティは、これからの社会の在り方とマトゥリタ試験を合致させることを求めているのである。

　しかし、混乱はまだ続いている。フィオラモンティは、2019年12月に政策の違いから、大臣を辞任し、五つ星運動を離党することになった。年が明けた2020年1月30日に、公教育省は2019-20年度のマトゥリタ試験の概要を省令で発表した。テストの枠組みは大きくは変わらず、INVALSIテストの受験をマトゥリタ試験の受験資格に含むことも存続する予定である。PISA調査の衝撃から全国学力調査であるINVALSIテストの実施、そしてマトゥリタ試験の改革と、世界の他の国々と同様に、近年のイタリアはテストを中心に教育行政を展開してきた。今回のマトゥリタ試験の改訂とその見直しがこの流れを変えるものなのかどうか、その動向を注視したい。

【追記】コロナウィルスによる学校の閉鎖を受けて、マトゥリタ試験はいつくか の変更をした上で、2020 年 6 月 17 日開催される予定である。2020 年 4 月 26 日現 在、政府によって大まかな枠組みはすでに示されている。重要と思われる変更点 は、以下の 3 点である。1 点目は試験を一回の口述試験のみに簡略化すること、2 点 目は口述試験が 60 点、成績評定から計算される基礎点が 40 点の配分にすること （この得点配分はラ・レプッブリカ紙の予想）、3 点目は委員長を除いて試験の運営 委員会は内部の人員のみで構成することである。これらの変更点は、本章で述べ たマトゥリタ試験の性格を維持できるものになっている。さらに、筆記試験より も口述試験の方が、マトゥリタ試験において重要視されていることも明らかに なった。なお 2020 年 1 月に就任したルチア・アッツォリーナ（Lucia Azzolina） 公教育大臣は、対面での口述試験にこだわる姿勢を見せていると報道されている。

※「学校、マトゥリタ試験から 100 点が除外される。得点はこう計算される。教室 における口頭試験のための計画（Scuola, salvo il 100 alla Maturità: così sarà cal- colato il voto. Il piano per l'orale in aula)」

https://rep.repubblica.it/pwa/generale/2020/04/21/news/la_scuola_salvo_ il_100_alla_maturita_cosi_sara_calcolato_il_voto-254647457/（2020 年 4 月 26 日確 認。有料記事）

Book Guide

◎バルビアナ学校著・田辺敬子訳『イタリアの学校変革論　落第生から女教師への手 紙』明治図書、1979 年。

◎マリオ・ローディ著・田辺敬子訳『わたしたちの小さな世界の問題』晶文社、1988 年。

◎佐藤一子『イタリアの学習社会の歴史像　――社会連帯にねざす生涯学習の協働 ――』東京大学出版会、2010 年。

◎レッジョ・チルドレン著・ワタリウム美術館編・田辺敬子、木下龍太郎、辻昌宏、志茂こ づえ訳『子どもたちの 100 の言葉　――レッジョ・エミリアの幼児教育実践記録 ――』日東書院、2012 年。

◎徳永俊太『イタリアの歴史教育論――歴史教育と歴史学を結ぶ「探究」』――法律文化 社、2014 年。

1　2019年2月22日の記事「学校、イタリア全土で生徒たちが広場に集結し、新しいマトゥリタ試験に反対（Scuola, in tutti Italia student in piazza contro la nuova maturità）」（https://www.repubblica.it/scuola/2019/02/22/news/scuola_gli_studenti_in_piazza_contro_la_nuova_maturita_-219806957/、2020年2月28日確認）

2　2019年現在、行政上ではこの名称は用いられていないものの、社会的に流布していることなどを鑑みて、本章ではマトゥリタ試験で統一する。

3　https://www.istruzione.it/esame_di_stato/index.shtml。以下は特に断りがない限り、このページからの引用となる。2020年2月28日確認。

4　Carlo Vinciguerra, Silvia Corvisieri, *"Guida alla nuova maturità per tutti gli studenti che devono sostenere l'Esame di Stato"*, Edizioni Sapere Scuola, Caserta 2019, pp.135-136.

5　INVALSIテストについては、以下の著書で触れている。徳永俊太「教育課程評価としてのイタリアのINVALSIテスト」田中耕治編『グローバル化時代の教育評価改革　──日本・アジア・欧米を結ぶ──』日本標準、2016年、pp.52-63。

6　イタリアにおけるコンピテンスの捉え方については、以下の論文で触れている。徳永俊太・杉野竜美「イタリアの全国学習指導要綱における教育目標と評価の関係──コンピテンスを視座として──」『教育目標・評価学会紀要』第26号、2016年、pp.31-40。

7　2019年11月21日の記事「マトゥリタ試験、歴史の主題が復帰、口述のための封筒とはさようなら（Maturità, torna il tema di storia e addio alle buste per l'orale）」（https://www.repubblica.it/cronaca/2019/11/21/news/maturita_torna_il_tema_di_storia_e_addio_alle_buste_per_l_orale-241587302/、2020年2月28日確認）

Column

コラム② イタリアにおける PISA ショック

OECD が実施する PISA 調査は、各国の教育政策に大きな影響を与え続けている。日本では、順位の低下が深刻な問題として受け止められ、全国学力・学習状況調査の実施や学習指導要領の改訂が行われた。

イタリアも PISA 調査が国の教育政策に大きな影響をあたえた国、いわゆる PISA ショックを体験した国である。日本と同様に、PISA 調査が取り上げられるようになった後、その学力観に影響を受けた全国テストが実施され、ナショナル・カリキュラムの改訂も行われた。このような経過は、日本と似ている。一方で、世界における自国の学力水準よりも、国内における教育格差に着目した点で、日本と異なる部分もある。注目された格差とは、南北格差、後期中等教育の学校種間の格差などである。

イタリアにおける南北問題は、学力だけの問題ではなく、経済なども含めた社会全体の包括的な問題である。しかし、学力水準に関しては、全国規模の調査が存在せず、見えにくい問題になっていた。PISA 調査は、この地域間の学力格差を白日の下にさらしたのである。2001 年調査の読解力の結果を見てみよう。イタリアの場合、後期中等教育の 1 年生が主に試験を受けていることになる。ヴェネツィアなどを含む北東部の点数は518 点、ミラノやトリノなどを含む北西部は 527 点で、この二つの地域がイタリアの中では点数が高い。首都ローマを含む中部が 487 点で、これがイタリアの全国平均 487 点と一致している。ナポリを含む南部は463 点で平均より低く、シチリア州とサルデーニャ州からなる南・島嶼部は 446 点で、イタリアの中で最も低くなっている。北部の点数が高く、南・島嶼部の点数が最も低いという状態は、IEA（国際教育到達度評価学会）による TIMSS 調査においても、2007 年から行われるようになった全国学力テストである INVALSI テストにおいても、同様である。読解力の点数を学校種ごとに見てみると、本文でも触れた進学系の高等学校であ

Column

るリチェーオの点数が544点と高く、その他の学校は全てイタリア全土の平均点以下になっている。この学校種には、中学校も含まれている。なぜならば、イタリアでは留年の措置が義務教育段階から行われているからである。中学校に在籍している生徒の点数は、OECDが想定していた最も低い段階であるレベル1にすら到達していない点数であった。

　このPISA調査で公表された様々な観点での分析は、INVALSIテストにも流用されている。その他に、男女での比較、学校種間での比較、在籍学年間での比較、親の職業による比較なども調査されている。INVALSIテストから付け加わった重要な視点は、外国にルーツを持つ生徒とそうでない生徒との比較である。外国にルーツを持つ生徒は、さらに保護者の入国時期などによって細かく分類されている。イタリアの全国学力テストの分析を見ると、イタリアがどのようなことを教育問題として捉えているのかが見えてくる。

（徳永俊太）

【参考】

・Emma Nardi, *"Come leggono i quindicenni. Riflessioni sulla ricerca OCSE-PISA"*, FrancoAngeli, Milano 2002.

Column

コラム③ 一メートル四方のかぎられた世界

　学校で、口頭試問の際には、僕は心臓がとまるような気がしました。僕は自分自身には起こってほしくないことを他の人たちには望んでいました。

　授業の時には、僕はもう聞いていませんでした。僕はすでに次の時間の口頭試問について考えていました。

　さまざまな面白い教科がすべて、口頭試問に向けられます。あたかもそれらの教科は黒板と教壇の間のあの一メートル四方のかぎられた世界にとじこめられているかのように。

　教師が何かを質問し、それに生徒が答えるというやり方は、イタリアの教育においても伝統的に用いられている。口述試験も同様である。しかし、伝統があるからといって、生徒たちがそれを得意にしているわけではない。ある生徒たちにとっては、それは辛い経験なのである。

　この文章は、おそらくイタリアで最も有名な教育実践記録であろう『女教師への手紙（*Lettera a una professoressa*）』の一節である。1967年に出版された『女教師へ手紙』は、カトリック教会の神父であったドン・ロレンツォ・ミラーニ（Don Lorenzo Milani）がバルビアナという山村で行った私設学校での実践に基づくものである。本の著者はドン・ミラーニではなく、バルビアナ学校とされており、生徒たちの作文によって構成されている。

　この本が出版される少し前の1963年に、イタリアでは大きな学校改革があった。初等教育修了までであった義務教育期間が、前期中等教育修了まで延長されたのである。進学系と職業系に分かれていた中学校も、この時に統一された。しかし、進級試験が課されていた当時のイタリアでは、留年をする生徒、そして学校をやめる生徒が生み出されてしまった。ド

Column

ン・ミラーニの実践は、こうして学校から疎外された子どもたちを集めて行われた。この時は、中学校に通っていなくても、前期中等教育の修了資格試験に合格すればよかったので、このような私設学校での実践が可能だったのである。

　本の中では、学校が社会選抜の装置として働いていること、そして学校での様々な教育活動が新しく中学校に入ってきた生徒たちに不利に働いていることを批判している。批判の対象となっている教育活動の一つがテストである。冒頭の文は、バルビアナ学校から師範学校に進学した生徒が、そこでの教科の学習がテストのための学習になっていることを批判する作文である。

　この本で着目したいのは、「僕は臆病というのは山地の住民の欠点だろうと思うようになりました」と、生徒が学校という場所では沈黙してしまう自らの資質に言及をしていることである。冒頭の作文を書いた生徒は、中学校卒業後に師範学校に進学したものの、結局は師範学校になじめず、退学をしてしまう。口述試験文化の裏には、それになじめず排除されていった人たちがいることを忘れてはならない。そして『女教師への手紙』の中で展開されているドン・ミラーニの実践は、「話すこと」とは異なった自己主張の形である「書くこと」にこだわった実践として捉えることもできるのである。この本は、労働運動、学生運動が盛んであった当時のイタリアで、バイブル的な扱いを受けることになる。

（徳永俊太）

【参考】
・バルビアナ学校著・田辺敬子訳『イタリアの学校変革論　落第生から女教師への手紙』明治図書、1979 年。

第3章 *Austria*

オーストリアのマトゥーラ改革と「PISA 型教育改革」
——口述試験で測られる能力

伊藤実歩子

1. はじめに

2020 年度実施予定の共通テストにおける記述式問題導入は、2019 年末、先送りされることが決まった。詳細は第 9 章に譲るが、80-120 字程度の記述式問題の評価方法の公平性が確保できないというのがその主な理由であった。

さて、そうした国で生活する私たちに、大学入試（正確には、大学入学のための後期中等教育修了資格試験）において、「口述試験」が必修の国があることを伝えた時、どのような反応があるだろうか。100 字前後の記述問題で公平性が担保できないと騒いだ国である。公平性に欠けると一蹴されるのは容易に想像がつく。しかし、公平性に欠けるという認識があっても、口述試験は中世以来中心的な試験方法として、オーストリアに、そして、同じ文化圏であるドイツにおいて必修試験として位置づけられ、昨今の改革においてもやはり重要な位置を占めている[1]。

オーストリアでは、これまで後期中等教育修了資格試験（一般大学入学資格試験）が学校ごとに行われてきたが、2014-15 年度に、全国統一の通称「統一マトゥーラ」（Zentralmatura）を導入することになった[2]。そもそも「統一」でない入学試験とはどのようなものか。試験を統一化することは、彼らにとってどのような意味を持つのか。本稿では、第一に、PISA ショック以降のオーストリアの教育改革に、マトゥーラ改革を位置づけ、第二に、マトゥーラの試験方法の一つである口述試験の可能性と課題を検討してみたい。そうすることで、日本的な公平性、厳密性とは対極にある試験が、ある

種の客観性、厳密さを目指そうとすると、どういったことが起こるのか。「統一」試験しか知らない日本の私たちには見えない、感じない問題があるのではないか。こうしたことを明らかにすることができるだろう。

2．統一マトゥーラ導入前史──PISA ショックからの教育改革

　オーストリアの入試改革を検討する前に、その背景から紐解いていこう。2000 年から開始された PISA 調査では、ドイツに続き、オーストリアでも、15 歳段階の子どもたちの学力が OECD 平均を下回る結果となった。このいわゆる PISA ショックによって、ドイツ語圏の教育制度が抱える問題が明らかになった[3]。つまり、10 歳段階で進学トラックか職業トラックに進路が決定してしまう分岐型の教育制度の問題、またそれによって、移民の背景を抱えた子どもたちが職業トラックへ行かざるを得ない現実、そこでの低い学力水準、あるいはより深刻な問題としてのドロップアウトという問題である。子どもたちを AHS（オーストリアのギムナジウム）へ進学させたい保護者は、1990 年代にすでにほとんどその希望をかなえており、分岐型から単線型への教育制度改革の要求──それは労働者階級を支持層に持つ SPÖ（オーストリア社会民主党。中道左派）の悲願であった──は、以前に比べて弱くなっていた。このように、分岐型教育制度の問題が以前ほどには顧みられなくなっていたところに、PISA ショックが起こったのである。

（1）BISTA 改革──2005 年

　PISA ショック後すぐに着手されたのが、教育現場で現在「BISTA」と呼ばれている教育スタンダード（Bildungsstandard）の導入であった。教育スタンダードとは、ある学年までの生徒が本質的な内容において持続的に獲得すべきコンピテンシーを、教科ごとの領域別に分け「○○できる（Can Do）」の形で示したものである。BISTA は、第 4 学年（初等教育）のドイツ語と数学の 2 教科、および第 8 学年（前期中等教育）にはこれらに外国語と自然科学を加えた合計 4 教科に設定され、2008/09 年度から実施されている。また BISTA の達成度を測定するためのスタンダードテストも、当該学年で

悉皆調査されることになった。こうすることで、オーストリアの義務教育で
は、教育の成果を明確に設定し、かつそれを測定するという学力向上のため
の政策が導入された。この BISTA 改革は「教育パラダイムの転換」と呼ば
れるほど大きな変化をもたらした。オーストリアはこれによってインプット
からアウトプットへの教育へと大きく舵を切ることになったのである[4]。

　この BISTA 改革に取り組んだのは、ÖVP（オーストリア国民党。保守派）
政権のゲーラー教育相（Elisabeth Gehrer）である。彼女が教育相を務めて
いる間にも、統一マトゥーラへの改革を求める声はあったものの、彼女は
BISTA 改革を優先した。しかし、2006 年秋には、経済界がマトゥーラのレ
ベルが学校間で異なることを批判したことで、全国統一のマトゥーラ改革へ
の歩みが早められることになった。その転換点となったのが、ÖVP が SPÖ
に敗れた 2006 年の総選挙である。

（2）NMS改革——2008年

　2006 年、SPÖ と ÖVP による連立政権で、教育相に就任した SPÖ のシュ
ミード（Claudia Schmied）は、先の BISTA 改革などを推進する一方で、
2008 年には教育制度法を改正して、中等教育改革に取り組むことを宣言し
た。この動きには、革新派の SPÖ が戦前より単線型（統一学校（Einheits-
schule）という）の教育制度改革を主張してきた背景がある。また、BISTA
改革の時にもすでに分岐型教育制度は問題視されていたものの、保守派の
ÖVP 政権下では先送りされたという事情もある。シュミードは、ハウプト
シューレ（基幹学校）に代わり、新中等学校（Neue Mittelschule、以下
NMS）という前期中等教育に相当する学校を置き、NMS の学習指導要領は
AHS の下級段階と共通のものを用いることにした。これによって、教育内
容については AHS と NMS は同等になり、前者が一般的に高等教育への進
学を目指す従来のギムナジウムだとすれば、後者の NMS は個人のニーズに
合わせた教育、すなわち職業教育、スポーツ・芸術教育などの重点化および
それに関連した後期中等教育学校への接続を目指すものになったのである[5]。

　ただし、依然としてオーストリアのギムナジウムにあたる AHS は制度上

残ることになり、NMSは結局ハウプトシューレの看板の付け替えにすぎないと批判もされた。また、これはすでにPISA以前からの傾向であったが、とりわけ都市部において、新規のNMSではなくAHSへの進学者の数がますます増加したのである。

（3）マトゥーラ改革へ──2014年

　これらの改革と同時期に必ず議論に取り上げられてきたのが、マトゥーラ改革である。このマトゥーラ改革の背景には、先の二つの改革に連続するところと、そうではない別の要因とがある。まずは後者から見ていきたい。

①AHS進学者の増加

　近年、基礎学校からマトゥーラ取得が可能なAHS下級段階に進学する子どもの数が急増している。AHS下級段階に進学する子どもは、1970年代には同年代の10％以下、1980年代には22％だったが、2000年に30％弱まで増加し、2010年にはおよそ34％になった。2019年、オーストリア全土の基礎学校からAHS下級段階に進学する子どもは37％となり、前年度よりも若干上昇しているという。地域別に見れば、首都のウィーンはAHSの数も多く、すでに半数以上（52％）がAHSへ進学している。2019年度に急増したのは、地方都市のシュタイヤマルクとケルンテンである。これは、地方でもマトゥーラ取得希望者が増加していることを示している。近年、AHSは入学しやすくなっており、それもあって保護者はより高い学校への進学を希望するようになっている。保護者やその子どもたちは、NMSではなく、マトゥーラが取得できる学校を希望する傾向がより顕著である。そのため、AHSへの進学者は、2032/33年には6割近くになるとも予想されている。

　初等教育から中等教育へ進学する際のより詳細な数字を見てみよう。初等教育（第4学年まで）修了後、AHS下級段階へ進学する生徒の割合は36％、それに対してNMSは61％である。AHS下級段階あるいはNMSからは、大学進学を前提にした主な後期中等教育学校であるAHS上級段階とBHSに進学できる。AHS下級段階に進学した生徒の内、64％は卒業後にAHS上級段階に進学し、31％はBHSに進学している。一方、NMSの卒業生は、およ

そ半数が AHS 上級段階（9%）もしくは BHS（35%）に進学する[6]。なお、BHS（Berufsbildende höhere Schule）は、後期中等教育を行う職業高校で、専門大学に行ける資格と EU 基準による職業資格が取れる近年人気の学校種である。職業資格取得のための実習を含むため、AHS より就学期間が 1 年長いのが特徴である[7]。

　この進路データからわかることは二つある。第一には、AHS 下級段階にいったん入れば、その多くがマトゥーラ取得可能な後期中等教育学校へ進学すること、そして第二には、仮に AHS を希望したものの進学がかなわなくても、いったん NMS に行き、その後 BHS の上級段階に進学すれば、マトゥーラ取得が可能なことである。BHS は、大学に進学するかそうでないかを決められずにいた場合にも、職業資格も高等教育への進学資格も取得できるので「お得感」がある。この BHS もオーストリアの高等教育進学者の増加、すなわち「マス化」を推し進めたと考えられる。

　こうした後期中等教育の進学動向の変化によって、マトゥーラ試験の公平性や客観性が疑問視され、全国一斉の共通問題による、またコンピテンシーに基づいた試験への改革を余儀なくされた。上述したように、このマトゥーラ改革を強く後押ししたのは経済界である。AHS 進学者が急増した 2000 年代、マトゥーラ試験における学校間のレベルのばらつきを批判し、学力形成に関する透明性と比較可能性を高めることを要求したのである。そして、統一マトゥーラを導入すれば、経済市場、労働市場においても、学校と経済界が信頼できるパートナーになるとした。また改革への支持は、経済界からだけでなく、例えば、いわゆる AHS 保護者組合や、AHS との修了資格の同等性を強く主張する職業学校からもあったと言われている[8]。

②「PISA 型教育改革」の完成

　このマトゥーラ改革には、試験の客観性や公平性の向上だけでなく、別の意図も働いていた。それは、マトゥーラ試験を、第 4 学年、第 8 学年で行われるスタンダードテストに次ぐ第三のスタンダード試験として位置づけることである。こうすることで、コンピテンシーを志向した教育が、初等から前期中等教育、後期中等教育すなわち高等教育の入り口まで完成することにな

る[9]。マトゥーラ試験をいわば第三のナショナル・テストにすることによって、後期中等教育のアカウンタビリティーを担保しようとしたのである。

このようなオーストリアの動向は、その是非はともかく、PISA 開始後 15 年で、初等教育から中等教育修了に至るまでコンピテンシーに基づく教育改革を徹底したということができる。この小国において PISA のインパクトは、非常に大きかったのである。筆者はかつてこうしたオーストリアの教育改革を「PISA 型教育改革」と称したことがある。「PISA 型教育改革」とは、PISA の調査結果に強く影響を受け、そこで指摘された問題を、PISA や関連機関が出す指針に原則的に即したかたちで、国（あるいは州など）の教育制度やカリキュラムの改革などによって改善することに一層取り組んでいること、またそうした取り組みを批判的にとらえた表現である[10]。

オーストリアでは 2000 年から 2010 年代の後半にかけて、「PISA 型教育改革」が学校教育制度全体に浸透したということができる。その中で、マトゥーラ改革は、後期中等教育修了資格試験の客観性を単純に高めようとしただけでなく、「PISA 型教育改革」を、全教育制度を貫いて実現するというねらいがあった。マトゥーラ改革はこの二つの目的が両輪として駆動した、PISA 以降のオーストリアの教育改革の集大成でもあったのである。

3．統一マトゥーラの三本柱

オーストリアのマトゥーラの歴史は、ハプスブルク帝国のマリア・テレジアの時代にさかのぼる。1774 年に 6 年制義務教育が完成し、1848 年から 1853 年にかけて、現在の分岐型教育制度の構造が完成して以降、ギムナジウム（現在の AHS も含む）とマトゥーラは、基本的には何も変わっていないと言われている[11]。改革前のマトゥーラは、教育省による枠組み的な指針はあったものの、基本的には学校ごとに行われていた。それが統一マトゥーラになって具体的に何がどのように変わったのだろうか。先述の通り、「統一」とは、オーストリア全土で、ドイツ語・数学・外国語の必修 3 教科の試験が、同一日程に同じ問題で行われることを直接的には指している。メディアでは、こうした「統一試験」の部分に注目が集まったが、この改革の主眼は、マ

トゥーラを「コンピテンシーに基づいた修了試験」にすることにあった。実際、新しいマトゥーラの正式名称は、「部分的に標準化したコンピテンシーを志向した修了試験」（teilstandardisierte kompetenzorientierte Reifeprüfung」）であり、統一マトゥーラ（Zentralmatura）はあくまでも通称である。

　先述の通り、新しいマトゥーラの特徴は、①統一化と②コンピテンシーに基づいた試験への変更の２点である。それによって、マトゥーラ試験における評価の客観性、透明性、比較可能性を高めることが最大の目的である。それは、マトゥーラを、オーストリア全土での後期中等教育修了生の学力保障、教育の質保証と向上のためのツール、ならびに欧州内の後期中等教育修了資格として位置づける意味があった。以下ではその概要を見ていきたい。

（１）三本柱の概要

　統一マトゥーラは、①課題論文、②記述試験、③口述試験（実施順）から構成され、これをマトゥーラの三本柱と呼ぶ[12]。受験生は、以下のように七つの試験を受けなければならない。

課題論文＋３教科／４教科の記述試験＋３教科／２教科の口述試験

＝七つの試験

三つの柱は互いに独立しており、１回のマトゥーラ試験において、それぞれを代替することができない。受験生は必ず課題論文、記述、口述の三種類の試験を受けなければならない。以下で三つの柱それぞれを概観する。

①課題論文

　直訳すれば「学問に入る前の課題」（Vorwissenschaftlichearbeit：通称 VWA）となる課題論文では、４万-６万字の論文に加え、プレゼンテーションとディスカッションが求められる。イメージは、近年日本でもよく取り組まれているような「総合的な学習の時間」のまとめとしての論文である。ただし、日本と違って、課題論文は教育課程上に時間が設けられておらず、教師が空き時間に生徒と打ち合わせをする。この点は教師の多忙化を招くとし

て批判されている。生徒はマトゥーラ受験の前年から課題論文に取り組み、担当教員の指導を受けながら約 1 年間かけて論文を作成する。一人の教員は最大 5 人の生徒の指導を担当することができる。担当する際、生徒の研究テーマを拒否することはできるが、生徒自身を拒否することはできない。引用や参考文献など、論文作成に必要な形式的な知識は学校でも指導され、教育省が管轄しているマトゥーラのウェブサイトでも参照できるようになっている[13]。こうした課題論文の導入は、一律的なマトゥーラから個人化されたマトゥーラへの変化、あるいは個人の才能を形成するものという指摘もある[14]。

　この課題論文は、今回の改革で突然導入されたものではなく、素地になっている課題がある。それは、1990 年代に始まった FWA（Fachwissenschaftlichearbeit：教科の学問的課題）である。FWA に取り組めば、1 科目の口述試験と代替することができたが、これを選択する生徒は、2~3 割にとどまっていた[15]。

　課題論文には、導入当初からいくつかの点で批判があがっている。すなわち、コピー＆ペーストの問題、あるいは保護者や業者による代筆問題である。ある新聞によれば、課題論文の負担が非常に大きいため、生徒の 4 人に一人、あるいは 3 人に一人が保護者に助けを借りるか、業者に代筆を頼んでいる可能性があるという[16]。

　課題論文の評価はルーブリックを利用することが推奨されており、教育省が用意しているフォーマットもある[17]。ルーブリックに関して、ウィーン大学でカリキュラム研究を専門とするホップマン（Stefan Hopmann）は「8 点ある評価基準のうち、7 点は論文作成の過程や形式に関するもので、内容に関する基準は一つしかない」こと、それによって、本来は内容が重要であるはずの論文が、結局は「体裁の整った論文を作ることに終始することになっている」とインタビューに答えている[18]。これは、コンピテンシーに基づく教育改革に対する典型的な批判、すなわち、教科の知識や内容が不問にされることへの批判ととらえることができるだろう。

②記述試験

同日同時、同一内容で実施される必修の記述試験は、ドイツ語、数学、外国語の３教科で、学年末が近い５月初旬の平日に１日一教科で始まる。受験者は、必修３教科の記述試験を含め、記述・口述合わせて６教科を

表１　主要教科の試験時間

ドイツ語	300 分
外国語	270 分
数学	270 分
他教科*	270 分

＊他教科受験には、履修時間の条件がある。

受験することが必須である。その６教科のうち、必修の３教科に加えて、もう一教科は記述試験を受験することが可能である。残りの２教科ないし３教科は口述試験で行う。必修教科以外の記述試験は、コンピテンシーに基づいた試験内容で、各学校が用意する。試験時間などは表１のとおりである。ドイツやフランス同様、ここでも長時間にわたる記述試験が行われている。ただし、４時間以上にもわたって、ずっと論述問題に取り組んでいるわけではなく、例えば、外国語の試験問題であれば、短答式、読解、英作文、リスニングなど、種類の異なる問題から構成されている。

必修の記述試験に不合格した場合には、９月下旬あるいは１月中旬に再試験の機会が２度用意されている。つまり受験機会は３回設けられている。再試験は、各学校で教師が口述試験を行う。ただし、後述する口述試験とは異なるもので、代替できない。なお、記述試験の再試験が口述でよいのかといった批判は当然ある。

必修の記述試験問題は、当初はドイツ語と数学については地方の国立大学であるクラーゲンフルト大学、外国語はインスブルック大学に委嘱して開発・作成されていたが、現在は、教育省のマトゥーラ試験部局（SDRP）がすべての教科の開発・作成を行なっている。ただし、この部局の実際のメンバーは、修士号、もしくは博士号を取得した教員経験者が中心で、当初の大学での研究員や助手などのスタッフが異動してきており、問題開発のノウハウは継承されているという[19]。

必修でない他教科の記述試験は、これまで通り各学校の教員によって作成、評価される。この場合でも、コンピテンシーに基づいた内容にすることとさ

れ、マトゥーラのサイトには、教師が参照できる具体的な問題例が多く用意
されている。

③口述試験

　口述試験は、2科目あるいは3科目を選択する。先に述べた通り、記述試
験を4教科受けた生徒は2教科の口述試験を、必修3教科のみであれば3教
科の口述試験を受験することになる。口述試験は学校単位で行われ、学級担
任、教科担任、学校長、学年主任、外部識者の5人からなる試験委員会に
よって実施される。受験者は、箱の中に用意されたテーマを抜き取り、その
場で20分間準備を行い、続く15分以内で口述試験を行う。

　必修ではない教科の記述試験同様、口述試験問題の作成は各学校教員の手
にゆだねられている。教員が試験の作成主体となることで、授業での重点を
確認でき、教員の指導の裁量をある程度残すことができるからである。

　以上のように、マトゥーラ改革による最も大きな変化は、3教科（独・
数・外）の記述試験が全国統一試験で実施されるようになったこと、および
課題論文、記述、口述試験のすべてがコンピテンシーに基づいた試験となっ
たことである。また課題論文のような、いかにも「新しい能力」が求められ
ている課題探究・プレゼン型の試験が登場した一方で、教員の裁量を残す形
で、口述試験や必修以外の記述試験が、従来のまま学校を基本的な単位とし
て実施されていることがわかる。

　ただし、教育省の担当者は筆者のインタビューに、必修科目の評価を受験
者の学校教員が担当している点は、改良の余地があると答えた。そのうえで、
少なくとも必修教科に関してはフランスのバカロレアのように、学生氏名を
伏せたかたちで、全国の教員が採点できるようにするシステムを作ることが
次の課題であると述べた[20]。統一試験を一層客観的な評価方法で行う必要性
が認識されているようである。

（2）統一マトゥーラに対する批判

　上記のような改革に対しては、当然批判もある。先のホップマンは、「コ

ンピテンシーに基づいた試験が、口述試験にまで拡大されたことで、
『ティーチング・トゥ・ザ・テスト』（試験のための指導）の傾向が強化され、
授業のテーマが特定の課題に狭く設定されるようになった。そうすることで、
理解や思考に重点が置かれ、創造的な作業などが周辺化されたり、学校内で
落第率の増加がほとんど議論されなくなったりしている」と批判する。つま
り、教員が統一マトゥーラの対策に追われることで、授業や生徒へのケアな
どがおろそかになるという。そして、こうした改革によって生み出される、
「透明性の高い、比較可能な試験結果」は「学力の段階を直線的で脱文脈化
されモデル化したものに過ぎない」[21] として、コンピテンシーに基づいた教
育を批判している。

　加えて、ホップマンは、統一マトゥーラを「問題などを統一化することで
担保されたように見える客観性は、セレクティブで、ハイステイクスな試験
となり、公平な試験ではなくなった」[22] と述べる。つまり、マトゥーラにお
ける公平性は、それぞれの学校ごとに行われていた試験のほうが担保されて
いたという見解である。ここでホップマンが主張する公平性は、日本で一般
的に言われる公平性とは異なる。日本あるいはオーストリアでも経済界がマ
トゥーラ試験に求めていた公平性は、「同じ試験で、だれが採点しても同じ
結果が出る」公平性であるのに対し、ホップマンの主張は「個人によっては
その当日に実力が発揮できない」「個人の差異が配慮されない」という不
「公平性」なのである。それゆえ、改革以前よりも選抜性が高くなった統一
マトゥーラの「不公平」は、学校での授業と関連性が高い課題論文と口述試
験が「救済措置」となることで補われているとも述べた[23]。

４．口述試験という方法──教員・学校の指導性の確保

　前節では、近年のオーストリアの入試改革の概要を見てきた。新しい統一
マトゥーラは、コンピテンシーに基づいた試験になり、生徒の達成度を統一
問題によって把握する試験になったこと、また、課題論文のような教科横断
的、プロジェクト学習的な「新しい能力」を評価する課題が導入された一方
で、伝統的な口述試験も存続させて構成されていることが分かった。改革の

全体的な方針に対しては、コンピテンシーに基づいた試験になることで、日常の授業が統一マトゥーラのための指導になりがちである点や、学力が教科内容から脱文脈化したものとして評価する点などに批判があることも指摘した。また教科横断的で、プロジェクト学習的な形態で行われる課題論文に対しては、コピペ問題、代筆問題など手続き的な問題点も指摘されている。

　さて、日本の試験制度に慣れたものが、こうした改革を見ていると、ある疑問が沸き上がってくる。公平性や客観性を高めるための改革であるにもかかわらず、なぜ、口述試験は客観的ではない、公平ではないと批判されないのか、という疑問である。ここには、私たちにはイメージしにくい学力観があるようだ。一言でいえば、それは、記述によってみられる能力と同様に、口述によって示される能力も同じくらい重要であるという学力観である。

　それを示す一例がある。口述試験の評価の方法についてである。オーストリアに限らず、ドイツ語圏でも、またほかのヨーロッパ諸国でも、後期中等教育修了資格試験において、外国語の口述試験は行われており、その評価にはルーブリックが使用されることが多い。そのルーブリックの多くは、CEFR に準拠したものである。一方、他教科の口述試験でもルーブリックが使用されているのかと言えば、それほどでもない。少なくともオーストリアでは、外国語以外の教科の口述試験においては、ルーブリックによる評価を推奨していない。口述試験は、トークショーやクイズ番組と皮肉られることもあり[24]、確かに、人前で話すことが得意な人間には優利であったり、出題された問題の当たりはずれもあるだろう。しかし、そうしたことも含めてマトゥーラの伝統と受け止められているふしがある。言語以外の口述試験の評価にルーブリックが使用されないということは、どういうことか。それは、そうした評価ツールがなくても、これまで口述試験の評価は教師の専門的力量によって成立してきたことを示している[25]。もちろん、それは口述試験とその評価のあいまいさという弱点でもあるが、そうしたことも含めて、口述試験は記述試験同様、後期中等教育修了資格を判定する重要な方法であり続けてきたのである。

　ヨーロッパの後期中等教育修了資格試験は、例えば、フランスのバカロレ

アなどにもみられる長い試験時間や論理的思考を記述するといった特徴から、近年は日本でも注目されている[26]。しかしそれに対して、口述試験はほとんど注目されていない。それはなぜだろうか。記述試験同様、あるいはそれ以上に、客観的な評価が困難であるという理由は容易に思いつくものの、そのような問題がありながら、オーストリアやドイツでは口述試験が変わらない伝統的試験方法として存在し続けている。私たちにはなじみが少ないと思われる、しかしヨーロッパでは最も長い伝統を持つ口述試験の内実をここでは検討してみたい。

（1）口述試験の定義

　文化人類学でも早くから指摘されてきたことであるが、「漢字文明圏では筆記が試験の中心であったのに反し、西洋世界では、口述試問が試験の中心となっていた。……［ヨーロッパでは：引用者注］口述試験が早くから発達していたのに反して筆記試験の発達ははるかに遅れ」、その導入は 19 世紀半ばを待たなければならなかった。筆記試験は科挙制度からヨーロッパへ影響を及ぼしたものと考えられており、制度としては導入されなかったものの、「刺激伝播」を起こしたことは認められている[27]。

　この伝統的な試験方法である口述試験は、ドイツ語圏の教育評価論の第一人者であり、ブルームらのタキソノミーに影響を受けた教育心理学者のインゲンカンプ（Karlheinz Ingenkamp, 1925-2015）によって次のように定義されている。「口述試験とは、一人／複数の試験官と受験者の間において目的を志向したコミュニケーションの形式をとったもので、記述形式によらない試験である」[28]。インゲンカンプは続けて次のように口述試験を特徴づける。「口述試験は、記述によらない、知識と技能のパフォーマンスの管理である。口述試験では、言語に関連する能力、同様にすべての領域の知識と理解を把握することができる。口述試験は、a）特別な重みづけのある修了試験などの公的な試験として、あるいは、b）授業の過程で、これまでの授業を踏まえて次に進んでもよいかどうかを教師が知りたい時などに非公式の試験として、実施されるものである」[29]。a）は言うまでもなく、大学の学位取得の

ための口述試験やアビトゥア、マトゥーラなどの口述試験である。ｂ）は、簡単で日常的なもので、宿題の確認、授業での口頭による応答などが相当する。

　以上の定義から、とりわけ下線部に注目すると、口述試験は、試験官と受験者の間の口頭でのコミュニケーションによって、言語科目だけでなく、あらゆる教科に関する知識と技能を評価する方法であるとまとめることができるだろう。したがって、口述試験で評価されるのは、教科に関する知識と技能をコミュニケーションによって表現することができる能力ということになる。

　ドイツの教育評価論のザッハー（Werner Sacher）は、口述試験に①相互性と②適応性という二つの機能を位置づけている。①相互性とは、試験の間、試験官と受験者は内容や関係に関わるメッセージを恒常的に交換できることを指す[30]。このことを、ユルゲンス（Eiko Jürgens）は口述試験における「内容メッセージと関係メッセージの不断の交換で生じる」「相互行為的特徴」と呼ぶ。例えば、受験者はある答えが正しいかどうかについてのフィードバックを即時でもらえたり、賞賛や共感、期待などを言語・非言語を問わず感じたりすることある。②適応性とは、受験者に対する質問が適切かどうか、例えば、難しすぎれば、要求のレベルを下げるといったことが可能であることを指す。

　ただし、これらの機能は、即時のフィードバックや関係性のメッセージ（励ましなど）が誤って受験者に解釈されてしまうと、途端に口述試験の遂行は危うくなるというリスクがある。受験者が緊張のあまり頭が真っ白になってしまった場合にも、同様に口述試験の遂行は困難に陥る[31]。

（2）口述試験に対する批判

　上記のような特徴や機能を持つ口述試験は、これまでにさまざまな分野から批判されてきた。主な批判を挙げれば次のようになる[32]。

　社会心理学からは、試験官と受験者が非対称の関係にあることに対して批判がある。すなわち、一方が試験の基準を定め、一方がそれに適応する。そ

れゆえ、試験内容だけが影響するのではなく、話し方やある種のふるまいが判定に影響するという批判である。これは、試験者と受験者が試験まで互いに面識がないという場合、第一印象（話し方、ふるまい、服装など）が全体的な判断に特別な意味を持つからである。

　分析心理学からは、口述試験特有の儀式性が受験者に強い不安を与えるという点、また上述した社会学的な側面と関連して、試験による抑圧としつけの影響が明らかである点、支配側の価値を学習者が受容し、内面化するという点が批判されている。またこのような口述試験があるせいで、学校段階を上がるにつれ、階層の低い子どもたちの割合が少なくなることも指摘されている。口述試験は、歴史的にも非常にヨーロッパ的な試験方法であることは先述のとおりであり、そうした文化に親和性の低い層にこの試験方法は不利である。

　そして当然、測定論からの批判は最も強く、それは評価の基本である客観性、信頼性、妥当性が担保できないという点にある。これについては、オーストリアのリンツ大学のノイヴェク（Georg Hans Neuweg）が、記述試験と比較して、口述試験の問題点を次のように指摘している[33]。

　　a）実施の客観性が担保できない
　　b）評価の客観性が担保できない
　　c）誤った評価が起きやすい
　　d）抽出調査の信頼性がない
　　e）再点検が不可能である
　　f）試験に対する生徒らの不安が高い

　これらの問題点に対処するために、ノイヴェクは、口述試験の問題を事前に確定したり、評価する認知的なレベルを問題と対応させたりしておくなど、試験者が前もって「書いて準備する」ことを推奨する。また、ノイヴェクもザッハーらも同様に「複数の試験官（試験後に判定について話し合うため）、良く準備された問題、受験者が安心する環境の整備が求められるだろう」な

どとし、受験者の心理的負担の軽減とそのための環境整備などに言及しては
いるが、そのほかは強く踏み込まれることはないようである [34]。

（3）口述試験の意義

　ノイヴェクは、オーストリアの PISA ショック以降のコンピテンシー・教
育スタンダード改革に関わり、公平性や客観性に困難がある口述試験を「ど
うしても必要であるときに用いる」方法だとして、消極的に支持する立場を
とっている。ただしそのような立場を主張しながらも、ノイヴェクが口述試
験の独自性を次のように指摘していることは注目に値する [35]。

　　a）口頭による表現やコンタクトの能力は、生活のさまざまな領域で重
　　　　要な役割を担っている。
　　b）口述試験でしか測れない能力がある。アドリブの能力、発言の自発
　　　　性、対話における適応能力など。
　　c）相互行為的、適応的であること。
　　d）思考プロセスが質問によって可視化できること。
　　e）カンニングがほぼ不可能であること。
　　f）口述試験の準備や評価に比較的労力がかからないこと。
　　g）試験の状況それ自体が、生徒の学習の可能性にもなること。

　上記7点の特徴を見ると、口述試験は客観性・公平性を犠牲にしても、教
育のレリバンスを重視する試験方法であることがわかる。試験の手続きに関
するe）f）以外の点を見ると、口述試験は、教科の知識内容を口頭で問わ
れ、口頭で説明するといった非常に高次な能力を要求するものと考えられる。
このような能力がマトゥーラというハイステイクスな試験で評価される。そ
してノイヴェクは、マトゥーラにおける口述試験が「どうしても必要な」試
験であることを否定していないのである。

（４）口述試験の改革──オーストリアの場合
①コンピテンシーに基づく口述試験

　ただし、この歴史的伝統的な口述試験もまた、今回のマトゥーラ改革では
その変更を余儀なくされている。教育省が発行した、コンピテンシーに基づ
いた口述試験のためのハンドブックには次のように書かれている[36]。

　　　教育制度の国際化に対応するために、オーストリアの伝統を失うことな
　　　く EU の基準を満たす改革を行った。……口述試験が占める割合は減少
　　　し、すべて標準化されたとはいえ、学校の自律的な優先順位の設定や受
　　　験者の個人的な優先性もまた考慮されている。それは、比較可能性、客
　　　観性、確実性を危険にさらすことなしに行われる。

　この記述からは、新しい統一マトゥーラにおいて、口述試験の占める割合
が低下したこと、しかし、学校の裁量や受験者個人の特性への配慮の一つの
方法として口述試験を位置づけていると解釈できる。こうした口述試験がコ
ンピテンシーに基づいたものとして実施されるにあたり、教育省は次の三つ
の能力を口述試験で評価する指針を出している。

> ａ）再生産の能力（教科に関する問題を再現する、表現する。資料の種類を特定する、
> 　　資料から情報を取り出す、専門用語、専門技術を使用するなど）
> ｂ）転移の能力（関係を説明する、問題をつなげ、整理する、資料を分析する、事実判
> 　　定と価値判断を区別する）
> ｃ）省察と問題解決の領域に関する能力（事実関係と問題を整理する、仮説を立てる、
> 　　自分の判断をリフレクションする）

出典：Mündliche Prüfung　AHS　Handreichung, Bundesministerium für Bildung und
Frauen, 2014, S.12.

　これらの条件を含みながら、各学校の教員は、①カリキュラムに関連させ、
②その学年のテーマに結び付いた、③またその学級独自のテーマを考慮した
問題を作成することになる。この部分が、学校の裁量や生徒個人の特性を配
慮する部分にあたる。
　先述したように、口述試験の問いは、すべて記述試験でも可能な問いであ

る。つまり、問いそのものに口述試験独自のものはない。ただし、試験官と生徒とのやり取りにおいて個人的な考えや主張が出るような問いを設定することで、そのやり取りに口述試験の独自性を見出せると考えられる。ただし、これはいわゆる生徒が何かを調査してまとめたものを、プレゼンし、ディスカッションするという型ではない。課題論文でもプレゼンとディスカッションが組み込まれているが、それでは代替できないものとして口述試験がある。口述試験はあくまでも教科内容に即したコミュニケーションであり、教科内容の理解と定着を評価するものである。この口述試験は、昨今の「プレゼン」流行りとは異なるものとして位置づけておかなければならない。

　先にホップマンが、口述試験までコンピテンシーに基づいたものとすることに批判的であったのは、試験官と生徒のやり取りにおける独自性が損なわれると考えたからであろう。口述試験の独自性を先のノイヴェクがあげた a）から g）であるとすれば、上記のハンドブックの指針は、確かに口述試験の教授学的な豊かさとは距離があるように思われる。指針に従えば、口述試験対策への準備可能性が高く、アドリブや対話における適応能力、あるいは試験の状況を学習の可能性にするといったことが試される「余裕」がないように思われるからである[37]。

②口述試験の実際

　しかし、口述試験がどのように行われ、またコンピテンシーに基づいた口述試験は以前と比べてどのように変わったのかが、口述試験をあまり経験したことがない私たちにはわかりにくい。「オーストリアの伝統」でもある口述試験は実際にはどのようになっているのだろうか。AHS の生物学の元教員Sにインタビューを行った[38]。

　改革前は大変でした。コンピテンシー志向の試験に改革することが決定されただけで、何をどのようにするのか、何もわかりませんでした。オーストリア教育省はいつもそうです。ですので、わたしともう一人の同僚で、問題を作成することにしました。問題を作成することができたのは私たちだけだったからです。学校の規則により、電子ファイルや写真データで試験問題をお渡しすることはできませんが、お見せすることならできます。

眼球について
1）人間の眼球の構造を、模型を使って説明し、眼を通る光の経路を説明しなさい。
2）資料1を分析しなさい。そしてそれぞれの眼の欠陥の原因と治療の可能性を説明しなさい。
3）動物界の光の感覚は、人間の感覚とは根本的に異なります。眼の種類が異なると、どのような種類の視覚が可能になるか、資料3を使って説明しなさい。これらはどの動物に属していますか。

　こういった問題を単元ごとに作成し、それを大きな箱に入れて、学生自身が選び出し答えます。問題を与えるときに、それがくじ引きのようになったことは、教師にとってフェアになったと感じました。つまり、教師のその生徒に対する問題選択に関する責任がなくなったからです。その生徒に適切な問題を選択するという責任から解放されたのです。

　教師がその生徒に適切な問題を選択する責任から解放されたとしているのは非常に興味深い。問題を選択すること自体が、その生徒とのこれまでの関係性に基づいたものであったこと、つまり、その生徒が得意だったところの問題を出すのか、あるいは不得意だったところの問題を出すのか、そういった教育的配慮の上でこれまでの口述試験が行われていた可能性を示しているからである。こうしたことが公平なのか、そうではないのか。これまでの論考を踏まえれば、端的な答えは出せないが、それを考えるためにもインタビューの続きを見てみたい。改革前の口述試験との違いについてである。

以前の口述試験の問題は、このようなものでした。

・眼球の構造と機能について話しなさい。加えて、眼に関する疾病について話しなさい。（その際、眼球の模型を提示する）

（筆者の指摘にうなずきながら）ええ、今の設問のほうが、問いの内容が具体的で何を尋ねられているかよくわかると思います。昔は、3つの質問のうち、ひとつは授業でやった問いを出していましたが、今ではそうしたことはありません。コンピテンシー志向の口述試験は、本当に生物学に興味のある学生にはとても良いと思いますが、おかげでごく少数の生徒しか受けなくなりました。
（近年のマトゥーラ全般について）生徒の質は以前よりも下がっていると感じています。たくさんの生徒がAHSに進学するようになりました。みな、NMSを避けて、AHSに来るようになったからです。

　インタビューした教員は、コンピテンシーに基づいたマトゥーラ試験を比較的肯定的に見ている。そのうえで、旧来の設問と新しい設問とを比較して

みると、次のようなことがわかるだろう。コンピテンシーに基づいた問題は、教育省による指針のa）b）に相当し、教科内容の再生産と資料の分析を求めている。言い換えれば、問いを限定し、それ以上のものは求めていないので、試験者と受験者のやり取り、つまり口述試験の相互行為性や適応性といった機能の必要性は感じられない。それに対して、改革以前の口述試験の問題は、コンピテンシーに基づいた口述試験の問題の1）2）の内容を答えることを想定していることがわかるが、そうした内容を受験者から引き出すためには試験者と受験者との間でいくつかのやりとりがなされる必要があっただろうと想像できる。コンピテンシーに基づいた口述試験の実態を、この事例だけで判断することはできないが、相互行為性や適応性といった口述試験の機能、言い換えれば、そうしたことができる教師の力量に依拠する部分が少なくなったとも想像できる。

　ただし、コンピテンシーに基づいたマトゥーラ改革によって生物を口述試験として選択する生徒が減少したという指摘は、改革が生徒の科目選択の行動を変えた可能性を示すものである。また、AHSへの進学者が増加したことで、学生の質が下がったという言葉からは、コンピテンシーに基づいた試験によって教科とマトゥーラの水準を確保する要求が教育現場の実感とも重なるものであったことを示しているだろう。

5．おわりに

　オーストリアのマトゥーラ改革は、次のようにまとめられる。一部の記述試験を統一化し、公平性を担保するようにした。課題論文を必修にすることで、21世紀型的な能力を育成しようとした。そして必修以外の記述試験と口述試験はコンピテンシーに基づいたものにしつつ、従前の教師の指導性を保持する方法として残した。オーストリアのマトゥーラ改革は、客観性・公平性を確保すること、アカウンタビリティーを保証することといった潮流に乗りながら、現段階では、統一化の方向性とそうではない「伝統」が共存する道を採用したのである。ただし、「伝統」の占める割合、すなわち口述試験の重要性などは縮小される傾向にある。

　こうした改革の背景には、増加するマトゥーラ取得者の学力をどのように保障するかという問題に加え、初等教育から前期中等教育において段階的にとり組まれてきた「PISA 型教育改革」を後期中等教育まで徹底するという意図があった。オーストリアの場合、PISA の影響は、その調査対象である義務教育段階を超えて非常に強く作用していると考えられる。

　AHS 進学者がマス化からユニバーサル化へと移行している段階にあって、増加するマトゥーラ取得者の学力を保障し、EU 基準としてのマトゥーラの質保証を担保するという課題が、今回のマトゥーラ改革の背景には存在した。この課題は端的には、試験を同日同時に、共通問題にすることで対応された。一方、この改革は、教育スタンダード改革の流れにも位置付けられ、マトゥーラ改革によってコンピテンシー型の教育を整備する改革は完成したとみることができる。

　ただし、こうした改革の中であっても、中世から続く口述試験という方法が廃止されずに続いている点に本稿では着目した。口述試験は独自の教授学的な意義がある方法ではあるものの、コンピテンシーに基づく口述試験に変更される中で、その独自性は矮小化される傾向にある。

　オーストリアのマトゥーラ試験を賛美することが本稿の目的ではない。むしろ、マトゥーラという試験制度においても、大学進学希望者数の増加などによって制度を維持することには限界があり、試験の統一化という方向性を取らざるを得なかったということを指摘しておきたい。コラムで詳述するように、統一マトゥーラに加え、一部の大学の学部・学科では入学試験が実施されるようになっている。これによって、「卒業試験」の国は「資格・選抜試験」の国となりつつあることも指摘できるだろう。しかしながら、変容しつつある制度においても、下級学校が生徒を評価する権利を有すること、評価方法に記述や口述などの選択肢があること、評価においては厳密性や公平性ばかりが問われるのではなく（決して不問にするのではない）、日常の学習とのレリバンスや生徒個人の特性をある程度生かす必要があり、またそれは可能であること。こうしたことをわたしたちはオーストリアのマトゥーラ改革の知見として見出すことができるのではないだろうか。

【追記】2020 年のオーストリアの統一マトゥーラは、日程を 3 週間延期し、記述試験はドイツ語・外国語・数学のみが行われる。また、濃厚接触にあたるとして、必修の口述試験は実施されない。ただし、記述試験に不合格だったもの、または評定を上げたいという希望者に限って口述試験は行われる。加えて、3 科目を上限に短い課題の提出が課されている。課題論文ではなく、短い課題にすることで、記述試験の準備が十分できるように配慮したこと、また今年度に限り、最終学年の成績を評価に加えることで、記述試験だけで合否が決まることはないので心配しないようにと教育省は強調している。

※https://www.bmbwf.gv.at/Ministerium/Informationspflicht/corona.html（2020年 4 月 25 日確認）

Book Guide
◎近藤孝弘『オーストリアの政治教育』名古屋大学出版会、2018年。
◎久田敏彦監修、ドイツ教授学研究会『PISA 後のドイツにおける学力向上政策と教育方法改革』八千代出版、2019年。

1　オーストリアはドイツよりも小国であり、教育政策に関しては連邦制をとっているものの、中央集権的に進めている現状がある。ドイツよりも先行して、義務教育学校の学力向上政策および教育制度改革を進めてきた。本章でオーストリアを取り上げる理由はそこにある。ドイツでもいくつかの州が共同して、統一問題によるアビトゥア試験を実施しているが、全国統一規模の試験はいまだ実現していない。

2　当初、統一マトゥーラは、2014 年（AHS）および 2015 年（BHS）に実施予定であったが、特に必修の筆記試験の予備問題などの準備不足から、それぞれ一年延期されたという経緯がある。

3　伊藤実歩子「ドイツ語圏の教育改革における Bildung とコンピテンシー」『グローバル化時代の教育評価改革——日本・アジア・欧米を結ぶ』日本標準、2016 年、pp.124-135。

4　伊藤実歩子「オーストリアの場合——PISA 以降の学力向上政策」『＜新しい能力＞は教育を変えるか——学力・リテラシー・コンピテンシー』ミネルヴァ書房、2010 年や伊藤実歩子「ドイツ語圏の教育改革における Bildung とコンピテンシー」『グローバル化時代の教育評価改革』日本標準、2016 年を参照のこと。

5　伊藤実歩子「ドイツ語圏の中等教育改革に関する一考察——オーストリアにおける Neue Mittelschule の取り組み——」『甲南女子大学研究紀要・人間科学編』第 49 号、2013 年、pp.1-10.

6　以上の統計データは、下記を参照した。Konrad Oberwimmer, Stefan Vogtenhuber, Lorenz Lassnigg und Claudia Schreiner, *Nationaler Bildungsbericht Österrich 2018 Das Schulsystem im Spiegel von Daten und IndikatorenHerausgegeben Band1*, Leykam, S.129-130.

https://www.diepresse.com/5679978/immer-mehr-schuler-gehen-in-die-ahs-unterstufe
（2020 年 4 月 1 日確認）

https://www.wienerzeitung.at/nachrichten/chronik/oesterreich/734179_Immer-mehr-Jugend
liche-machen-Matura.html（2020 年 4 月 1 日確認）

7　BHS のマトゥーラも、AHS のマトゥーラと同様に三つの柱から構成されるが、専門によって課
　　される教科は異なる。

8　Helmut Engelbrecht, *Unendlicher Streit durch Jahrhunderte: Vereinheitlichung oder Differen-
　　zierung in der Organisation österreichischer Schulen*, new academic press, 2014, S.105.

9　Barbara Schneider-Taylor, Dorit Bosse, Franz Eberle Hrsg., *Abitur und Matura zwischen Hoch-
　　schulvorbereitung und Berufsorientierung*, Springer VS, 2014, S.63.

10　伊藤実歩子「『PISA 型教育改革』と Bildung<ビルドゥング>」『立教大学教育学科研究年報』第 59 号、2016 年、
　　pp. 15-23。

11　Stefan T. Hopmann, Zwischen Scylla und Charybdis?, Barbara Schneider-Taylor, Dorit Bosse,
　　Franz Eberle Hrsg., *Matura und Abitur in den Zeiten von Bologna*, BELTZ Juventa, S.71.

12　https://www.bmbwf.gv.at/Themen/schule/schulpraxis/zentralmatura.html（2020 年 4 月 1 日
　　確認）
　　統一マトゥーラの概要は、上記のサイトを中心に参照できる。

13　https://www.ahs-vwa.at/schueler（2020 年 4 月 1 日確認）

14　Engelbrecht, S.105.

15　https://www.geschichtewiki.wien.gv.at/Matura（2020 年 4 月 1 日確認）

16　https://www.derstandard.at/story/2000052895362/vorwissenschaftliche-arbeiten-laut-el
　　tern-oft-nicht-alleine-erstellt（2020 年 4 月 1 日確認）

17　https://www.ahs-vwa.at/schueler（2020 年 4 月 1 日確認）

18　https://orf.at/v2/stories/2380144/（2020 年 4 月 1 日確認）

19　SDRP の英語試験担当者インタビュー（2019 年 8 月 26 日ウィーン教育省内）。なお、統一マト
　　ゥーラの管轄は、当初、BIFIE という教育研究機関であったが、現在は、教育省の一部局にな
　　っている。PISA ショック以降、国際学力調査や国内学力調査、また教育スタンダードの開発か
　　ら NMS 改革、マトゥーラ改革に至るすべての教育改革を統括してきた BIFIE の規模は縮小さ
　　れ、2015 年には、BIFIE から統一マトゥーラの部門が切り離され、教育省に編入された。統一
　　マトゥーラ改革は、教育省においてより重要な案件だったと思われる。また BIFIE は 2020 年
　　7 月に新組織になることで解体が決まっている。このことからも、PISA ショック以降の一連の
　　改革はいったん完了したとみなされるだろう。

20　同上。

21　Barbara Schneider-Taylor, Dorit Bosse, Franz Eberle(Hrsg.), *Matura und Abitur in den Zeiten
　　von Bologna*, BELTZ Juventa, 2013, S.73-74.

22　ホップマンへのインタビューは、2019 年 6 月 12 日に立教大学で行った。

23　同上。

24　例えば、下記のアビトゥアに関する風刺本。Friedhelm Moser/Guido Bock, *Herzlichen Glück-
　　wunsch zum …Abitur*, Tomus Verlag, 2009, S.24.

25　同様のことは、フランスのバカロレア試験における評価にも言えることである。詳細は、5 章
　　を参照。

26　坂本尚志『バカロレア幸福論』星海社新書、2018 年。

27　平川祐弘『人類文化史 6　西欧の衝撃と日本』講談社、1974 年、pp.54-55。

28 Karlheinz Ingenkamp, Urban Lissmann, *Lehrbuch der Pädagogischen Diagnostik* 6.Auflage, BELTZ, 2008, S.137.

29 Ebenda, S.138.

30 Werner Sacher, *Leistungen entwickeln, überprüfen und beurteilen*. 6., überarbeitete und erweiterte Auflage, Klinkhardt, 2014, S.153-154.

31 Eiko Jürgens, Urban Lissmann, *Pädagogische Diagnostik*, BELTZ, 2015, S.83-85.

32 Ebenda.

33 Georg Hans Neuweg, *Kompetenzorientierte Leistungsbeurteilung*, 2019, S.150-151.

34 Karlheinz Ingenkanmp, Urban Lissmann, 2008. Werner Sacher, 2014.

35 Neuweg, S.152.

36 *Mündliche Prüfung AHS Handreichung*, Bundesministerium für Bildung und Frauen, 2014, S.12.

37 ただし、コンピテンシーが導入される以前に、ノイヴェクが指摘するような口述試験でしか評価できないような能力を評価していたかどうかは不明である。口述試験は、その歴史からも、それ自体が「儀式化」してしまう可能性も否定できない。

38 インタビューは、2019 年 8 月 29 日にウィーン近郊のケーニッヒスシュテッテンにある元教員の自宅で行った。

Column

コラム④　オーストリアに大学入試がやってきた！
──マトゥーラの限界？

　オーストリアの大学には、基本的に定員という概念がなかった。したがって、後期中等教育修了資格があれば、医科大学や芸術系学部などを除き[1]、原則的に希望する学部に入学できる。しかし実は、この制度が限界を迎えている。

　オーストリアで統一マトゥーラが導入されておよそ5年、2020年度入学希望者を対象に、2019年夏にウィーン大学では法学部などをはじめとする人文・社会科学系を含む18学科で入学試験が行われた[2]。このような入学試験の大規模かつ全国的な実施は初めてである。本論でもふれたように、マトゥーラ取得者は増加の一途にあり、それによって大学入学者が急増し、大学の講義室などに登録した学生を収容できないこと、留年が増加し大学の経営を圧迫する[3]ことなどが大きな問題になってきた。本論で検討した統一マトゥーラ改革が、入学試験の呼び水となったとも考えられる。なお、同じような教育制度を持つドイツにおいては、このような大学入試の全面的導入は見られない状況である。

　マトゥーラ修了後、大学進学希望者は次のような手順で、入学までの準備をする。なお、以下のプロセスは、オーストリア国籍あるいはドイツ国籍と中等教育修了資格を有する者が対象である。

　まず、5月初旬に統一マトゥーラが始まる。そのマトゥーラ受験前の3月初旬から6月初旬にかけて、大学進学希望者は、希望する学部に登録し、その期間中にオンライン・セルフアセスメント（OSA）というプレテストを受けなければならない。これは選抜には関係しない本番のシミュレーションテストである。OSAを受けた後、入試の願書などを準備しながら、希望学部が指定する専門の入門書をダウンロードして読んだり、入試の練習問題に取り組んだりする。入門書は、後期中等教育段階の教科書や、大学が用意したテキストなどである。練習問題は、例えば経済学部は、

マトゥーラの数学の問題を復習することを勧めている。入学試験の受験料は 50 ユーロで、オンライン決済である。こうして、7 月初旬に入学試験が始まる [4]。

　2019 年 7 月 9 日、ウィーン大学、ウィーン経済大学、ウィーン工科大学の入学試験が同時に行われた。場所は共通して、大規模な国際会議や見本市が開催されるウィーン・メッセであった。何千人もの受験生がこの国際会議場で一斉に入学試験を受けたのである [5]。試験開始前には、荷物預かり場所に受験生の長蛇の列ができた。試験は 2 時間（3 時間を超える学部や専攻もある）、多肢選択問題のみで、ドイツ語と英語、あらかじめ各学部・学科が指定した 2 冊前後の入門書からの出題、各分野の基本問題や認知テストなどから構成された。入学試験の合格発表は、およそ二週間後に受験生に直接メールで通知された。合格者はその後、正式に大学入学者として登録し、10 月から始まる冬学期の履修計画を立てることになる。

　こうした入学試験の対策に、オンライン塾がある。ホームページには入学試験の方法や合格の秘訣などが詳細に記されている。先の OSA を受けた後のオンライン・サポートは 99 ユーロ、パワー準備コース（5 日間35 時間の対面式の集中講義や 2 回の模擬テストなどを含む）は 499ユーロがかかる [6]。この塾は 2012 年から事業を開始しており、それは、マトゥーラ取得者が 50% を超えた時期 [7] と重なっている。これまでも、マトゥーラ取得のための補習塾や、医学部受験のための塾は存在していた。しかし、大学の人文・社会科学系にまで入学試験が拡大したことによって、こういった教育産業はこれまでにないビジネスチャンスを迎えている。

　一方、批判もある。大学生組合は、入学試験の導入は公平ではなく、社会淘汰的で、特に経済的に苦しい家庭の子どもにとって不利なものになると主張している [8]。しかし、マトゥーラ取得者は今後も増加の一途をたどると予測されている。今後も、入学試験は、より多くの大学、より多くの学部・学科に拡大していくだろう。

Column

　オーストリアの統一マトゥーラ及び入学試験の導入は、センター試験と個別試験といった、日本の二段階選抜を想起させる。ただし、大きな違いがいくつかある。マトゥーラ試験の主要な担い手は、AHS などいわゆる下級学校の教員であり、大学入試は大学によって行われているという点である。また、心理学部などの人気学部[9] を除けば、そこまで倍率の高くない学部、あるいは入学試験が課されない学部も多くある[10]。とはいえ、オーストリアは、「卒業試験」の国から「資格・選抜」型の国へと移行しつつあることは確かである。

（伊藤実歩子）

1　ウィーン国立音楽大学演劇学科 69 倍、同大学舞台監督学科 49 倍、同大学声楽科 29 倍など。https://www.aufnahmepruefung.at/aufnahmetest-toplisten-2019-2020/（2020 年 4 月 1 日確認）

2　https://wien.orf.at/v2/news/stories/2962515/（2020 年 4 月 1 日確認）

3　オーストリアの教育は、大学まで基本的に無料であり、すべて税金で賄われている。EU 域内の国籍を持つ学生は、オーストリア学生ユニオン（Österreichischen Hoch-schüler_innenschaft（ÖH））にセメスターごとに 19 ユーロ支払うが、授業料はない。標準年限を過ぎると、1 セメスターにつき 363.34 ユーロの授業料を支払うことになる。また EU 圏外の学生については、1 セメスターあたり 726 ユーロ＋ 19 ユーロを支払わなければならない。https://www.oeh.ac.at/（2020 年 4 月 1 日確認）

4　https://slw.univie.ac.at/studieren/studien-mit-aufnahme-eignungsverfahren/studien/soziologie/soziologie/atde/#c500263（2020 年 4 月 1 日確認）

5　https://www.aufnahmepruefung.at/so-lief-der-wu-wien-aufnahmetest-2019-fuer-wirtschafts-und-sozialwissenschaften/（2020 年 4 月 1 日確認）
　こうした情報は、受験生のためにオンライン塾のブログで速報されている。

6　https://www.aufnahmepruefung.at/（2020 年 4 月 1 日確認）

7　https://www.wienerzeitung.at/nachrichten/chronik/oesterreich/734179_Immer-mehr-Jugendliche-machen-Matura.html（2020 年 4 月 1 日確認）

8　https://wien.orf.at/v2/news/stories/2962515/（2020 年 4 月 1 日確認）

9　ウィーン医科大学は 11 倍、ウィーン大学心理学部 6 倍など。

10　ウィーン大学には 58 の専攻があり、2020/21 年度で入学試験を課すのは 20 の専攻である。入学試験を課す専攻は、昨年度より 2 専攻増えたことになる。

第4章 *Germany*

Bildung とアビトゥア
——ドイツにおける伝統的理解と現在の議論

ロター・ヴィガー
伊藤実歩子 訳

1. はじめに

　ドイツの学校制度は、国際的・比較的観点からすると、ほかの国の制度とはかなり異なっているといえる。ドイツの学校制度には、独自の構造と歴史があり、これまでも特別な用語や概念で説明され、議論されてきた。それゆえ、学校制度やその各要素を説明するのは少し複雑である。またほかの言語で適切な言葉を充てることが不可能であれば、ドイツ語の用語や概念を翻訳することは困難である。しかし、機能的に同等な意味で説明をすることはできるだろうし、それで概念の意味を明らかにしようとすることはできるだろう。

　ドイツの学校制度の中心的な要素の一つに、アビトゥア（Abitur）がある。これは第12学年あるいは13学年のあと、すなわち後期中等教育修了時に行われる試験のことで、同時に大学入学の資格証明ともなる。一般的には、アビトゥアは、学校のキャリアと大学のキャリアのあいだのつながりであると考えられている。

　ドイツの教育史の専門家や研究者のなかには、このアビトゥアを廃止することが最善であるという意見を持つ者もいる（例えば、Tenorth1994, p.184）。しかし、そのような考えを持った彼らは、〔ギムナジウムから大学への〕接続の機能を持った、またドイツの教育制度の象徴でもあるアビトゥアが廃止されることはないことを受け入れなければならない。

　さて、ドイツの文脈において、Bildung という中心的概念がある[1]。18世紀

末から 19 世紀初頭にかけて啓蒙主義と観念主義のドイツ哲学が登場するなかで、Bildung は、一般的に独自に試行し学習する人間としての"自律"の理想に関連した過程とその産物を意味するようになる。人間の宿命は、その自己決定にあり、Bildung の過程は、世界の獲得と、同時に自己と世界の〔関係性の〕形成であると考えられた。それゆえ、Bildung は、自分のアイデンティティと受容された社会的地位の展開〔過程〕ともいえる。Bildung は、現在に至るまで、学校に関わる一般的な言説における指導的な原理であるが、それにもかかわらず、多様で雑多な意味を持ち合わせている。Bildung は、200 年以上にわたりアビトゥアと関係しており、これら二つの概念の関連と対比は説明されなければならない。

　そこで、本章では、第一に、Bildung という古典的概念を、フンボルト（Wilhelm von Humboldt (1767-1835)）の哲学と政策に関して概観する。そのあと、簡単に、アビトゥアの歴史およびドイツの教育制度の一般的な構造の特徴、そして高等教育入学資格に関する改革の概要を述べたい。最後に、主に二つの問題を抱えるアビトゥアの現在の状況に対するいくつかの異議について言及する。その問題とは、高等教育への移行における質の低下と公正（justice）の問題である。

　しかし、その前に、ドイツの教育政策の基本的な原理について言及しておく必要があるだろう。ドイツ連邦共和国は 16 の州で構成され、それぞれに州に州憲法がある。この 16 州は、文化および教育に関連することがらにおいて広範な自律性を有している。一方、連邦政府は、国家の枠組みとしての一般的な規則を示すのみである。教育制度のデザインと組織は州の中心的な課題の一つである。学校の組織は、それぞれの州がその責任を担っている。それゆえ、学校制度は州によって異なる。例えば、中等教育学校は、現在全面的な改革の途上にあるが、いくつかの学校の型があり、その型によって教員のキャリアや養成課程もまた多数ある。

　70 年前に設置された常設教育・文化大臣会議（Kulturministerkonferenz：以下、KMK）は、国家における教育の調整と展開のための機関である。KMK の仕事は、教育、研究、文化の問題において、共通に必要とされ

る方法を保障すること、最低限の一貫性を保持すること、そして、州ごとの教育制度における相違すべてにおいて、比較可能性、移動への責任を負うことである。ただし KMK の決定には法的拘束力がない。KMK の決議や勧告は 16 州すべての同意と妥協に基づいており、毎回、〔調整の〕困難な課題を負っている。

2.　古典的概念としての Bildung

　フンボルトは、古典的概念としての Bildung を次のように構想した。

　　　人間の真の目的は――それは、あいまいでつかの間の欲望に示唆されるのではなく、永遠で不変な理性の命令によって支持されるべきである――その力を最も高く、最も調和した形で発展させ、完全で一貫した全体になることである。(Humboldt, 1969, p.16)

　フンボルトは、この目的を実現するために二つの条件を区別している。第一の、そして本質的な条件としての「自由」。これは、国家にもかかわっている。そして第二の、第一と同様に重要な条件として、学習のための多様な機会としての「状況の多様性」がある。フンボルトの観点は、人間主義のそれであり、この人間主義的な観点が、彼の人間学を導き出したのである。

　　　あらゆる活動の交軸点に、向かうべき方向性を見失った人間は、ただ、彼の本質の力を強化し、高めたい、そして、彼の価値と永続性を守りたいと望む（Humboldt, 2000, p.58)

　フンボルトは、プロイセンの教育改革において、彼の Bildung の考えを実践しようと考えていた。それは 1810 年の「リトアニア学校計画（Lithuanian concept of school）」に描かれている。彼の概念の第一の原理は、一般教育を学校の目的とすることであった。

すべての学校は、一つの専門職（profession）だけによって運営される
のではなく、国家あるいは州によって運営されなければならない。また
到達すべきたった一つの目的は、一般的な「人間形成」（Menschenbil-
dung）でなければならない。生活の必要性あるいはその職業を求める
ことは、〔人間形成とは〕切り離したうえで、一般教育を修了したのち
に獲得されなければならない。もし、その両方が混ぜられてしまえば、
「Bildung」はけがれてしまい、人間全体でも、ある階級の市民でも、ど
ちらでもない結果に終わってしまうだろう。……この二つの種類の教育
に対して、つまり、一般的な「Bildung」と特別な「Bildung」は、異な
る原理によって統治される。一般教育（Allgemeine Bildung）は、人間
一人ひとりが発達するために有する力（Kräfte）や能力を強化し、明確
化し、調整しなければならない。一方、特別な教育（Spezielle Bil-
dung）は、獲得した技術を適用する能力を目指している。

(Humboldt, 1982, p.188)

　フンボルトは、彼の人間的理想と実用的な観点を区別し、後者においては、
実用性、階級、職業に焦点を当てている。〔したがって〕職業的な指導は一
般教育のあとの第二段階で行われるものとなる。
　第二の原理は、階級、ジェンダー、生まれ、エスニシティによらず、すべ
ての人が教育を受ける権利を有する、現代社会における一般的な要求である。

　それゆえ、教育には全体にわたって一つの土台、そして同じ土台がある。
それはなぜなら、ひどく粗野であるといったことがない、最も貧しい人
と、ひどく感情的であったり、空想に耽りすぎたり、非常に気難しいと
いったことがない、最もよく訓練された人間は、そもそも同じやりかた
で、彼らの「精神」を調和させなければならないからだ。同様に、大工
がギリシャ語を学んだり、学者が机を作ったりすることは、無益ではな
い。(Humboldt, 1982, p.189)

　このことから、フンボルトは、農民、市民と学者のために分けられた伝統的な教育制度を拒否し、三段階からなる学校制度（初等、中等、高等教育）を提示した。そして、それぞれの教育課程を、彼らの能力と目的に応じて設定したのである。

　最終的にフンボルトは、初等教育の教科を、人間と世界の相互作用の主要な方法に関連して決定した（cf.1982, p.189）。

　　・哲学的あるいは言語教科：これらは、古典語、新言語、哲学的省察、
　　　モラル教育や政治教育に即したものも含まれる。
　　・数学
　　・歴史：人間と自然の世界の歴史的発展に基づく知識
　　・美的・芸術教科
　　・体操

　しかしながら、このフンボルトの改革のリベラルな考え方には、保守派からの激しい反対があった。この対立によって、ドイツの教育制度の体制や構想において、フンボルトの原理が壊されずに打ち勝つことはできなかった。教育制度にかかわるこの古い議論は、今日においても検討される価値がある。どのようにして、国家あるいは経済に対する自由と実用性の関係性を構築するか。一般教養と職業訓練の関連性をどのように考えるか。教育制度は「Bildung」をすべての人に与えることは可能か。あるいはごく少数の人にのみ可能なのか。一つだけ例を挙げるとすれば、ドイツの教育制度は、垂直的に構造化されてきた。すなわち、少数の者たちのための上級段階（準備学級と9年制のギムナジウム）と大多数の子どもたちのための下級段階（国民学校）である。第一次世界大戦後の1919年、ワイマール共和国における教育改革〔前期中等教育までを分けずに初等教育学校、前期中等教育学校に統一化しようとしたが、ギムナジウムの強硬な反対があり頓挫した〕以降、ドイツの学校制度は、水平的構造と垂直的構造の「混合モデル」として描くことができる。すべての生徒に開かれたコンプリヘンシブスクールとしての4年

制あるいは 6 年制の初等学校、そのうえに、3 年制から 6 年制までの前期中等教育学校が垂直的にトラッキングされている。

　現在に至るまで、フンボルトの理想は、学校教育と大衆の言説に対するベンチマークである。彼の「Bildung」概念は〔それらに対する〕批判として使用され、また「Bildung」を謳いながら、ほかの意味で、あるいはまったく反対の意味で使用される教育政策に対する抵抗でもある。

　あの時代から、フンボルトの理想と制度化された教育の間には隔たりがある。ギムナジウムと大学だけが、上流階級の若者に対して、Bildung〔の教育〕を可能であるかのようであり、それ以外の若者の大半は除外されている。しかし、一方でこれが Bildung とアビトゥアの連結を確立してきたこともまた事実である。そこで、以下ではアビトゥアの歴史を見ていこう。

3．アビトゥア小史

　アビトゥアは、大学の入学者が増えすぎたことに対する対策という性格を当初から担っていた。また、一貫したハイレベルの知識を持つ第一学年の入学予定者を確保するという課題も背負っていた。19 世紀まで大学には自由に入学することができ、規制がなかったのである。大学への入学を統制するために、学校の最終学年において標準テストをするのか、あるいは大学での学修を始める前に入学見込みのあるすべての学生に対して試験を課すのかという選択肢の中で、ドイツの学校史にとって広範囲に影響をもたらす決定がなされた。プロイセンの「ギムナジウム卒業証明書（Zeugnis der Reife/certificate of general higher education entrance qualification）」の導入である。導入当初は、〔この証明書は〕持っていることが望ましいもの、そして奨学金授与の基準としてのみ意味を持っていた。しかしながら、1789 年 1 月 8 日に規定されたこの新しい最終試験は、1812 年 6 月 25 日には国家公務員を志望する学生に対して義務化され、1834 年 6 月 4 日には大学入学を志望するすべての男性に義務化された。（1）試験を課すことによって、（2）一般教育を正式に認めたカリキュラムの策定によって、（3）国家試験としての教員

養成を計画すること（1810 年 7 月 12 日に導入）によって、アビトゥアの形式は統一され、大学での学修に対するその前の教育のレベルが保証されるようになったのである。

　大学での学修をアビトゥアが保証するようになった理由には、アビトゥアと国家公務員（法律家、ギムナジウム教員、医者、科学者など）との関係がある。すなわち、ギムナジウム（ドイツの 9 年制中等学校）の特権がここに確立したのである。ギムナジウムは、ドイツにおいて「（学校）教育の指導的機関」となり、アビトゥアは、エリート階級と下層階級の「教育の制度内および学校間を分断する中心線」を規定した。証明書は大学への門戸を開くものであると同時に、学問的なキャリアへの道、あるいはまた国家や社会における指導的地位への道を開くものとなったのである。

　この後、19 世紀から 20 世紀にかけて、ギムナジウムと大学入学の可能性は多様化していく。大学入学への一般的な資格試験を独占していたギムナジウムであったが、1900 年 11 月 26 日の法令では、ほかのタイプの中等学校もアビトゥア授与の権利を持つことが定められた。1908 年 8 月 18 日には、高等女学校にもアビトゥア授与の権利が与えられ、これにより、女性が大学進学の権利を獲得することになった。

　第二次世界大戦後、ドイツ連邦共和国においてアビトゥアは次の 4 点において特徴的な展開をする。すなわち、（a）アビトゥアの量的拡大、（b）アビトゥア取得の方法の多様化、（c）大学の増加、（d）大学での学修を開始する方法の多様化である。

　今日のドイツにおいても、アビトゥアはなお高等教育への一般的な入学の資格である。アビトゥアは、ギムナジウム[2]の第 12 あるいは第 13 学年（G8, G9）修了時に取得できる。同様に、統一学校（Gesamtschule）[3]のギムナジウム上級段階[4]、職業ギムナジウム[5]のような職業学校、夜間ギムナジウム[6]、あるいは生徒ではない人々のためのアビトゥア試験（Nichtschüler-prüfung）によっても取得することができる。

　2018 年には、アビトゥアが、中等教育上級段階レベルに相当する一般教育学校の課程の目標としてあること、また一般高等教育入学資格であること

が確認された。

〔KMK の文書には次のように記述されている。〕

1. ギムナジウムの上級段階における指導は、一般教育を網羅し、アカデミックな学修に向けた一般的な能力、科学的な研究の入門教育を提供するものである[7]。中でもとりわけ重要なのは、ドイツ語、外国語および数学といった基礎科目における網羅的な知識、技能とコンピテンシー（competencies）である。

　さらに、音楽・美学、社会科学、科学技術に関する教科教育、体育や宗教教育、あるいはその代替科目は、それぞれに、ギムナジウム上級段階の目的の実現のために加えること。

2. ギムナジウム上級段階における指導は、専門的、多分野、分野間に沿って組織化される。授業では、学術的な問題、分類、方法の例示による導入が提供され、また、人格の発達や強化、社会的な責任を負った生活の形成、民主主義社会に参加することを促進する教育が行われる。

　加えて、ギムナジウムの上級段階での教育は、教科の一般的な知識の習得である。それは、文脈の展開、知識の様々な領域、系統的な（知識の）獲得の方法、学習方略を支える情報や素材の構造や利用、同様に、自律性と責任感、チームでコミュニケーションし作業する能力など、学生の生活に必要不可欠なものである。

3. ギムナジウムの上級段階における指導には、高等教育機関、職業分野、そして高等教育の構造と求められるもの、職業生活において求められるものの適切な情報を提供することが含まれている。

(KMK, 2018, p.5、KMK, 2015, p.116)

この理解に基づけば、一般的な高等教育入学資格としてのアビトゥアは、

特定の教科や教科の内容についてのある程度の知識、能力、技能を意味する一貫した一般教育の内容にかかわっているといえる。これら〔の内容〕は、世界を理解するために異なる地平に、また世界にアクセスし、適正化するための方法を表したものである。さらに、一般的な高等教育の入学資格は、学問横断的な指導と同様に、多様な専門家を基本にしている。これは、科学と人文学の成果に基づいた、科学的な研究の準備教育でもある。それはまた個人的、社会的、方法的能力を、また同様に、卒業後の人生に対して適切な決定ができる基礎としての学修と、研究のための可能性と必要条件に関する認識も含んでいる。

　大学入学のための資格としてのアビトゥアのほかに、大学での学修やほかの「高等教育機関」（Hochschule）に対して、すべての専門において資格を与えるものとして、いくつかの異なる方法がある。

・限定的な、例えば、ある教科に特化した大学入学資格（専門アビトゥアと呼ばれている）は、専門分野における学修の資格を証明する。
・応用科学の大学への入学資格証明。これは、応用科学分野を持つすべての大学での学修資格を証明すると同時に、いくつかの州の大学での専門分野での入学資格証明となる。
・制限された、例えば教科に特化した高等教育への入学証明。これは、応用科学の大学での専門分野での学修資格を証明する。

　ほかにも、例えば、マイスター（Meister）や技術者など、専門的にすでに資格証明されている人々は、アビトゥアなしで制限なく大学の教育を受けられる可能性もある。最低二年の職業訓練を受けた雇用者と三年の職業経験を持つ人々は、前職に応じた学修の資格を、州の規定に応じて得られることがある。2009 年 3 月 6 日の KMK 合意は、多様で混乱ぎみであった州の規定を標準化し、同時に、各州に職業資格を付与されている人々のために高等教育の門戸をより開くようにした。このような展開には、一般教育と職業教育を同等に扱うという思想が背景にある[8]。

　高等教育へのアクセスのための資格付与の拡大と多様化、そしてアビトゥアの意味の拡大と多様化は、その数によって読み取ることができる。すなわち「1960 年代には、学校を卒業したたった 6.1% が大学入学のための一般的な資格を獲得し、そしてそれはギムナジウムの卒業生（Gymnasien）のみであった」（Oelkers, 2007, p.5）。それが、1991 年までに 26.9%（cf.ibid）、2006 年には 29.6%、2010 年には 33.9% に達した（cf. Autorengruppe Bildungs-berichterstattung, 2012, p.95）。そして、2016 年には、41.2 に達した（cf. Autorengruppe Bildungsberichterstattung, 2018, p.310）。一般大学入学資格は、この間に、ほかの学校でも同様に獲得できるようになったが、それでも、ギムナジウム卒業生が 75.6% を占めている。一般大学入学資格のほかに、応用科学分野を有する大学への入学資格も設置された。「最初の卒業者が 1970 年に出たが、同年齢グループの卒業生の中に占める割合は、0.5% であった」（Oelkers, 2007, p.5）。この割合は、2006 年には 13.4%、2010 年には 15.1% まで上がり、2016 年には 11.1% になった（cf. Autorengruppe Bildungsberich-terstattung, 2018, p.338）。継続的に学修する人々の割合が近年徐々に上がってきているのは、応用科学分野の大学への導入によるところが大きいが、しかし、ギムナジウム卒業生の需要の高まりによるところもある。その割合は、1992 年に 30.7% であったものが、2000 年には 37.2%、2011 年以降は 50% 以上と増加している。2016 年は 52.1% であった。

　これらの数字の増加を成功の物語として読むこともできるだろう。しかし、アビトゥアは、この間も一貫して公共の議論と批判の的となってきた。そこで次に、大学での学修のための能力の低下あるいは不十分さという嘆きと、いくつかの課程における入学制限に関わる公正と公平性の問題、これら二つの側面を取り上げて論じよう。

4．アビトゥアの質に関する論争

　学生の学修能力（ability of study）が不十分であるというテーマは、近年、ドイツでも再び盛んに取り上げられるようになっている。これを完全に無視することもできるだろう。あるいは、このことを、許しがたいそれぞれの経

験が集積した一般論にすぎないという見方もあるだろう。あるいはまた、教授と学生のハビトゥスの違いとして説明したり、学生や彼らの目標、動機、関心に対する教授陣の期待が大きすぎる、あるいは間違っているということで説明できるかもしれない。社会学者はクライアントの変化を指摘している。すなわち、これは、大学を開放し、学生数が増加したこと、また同様に社会構造の変化からくる結果なのだと[9]。しかし、実証的な証拠が信用できず、不十分である一方（Huber, 2007, p.11）、〔学生の〕先行知識の不足や変化した行動などの経験は、簡単に否定できないし、もしこれらの不満に横たわる深刻な問題があるとすれば、疑いや関心を削除することはできないのである。大学、そして経済界さえも、以前に比べて多くの若者の知識・技能が低下していると批判する。それゆえ、数学や科学そして工学のような専門では、「準備コース」を提供しなければならず、これによって学校で獲得した知識を活性化し、拡大し、大学での学修をよりスムーズにスタートさせる必要がある。

　学生の不足している知識や疑問視されている学修能力に対する説明として、学校と変化した指導のことが言及されることがある。それには次のような理由が考えられる。

・ギムナジウムの〔修学年限の〕短縮化により、アビトゥア取得のための時間が第13学年から第12学年になったこと（「G8」）[10]
・後期中等教育レベルの上級課程の廃止とそれに関連する授業の短縮化
・教育目標によるカリキュラムから、コンピテンシーを志向したカリキュラムへの変更

　ある教科における学修能力の不足に関する不満は、近年の教育政策への一般的な批判に集約される。これは一部には、保守的・批判的な教員や教育研究者によって共有されている（Euler, 2011）。彼らが批判として強調するのは、OECD とそれに基づく組織的な改革における学士〔取得者〕の増加という目的があるからである。これらの批判には、「G8、統一アビトゥア

（Zentralabitur）、教育スタンダード（Bildungsstandards）、方法コンピテンシー」というキーワードにまとめられる。

　例えば、ドイツ教員組合の会長であるクラウス（Josef Klaus）は、学士取得者数の増加という目的を「アビトゥア狂乱」として批判し、また同様に近年の学校改革の結果を「内容に応じたミニマリズム」と批判している（cf. vom Lehn, 2012）[11]。

　診断された〔学修能力の〕不足について、例えば、質の問題を例にとると、最低限のスタンダードを保障すること、同様に、州間と学校間の比較可能性を保障するなど、教育政策は継続的に「アビトゥア」を改正し、修正している。それゆえ、いくつかの州は、生徒による選択権がある選択教科制のカリキュラムのシステムを、必修の教科を増やしたカリキュラムに置き換えた。ドイツ語、数学、外国語といった科目は一般的に熱心に指導され、またこれらの科目はコアコースとして必修である。このように、〔学校での指導が〕アビトゥアの教科に関連するものに限定を強めるという傾向がある。例えば、ドイツ語、数学、外国語の試験は、今や多くの州で必修とされている。近年、ほぼすべての州で、ギムナジウムは9年制〔G9〕から8年制〔G8〕に短縮され、一般的にギムナジウム上級課程は第5学年から第8学年までとなった。しかし、いくつかの州ではいくつかの学校を "G9" に戻すような動向もある。実際に、一つの州は、"G9" に戻した。

　しかし、本質的な問題は解決されていないし、重要な問題はまだ考えられてもいない。クライン（Hans Peter Klein）は、学修能力の欠落の問題を「コンピテンシー志向〔の改革〕の結果として」いる（Klein, 2012）[12]。すべての州において、教科に応じた内容によって構成されていたカリキュラムが、コンピテンシーに基づいたコア・カリキュラムに替えられた。教育の理論において、コンピテンシーとは、知識技能を統合しながら、課題や問題に自主的に取り組む専門的な能力である（cf. Tenorth, 2012）。しかし、このような研究者の意図とは反対に、コンピテンシーは、しばしば学校の実践において教科固有の知識とリンクしないことがある。カギとなる技能が優先され、指導は方法に偏り、内容は転移不可のものばかりであるように見える。その

結果、知識とコンピテンシーは分断されてしまったのである（Klein, 2012）。

　教科開発の理論では、コンピテンシーと Bildung の間には二者択一といった選択肢はないとされる。「Bildung がコンピテンシーで、コンピテンシーが Bildung なのである」（Gruschka, 2013, p.80）。実証主義的な研究、教育政策、そして学校の実践において、コンピテンシーの概念は制限されている。それゆえ、このコンセプトは、Bildung に焦点を当てた観点、言い換えれば、Bildung の真正の分析や理解、理解の方法における自己省察、科学的知識の条件、批判理論の実践などから批判されるに違いない[13]。

5．アビトゥアの比較可能性と公平に関する議論

　以上とは別に、学修の自由な選択の権利としての一般の高等教育へのアクセスの承認が、学修の多くの分野において、大学の収容可能性によって、あるいはドイツ全土であるいは州の入学制限（「numerus clausus」：入学定員の制限）によって、規制されるという問題がある。例えば、ドイツの大学には 9,000 席分の医学部があるが、希望者は、43,000 人いる（Klaus, 2017）。高等教育においてドイツ全体で、医学、薬学、獣医学、歯学において、〔定員の〕分配が行われている。「高等教育入学財団（Foundation for higher education admission, Stiftung für Hochschulzulassung）」は高等教育のこれらの席を分配し、大学側に立って、各大学の入学制限のための配分を取りしきっている（"Service-Verfahren"）。志願者の選抜は、（アビトゥアの平均値によって操作された）成績、〔入学〕待機年数、社会的困難性、同様に大学独自の選抜基準に基づいて行われる。何年も前から、この分配システムは議論されてきた。なぜなら、公平性と公正性への疑義、とりわけ、選抜に伴うカギとなる規準としてのアビトゥアの点数の比較可能性への疑義があったからである。

　KMK は「アビトゥア試験における統一試験への要求」（EPA）を一般教育と職業教育から選んだ 40 以上の科目に対して準備した。これらは、それぞれの技術的な要求の基礎を形成すると同時に、試験の準備、その評価、また特定の課題例の情報を含んでいる。2007 年 10 月、KMK は、標準試験の開

発の要求をさらに求めることを決定した。そこでは、いくつか選択された教科において高等教育の入学資格のための教育スタンダードを策定することが含まれていた。2012 年 10 月 18 日の KMK の決議によって、ドイツ語、数学、そして外国語（英語あるいはフランス語）において教育スタンダードが提出された。これらは、Institute for Quality Development in Education（IQB）が、州や科学の分野から派遣された専門家たちとともに開発した。この教育スタンダードが、これらの科目における EPA に代わり、2016-17 年度からすべての州においてアビトゥア試験の基礎となった。一般の高等教育入学資格のための教育スタンダードの実施においてその必修部分は、ドイツ語、数学、外国語（英語あるいはフランス語）のスタンダードに基づいた課題例集が用意されている。これらはすでに 2012 年 3 月に既に KMK によって決定されていたものである。この目的は、アビトゥアにおける要求の比較可能性と高い質のスタンダードを保障することである。課題例集は、2017 年の最初の試験から利用可能である。さらに、学校レベルでのアビトゥア試験を行っていた多くの州では、近年、統一試験に変更している。加えて、すべてではないものの、いくつかの州では、中心教科において、共通統一試験を実施することに同意をした。これらは教育政策としての手段である。

　しかし、数年前に、医学部での学修を希望して不合格となったことに対して、二人の志願者が提訴した。裁判所は、大学の席の分配の実際のシステムがドイツ憲法に矛盾しているとし、この問題の重要性から、さらに憲法裁判所に意見を求めた。問題は、アビトゥアの得点が教育制度において〔選抜のために〕十分に情報を提供するものであったかどうか、また分配のシステムが、職業、訓練あるいはコース選択の自由、そして平等の原理と矛盾しないかどうかである（cf. Klaus, 2017）。2017 年 12 月に、ドイツ憲法裁判所は、これまでの慣例は一部において違憲であるとし、選抜の過程は 2019 年末までに改革されなければならないとした。ここでの重要な議論は、州によって規則や実施〔の方法〕が異なるために、アビトゥアの得点が比較できないということである。それゆえ、アビトゥアの平均得点は州によって異なることになり、若者の一部はほかの者たちよりも有利になっている。さらに、得点

のインフレと批判されるような〔州によって〕よりよい得点を獲得できる傾向もある。

　教育政策は、現在新しい道を探さなければならないプレッシャーにさらされている。クラウス（Josef Klaus）によれば、KMK は管理できない〔教育政策や実践の〕展開を調整することに失敗しているという。いわゆるこの「アビトゥアの大惨事」に関連して、クラウスは憲法裁判所の違憲判断に感謝しているという。しかしそれに反して、KMK の以前の手段では十分ではない（cf. Klein/Kaenders 2017）。アビトゥアの得点のおよその比較可能性は、2021 年までに改善されるだろうとする新聞報道もある（cf.Schmoll, 2018）。しかし、それがどのようにしてなされるのかはまだ不透明である。

【参考文献・資料】（ドイツ語・英語）

Autorengruppe Bildungsberichterstattung（2012）：*Bildung in Deutschland 2012. Ein indikatorengestützter Bericht mit einer Analyse zur kulturellen Bildung im Lebenslauf.* Bielefeld：Bertelsmann.

Autorengruppe Bildungsberichterstattung（2018）：*Bildung in Deutschland 2018. Ein indikatorengestützter Bericht mit einer Analyse zu Wirkungen und Erträgen von Bildung.* Bielefeld：Bertelsmann.

Bölling, Rainer（2010）：*Kleine Geschichte des Abiturs.* Paderborn, München, Wien, Zürich：Ferdinand Schöningh.

Bundesverfassungsgericht（2017）：Urteil des Ersten Senats vom 19. Dezember 2017 - 1 BvL 3/14 - Rn.（1-253）,（URL：http://www.bverfg.de/e/ls20171219_1bvl000314.html ［Zugriff：25.08.2018]）

Euler, Peter（2011）：10 Thesen zur Debatte um kompetenzorientierte Bildungsstandards. In：*GEW-Nachrichten* im November/Dezember 2011, 6-8. URL：http://www.abpaed.tu-darmstadt. de/media/abpaed___anu/documents_1/GEW_newsletter_111211_pdf_2.pdf ［Zugriff：25.08.2018]）

Gruschka, Andreas（2013）：Bildung – Kompetenz. In：J. Asdonk, S.U. Kuhnen & Ph. Bornkessel（Hrsg.）：Von der Schule zur Hochschule：Analysen, Konzeptionen und Gestaltungsperspektiven des Übergangs. Münster, S. 77-86.

Herrlitz, Hans-Georg（1997）：Bildung und Berechtigung. Zur Sozialgeschichte des Gymnasiums. In：Eckart Liebau u.a.（Hrsg.）：*Das Gymnasium. Alltag, Reform, Geschichte, Theorie.* Weinheim und München, 175-187.

Huber, Ludwig（2007）：Hochschule und gymnasiale Oberstufe - ein delikates Verhältnis. In：*Das Hochschulwesen* 1, 8-14.（URL：http://www.hochschulwesen.info/inhalte/hsw-1-2007.pdf ［Zugriff：25.08.2018]）

Humboldt, Wilhelm von（1969）：*The Limits of State Action*（ed. J.W. Burrow）, *Cambridge*：University Press（dt.：*Ideen zu einem Versuch, die Grenzen der Wirksamkeit des Staats zu bestimmen. In：Werke I*（hrsg. von A. Flitner und K. Giel）, Darmstadt, p. 56-233）

Humboldt, Wilhelm von (2000) : *Theory of Bildung* (transl. By Gillian Horton-Krüger) In : *Teaching as a reflective practice. The German didactic tradition* (ed. I. Westbury, St. Hopmann & K. Riquarts), London/ New York : Routledge, p. 57-61 (*dt* : *Theorie der Bildung des Menschen, in* : Werke I (hrsg. von A. Flitner und K. Giel), Darmstadt, p. 234-240)

Humboldt, Wilhelm von (1982) : *Der Litauische Schulplan,* In : Werke IV (hrsg. von A. Flitner und K. Giel), Darmstadt, p. 187-195.

Klein, Hans Peter (2012) : *Das Abitur reicht nicht mehr. Der Verlust der Studierfähigkeit als Folge der Kompetenzorientierung.* Veröffentlicht : 10.10.2012 (https://bildung-wissen.eu/fachbeitraege/das-abitur-reicht-nicht-mehr.html [Zugriff : 25.08.2018])

Klein, Hans Peter & Kissling, Beate (2012) : *Irrwege der Unterrichtsreform. Die ernüchternde Bilanz eines utilitaristischen Imports* : *Entpersonalisierung und Banalisierung der Bildung.* (URL : http://bildung-wissen.eu/wp-content/uploads/2012/09/irrwege.pdf [Zugriff : 25.08.2018])

Klein, Hans Peter & Kaenders, Rainer (2017) : Das bundesweite Zentralabitur ist eine Lachnummer. In : Wirtschaftswoche, 13.02.2017 (URL : https://www.wiwo.de/politik/deutschland/bildungspolitik-das-bundesweite-zentralabitur-ist-eine-lachnummer/19376746.html [Zugriff : 25.08.2018])

KMK (2009) : *Hochschulzugang für beruflich qualifizierte Bewerber ohne schulische Hochschulzugangsberechtigung* (Beschluss der Kultusministerkonferenz vom 06.03.2009), (URL : http://www.kmk.org/fileadmin/veroeffentlichungen_beschluesse/2009/2009_03_06-Hochschulzugang-erful-qualifizierte-Bewerber.pdf [Zugriff : 25.08.2018])

KMK (2014) : Synoptische Darstellung der in den Ländern bestehenden Möglichkeiten des Hochschulzugangs für beruflich qualifizierte Bewerber ohne schulische Hochschulzugangsberechtigung auf der Grundlage hochschulrechtlicher Regelungen (Stand 2014), (URL : https://www.kmk.org/fileadmin/veroeffentlichungen_beschluesse/2014/2014_08_00-Synopse-Hochschulzugang-berufl_Qualifizierter.pdf [Zugriff : 25.08.2018])

KMK (2017) : The Education System in the Federal Republic of Germany 2014/2015. A description of the responsibilities, structures and developments in education policy for the exchange of information in Europe, (URL : https://www.kmk.org/fileadmin/Dateien/pdf/Eurydice/Bildungswesen-engl-pdfs/dossier_en_ebook.pdf [Zugriff : 25.08.2018])

KMK (2018) : Vereinbarung zur Gestaltung der gymnasialen Oberstufe und der Abiturprüfung. (Beschluss der Kultusministerkonferenz vom 07.07.1972 i.d.F. vom 15.02.2018) (URL : https://www.kmk.org/fileadmin/Dateien/veroeffentlichungen_beschluesse/1972/1972_07_07-VB-gymnasiale-Oberstufe-Abiturpruefung.pdf [Zugriff : 25.08.2018])

KMK (2018a) : Sekundarstufe II / Gymnasiale Oberstufe und Abitur, (URL : https://www.kmk.org/themen/allgemeinbildende-schulen/bildungswege-und-abschluesse/sekundarstufe-ii-gymnasiale-oberstufe-und-abitur.html [Zugriff : 25.08.2018])

Kraus, Josef (2017) : Das Abitur steht auf dem Prüfstand. In : Die Tagespost (Würzburg), 11.10.2017 (URL : https://bildung-wissen.eu/wp-content/uploads/2017/10/Tagespost-Kraus-Abitur-BVerG-2.pdf [Zugriff : 25.08.2018])

Oelkers, Jürgen (2007) : *Bildungspolitische Entwicklungen und Perspektiven in Deutschland* (Vortrag auf der Tagung „Schulmanagement in Gymnasien - Bildungsprozesse gestalten" am 16. November 2007 in der Europäischen Akademie Schleswig-Holstein in Sankelmark) (URL : http://www.ife.uzh.ch/research/emeriti/oelkersjuergen/vortraegeprofoelkers/vortraege2007/295_Sankelmark1.pdf [Zugriff : 25.08.2018])

Schimank, Uwe（2010）：Humboldt und Bologna - falscher Mann am falschen Ort? In：*Perspektive Studienqualität. Themen und Forschungsergebnisse der HIS-Fachtagung, Bielefeld*：Bertelsmann, 44-61.

Schmoll, Heike（2018）：Im Streit um Studienplätze. In：Frankfurter Allgemeine, 12.05.2018（URL：http://www.faz.net/aktuell/feuilleton/hoch-schule/talent-statt-wartezeit-neuordnung-bei-den-medizinern-15585362.html［Zugriff：25.08.2018］）

Tenorth, Heinz-Elmar（2000）：*Geschichte der Erziehung.*（3. Aufl.）Weinheim und München：Juventa

Tenorth, H.-E.（2012）：Scheinkonflikte und offene Fragen Der Sache nach ist Outcome-Orientierung nichts Neues. In：Frankfurter Allgemeine, 05.07.2012（URL：http://www.genios.de/presse-archiv/artikel/FAZ/20120705/scheinkonflikte-und-offene-fragen-d/FD1201207053550418.html［Zugriff：25.08.2018］）

vom Lehn, Birgitta（2012）：Hochschulreife. Abi? Na und! In：*Frankfurter Allgemeine Zeitung* vom 18.10.2012.（URL：http://www.faz.net/aktuell/beruf-chance/hochschulreife-abi-na-und-11930726.html［Zugriff：25.08.2018］）

※〔　　〕：訳者による補足
　（　　）：Wigger 氏の原文のまま

1　ヴィガー氏の原稿を翻訳するにあたり、Bildung の訳語問題があった。ヴィガー氏の原稿は英語によるものであるが、Bildung はすべてドイツ語のまま表記されている。Bildung 概念の日本語訳の問題については、L・ヴィガー著、山名淳・藤井佳世編著『人間形成と承認』（北大路書房、2014 年）から多くを学んだが、現在のその多様な使われ方に対して、一つの適切な訳を与えることは不可能と判断した。以上の二つの理由から、本稿では、「Bildung」と表記することにした。（訳者注）

2　前期中等教育および後期中等教育（第 5 学年から第 12 あるいは 13 学年）に相当し、一般の高等教育入学資格を取得することを目的とした一般教育を行う学校種。現在、ほとんどの州では、9 年制から 8 年制へ転換途中である。いくつかの州ではすでに 8 年制のギムナジウム課程に変更しており、このようなところでは、12 学年終了後に一般の高等教育入学資格を取得している（KMK, 2017）

3　複数の課程があり、異なる資格証明の取得を目的とする教育を行う前期中等教育段階の学校種。協同型総合学校（Kooperative Gesamtschule）と統合型総合学校（Integrierte Gesamtschule）がある。前者は、さまざまな資格取得に応じてグループ化されたクラスで授業を受ける。一方、後者は、コア教科の習熟度に応じてコースが定められているが、最初の一年は、すべてのほかの教科では一緒に授業を受ける。統合学校はギムナジウム上級段階に相当する、後期中等教育段階を包含している（KMK, 2017）

4　このギムナジウム上級段階に相当するほかのタイプの学校もある。例えば注 2 にも示した統合学校や共同体学校（Gemeinschaftsschule）。これは州や学校種にもよるが、第 11-13 学年、あるいは第 10-12 学年に相当する。ギムナジウム上級段階あるいはそれに相当するほかの学校種は、アビトゥア試験によって一般教育課程を修了し、一般高等教育入学資格を得る。

5　3 年制の後期中等教育レベルの学校種の一つ。ギムナジウム上級段階で扱われる一般教育科目と、職業を志向した科目、例えば、ビジネスや技術などが教授される。しかし、職業を志向し

た科目もまた一般の高等教育入学資格に結び付けられる。

6 いわゆる、第二の教育の道としての、成人が夜間に出席することができ、一般の高等教育入学資格を取得する学校種。

7 ドイツ語圏のギムナジウム上級学年は、大学の教養課程に相当するという指摘がある。本書解説を参照。また、布川あゆみ「ドイツにおけるギムナジウムと大学の教育改革——揺れゆく独自の教養教育」松塚ゆかり『国際流動化時代の高等教育——人と知のモビリティーを担う大学』ミネルヴァ書房、2016 年、pp.267-277 も参照。(訳者注)

8 この点に関しては、吉留久晴「ドイツにおける職業資格とアビトゥアの同等性確立の葛藤過程：ドイツ資格枠組みの資格参照レベルへの分類をめぐって」『福祉社会学部論集』31(4)、2013 年、pp.50-67 に詳しい。(訳者注)

9 シマンク(Schimank)は、教養市民層(Bildungsbürgertum)の社会的論争として、ボローニャ・プロセスと社会学的な大学の自己概念(形成)に関する議論だと解釈している。そして、ここには教養市民層の支配的立場の喪失と下層と中位中流階級(middle middle class)の興隆があるとするが、実証的証拠はない。

10 詳細は、解説文および布川、前掲論文を参照。(訳者注)

11 アーヘン工科大学の数学の教授であるヴァルヒャー(Sebastian Walcher)は、「数年前に変更を余儀なくされたカリキュラムにおいて、教科内容を持たない『一般の』コンピテンシーという概念」を批判する。そして「アビトゥア取得までの期間を 13 年から 12 年に短縮した新しい G8 のカリキュラムが事態をより悪化させている。とりわけ、主要コースを廃止し——『すべての子どもたちのためのモデル』——、授業数を短縮したことは、数学に興味を持った生徒にとって災難をもたらした」とする(vom Lehn, 2012)

12 フランクフルト大学の生物科学教授学教授。教育と知識学会理事。この問題に関して、教育と知識学会が 2012 年 3 月 24 日にフランクフルト大学で行った「授業改革の間違った方法」会議において実証的に論じた(cf. Klein & Kissling, 2012)。この論文は、"Vierteljahrsschrift für wissenschaftliche Pädagogik" に掲載されている。

13 Bildung とコンピテンシーに関する議論は、伊藤実歩子「『PISA 型教育改革』と Bildung」『立教大学教育学科年報』第 59 号、2016 年、pp.15-23 を参照のこと。(訳者注)

第4章 *Germany* 解説

Bildung とアビトゥア
——アビトゥアの歴史と現在

伊藤実歩子

　第4章は、教育哲学を専門とするドルトムント工科大学教授のロター・ヴィガー教授が執筆した。本章は、ほかの章と比べると多少内容を異にしており、そのことも含め、訳者として、若干の解説を加えておきたい。その際、同じドイツ語圏として、先のオーストリアとの比較も試みること、またドイツ語圏と日本の相違についてもできる限り言及したい。

　本章は、本書の企画の端緒となったシンポジウム「変動する大学入試——ドイツとフランスの事例から——」の講演原稿をもとにしている。アビトゥアは、ドイツの中等教育修了資格試験制度、つまり公的な教育評価制度である。一方、「Bildung」は、古くは「陶冶」、「教養」あるいは「教育」、最近では「人間形成」とも訳され、ドイツ語圏の教育における理念、態度、文化として最も重要な概念である。公的な教育評価制度と人間形成を意味する教育理念は対立するもののように見えるが、両者は歴史的にどのように共存してきたのか（あるいは否か）ということを検討したいというのがシンポジウムの企画趣旨であった。

　さて、本書におけるこの章の位置づけは、上記に加え、中等教育修了資格試験制度の歴史的検討である。ほかの章では、紙幅の都合もあって、各国の修了資格制度の歴史に関しては十分に検討することができなかった。本章にあるように、アビトゥアは19世紀にまでその歴史をさかのぼることができる。オランダやイタリア、北欧、あるいは本書では触れることができないが東欧各国の制度を概観しても、このアビトゥアは大きな影響を与えたと考えられる。それゆえ本章は、ヨーロッパの後期中等教育修了資格制度の成立過

程の考察としても位置づけられるだろう。

（1）ドイツの教育制度の特徴

　ドイツの教育制度の特徴は、まず何よりも地方分権が強いということにある。したがって、16 ある各州によって、学校制度やカリキュラムが異なる。もう一つの特徴として、複線型の教育制度を指摘できる。4 年制の初等教育学校を修了後、つまり 10 歳段階で基幹学校、実科学校あるいはギムナジウム、総合制学校のどれかに進学する。本章にあるように、現在では、大学進学に必要なアビトゥア取得のためのルートは拡大されてはいるものの、基本的には、今も昔もギムナジウムへ進学することが大学入学のためのアビトゥアを取得できるメインストリームである。この点、10 歳段階でギムナジウム（AHS）へ進学できずとも、新中等教育学校（NMS）から後期職業中等教育学校（BHS）へと進めば、マトゥーラを取得できるオーストリアの制度とは異なっている。ウィーン大学のホップマンは、ドイツよりもオーストリアの制度のほうが「敗者復活」の機会が提供されるものだと筆者によるインタビューで答えている[1]。

（2）アビトゥアの矛盾する機能

　ヴィガーが指摘しているように、歴史的に見れば、18 世紀末から 1960 年代まで、アビトゥアという中等教育修了資格を授与する唯一の学校機関であったのがギムナジウムであった。望田幸男によれば、ギムナジウムで授与されるアビトゥアの機能は、次の二つの矛盾する機能を抱えている。第一に、アビトゥアは、社会的流動化の推進という機能を持っている。社会的上層の出身者でなくても試験に合格すれば、エリートへのパスポートを手にすることができたからである。しかも合格者数が限定されている競争試験ではなく、資格試験であったので、社会的流動化はより推進された。

　しかし、同時に、アビトゥアは、「社会的成層構造の硬直性の支柱」という第一とは対極的な役割も果たした。それは、ラテン語ギリシア語といった古典語を重視したギムナジウムのカリキュラムとそれに基づくアビトゥアの

試験内容が教養市民層にとっては親近感のある文化であったことと関係している。つまり、ラテン語のカリキュラムやそれに基づいたアビトゥア試験は、教養市民層以外の進学意欲を抑制し、ギムナジウムにおける教養市民層の相対的優位を保障するものであったのだ。こうして、アビトゥアは、教養市民層を再生産し、固定化するという役割を負っていたのである[2]。

　もちろん、本章にあるように、アビトゥアの資格要件はその後多様化し、現在に至っている。しかし、アビトゥア取得者の9割がギムナジウム出身者であり、アビトゥアと分岐型の教育制度の結びつきは、上記のような成立過程からもやはり強固なものだと言わざるを得ない。なお、ギムナジウム進学者およびアビトゥア取得者は、現在では5割を超え、オーストリアと同様のマス化からユニバーサル化への傾向を確認することができる。そうすると、やはり問題になってくるのは、アビトゥアの質を保証するための統一試験の導入ということになる。

（3）統一アビトゥアの導入——オーストリアとの比較

　先に述べたように、ドイツは地方分権国家であるために、アビトゥアも州ごとに行われている。もっとも、州統一のアビトゥアになったのも近年になってからで、それまではオーストリア同様、学校ごとに行われることを基本としていた。

　しかし、PISA ショックを契機に、2004 年以降、州レベルでの統一アビトゥアを導入する州が増加し、現在ではすべての州でドイツ語、数学、英語などの記述試験は統一化されている。また、州を越えて統一アビトゥアを実施しているところもある。しかし、やはり州間のアビトゥアのレベルの差は依然としてあるようで、南部のバイエルン州はアビトゥア取得が難しいといったことはよく言われている。一方で、試験の概要を見ると、必修のドイツ語を含む5教科で、オーストリアと同様に口述試験は必須である。そして、統一アビトゥアの評価、統一ではない記述試験ならびに口述試験は学校ごとに行われており、やはり、ギムナジウムが試験を主導するエージェントであることも同じである。それでも、統一化への動きは加速する一方で、2017 年から

全州が使用できる共通問題例を利用した統一アビトゥア試験が実施されている。ただし、こうした統一アビトゥアに対しては、教育に関する州の権限を奪うなどの批判もあり、州ごとの統一アビトゥアの取り組みが見られるようになって 15 年以上たった今も、全州統一アビトゥアは実現していない[3]。オーストリアもドイツと同様に連邦制であるはあるものの、小国であるために、教育行政に関しては中央集権的な性格が強い。それゆえ、第 3 章で検討したような統一マトゥーラ改革も可能であったと考えられる。

　後期中等教育修了資格試験が統一化されていくという傾向は、ドイツ・オーストリアに共通したものであるが、異なる点も確認しておきたい。それは、在学時の成績の取り扱いである。アビトゥア試験は 900 点満点で、そのうち卒業時における 5 教科の試験（記述 4 科目、口述 1 科目。これがアビトゥアと呼ばれている）は 300 点である。つまり、600 点は在学時の成績を換算したものになる。統一アビトゥアの問題も州の教育省において基本的にはギムナジウム教員が作成している。

　対して、オーストリアでは、3 章で扱ったように、資格取得は、在学時の成績ではなく、3 本の柱と呼ばれる課題論文と統一の記述試験と学校単位での口述試験での成績による。ただし、すでに指摘したように、課題論文と独・数・英以外の記述試験、ならびに口述試験は学校単位で行われるもので、かつこれらはオーストリアのギムナジウム（AHS）教員による作問、評価が行われている。それゆえ、ドイツにおいて在学時の成績を重視するのと同様、学校（教師）の裁量が大きい試験方法であるといえる。

（4）ギムナジウム改革と Bildung

　先に確認したように、ドイツのギムナジウムは、（古典）言語教育を中心としたエリート養成のための教育機関であった。それゆえ、ギムナジウム上級段階の三年間は、日本の大学における教養課程に相当することがこれまでも指摘されている。つまり、ドイツの大学ではいわゆるリベラル・アーツ教育というものがない。また、こうした教養を身に着けるために、ドイツでは大学進学までに必要な教育年限が他のヨーロッパ諸国に比べて一年長い 13

年間であることも特徴であった。これは、1837 年にギムナジウムの 9 年制が確立されて以降、ナチズム期を除いて一貫して 9 年制が維持されてきた。ギムナジウムは、大学での学修・研究への準備としての高い教養を備えたカリキュラムを有し、そのカリキュラムをこなすためには 9 年間という教育年限を要するものであった。そしてそれこそがギムナジウムの歴史と伝統だったのである。

　しかし、21 世紀になると欧州統合の影響はより大きくなり、ついに 2004 年から 2007 年にかけて、13 年を 12 年に短縮するという改革が行われた。一般的に基礎学校が 4 年制、その後のギムナジウムが 9 年制（G9）から 8 年制（G8）に変更されたのである。このために、ギムナジウムは伝統的に半日学校であったのが終日学校になり、詰込み型のギムナジウム（Turbo-Abi）になったという批判もある。中等教育における欧州標準、国際標準年限に合わせることによって、ドイツの学生の労働市場への参入を早めるため、あるいはまた教育財政の削減といったねらいがあるとされている。

　布川あゆみによれば、ボローニャ・プロセスによる欧州高等教育圏の構築のために、アビトゥア取得者を増加させると同時に、大学修了資格取得者を増加させることが課題となっており、ギムナジウムは、これまでの教育の質を維持しながら、同時により多くの生徒を受け入れ、より多くを大学に進学させていくことが期待されているという。ギムナジウムとアビトゥアは、このような外的な要因によって、限定的なエリート層を輩出する制度から大衆化したものへと変容しつつあるのである[4]。

　このような時代における Bildung 概念は、フンボルト時代の人文主義的な面影はなく、ポストモダン的な Bildung へと変容しつつあるとも言われている。あいまいな Bildung といってもいいだろう。ポストモダン的 Bildung は、「特定の内容や知識を習得していること」（道具的 Bildung）よりも「交渉や交流にたけていることや状況に応じて物事を峻別する能力を有すること」といったイメージである[5]。こうしたイメージは、オーストリアのマトゥーラ改革における課題論文（その実態はともかく）の導入を容易に想起させる。

　このように時代を反映してその意味を変容させていく Bildung 概念は、し

かし、常にフンボルトによる人文主義的 Bildung 概念に立ち返り、批判され
たり、再構築されたりするものでもある。そういう意味で、ドイツ語圏の教
育における Bildung 概念は、「教育について考察するための包括的な視野を
私たちが確保しているかどうかの、いわば点検概念」[6] として作用している
といえる。翻って、日本の大学入試を検討するときに、わたしたちは Bil-
dung のような点検概念を持っているだろうか。試験における手続き的「公
平性」に代わる点検概念を、わたしたちは見出す必要がある。

【追記】2020 年のアビトゥア試験は、コロナによる休校が相次いだこともあって、
多くの州で延期となっている。KMK はアビトゥアの中止には及ばないが、生徒た
ちが十分に準備できるよう配慮するという基本方針を示している。ただし、州に
よっては予定通りアビトゥアをすでに行ったところもある。

※https://www.kmk.org/aktuelles/artikelansicht/kmk-pruefungen-finden-wie-ge
　plant-statt.html（2020 年 4 月 23 日確認）

Book Guide
◎望田幸男『ドイツ・エリート養成の社会史』ミネルヴァ書房、1998 年。
◎布川あゆみ『ドイツにおける学校制度改革と学力問題：進む学校の終日化と問い直さ
　れる役割分担のあり方』晃洋書房、2018 年。
◎L・ヴィガー、山名淳、藤井佳世『人間形成と承認　教育哲学の新たな展開』北大路書
　房、2014 年。

1　ホップマンへのインタビューは、2019 年 6 月 12 日立教大学において行った。
2　望田幸男『ドイツ・エリート養成の社会史——ギムナジウムとアビトゥーアの世界』ミネルヴ
　ァ書房、1998 年、30-31
3　木戸裕「ドイツの大学入学制度改革」『比較教育学研究第』第 53 号、pp.14-27、2016 年。
4　ギムナジウム改革については、布川あゆみ「ドイツにおけるギムナジウムと大学の教育改革
　——揺れゆく独自の教養教育」松塚ゆかり『国際流動化時代の高等教育——人と知のモビリテ
　ィーを担う大学』ミネルヴァ書房、2016 年、pp.271-280 を参照した。
5　L・ヴィガー、山名淳、藤井佳世『人間形成と承認　教育哲学の新たな展開』北大路書房、2014
　年、pp.192-193。
6　同上書、p.3。

第 5 章 *France*

なぜバカロレア改革は混乱を引き起こしているのか
——平等と選抜のフランス的ジレンマ

坂本尚志

1. はじめに

　本章では、2018 年に中等教育から高等教育までを視野に入れた大規模な改革の対象となったフランスのバカロレア試験（中等教育修了資格試験兼大学入学資格試験）と高校教育について、その改革の背景と目的を明らかにしたい。この改革においては、現行のバカロレア試験の問題点を解決するためのさまざまな施策が計画されている。とはいえ、後で見るように、改革に対する反発は根強く、改革自体に内在する問題点も存在することから、その前途は決して順調なものではないように思える。

　まず、フランスのバカロレア試験の概要を見た後、2018 年の改革が、バカロレアに、どのような目的で、どのような変更を加えようとしているかを示す。その上で、改革に対する反対運動の主張やフランスの試験文化に見られる諸問題にも言及しながら、今後の改革のゆくえについて考察する。

2. フランスの「入試」バカロレア

　バカロレア試験（baccalauréat）は、中等教育修了資格試験ないしは大学入学資格試験と訳される。つまり、中等教育の修了ならびに高等教育へのアクセスを同時に保証する試験である。現在、作問ならびに採点は高校教員によって行われる。その意味では、大学入試センター試験のように大学教員が作問する試験とは異なり、中等教育修了資格として位置づけられる。

　バカロレア取得者は大学入学資格を得る。日本のように各大学の入学試験

はなく、原則として入学希望を出した大学に進学が可能である。「原則として」というのは、後で見るようにいくつかの例外あるいは制約が存在しているからである。

　また、バカロレア取得後に競争試験を課す高等教育課程も存在する。たとえば、エリート養成を任務とするグランゼコールに進学するためのグランゼコール準備学級（2 年の課程で、終了後グランゼコールの受験資格が得られる）や上級技術者免状（BTS、多くは専門学校で取得できる）、技術短期大学免状（DUT、技術短期大学部の 2 年の課程で取得）などは、選抜試験に合格する必要がある。このように、フランスの高等教育は複線的である。しかし、こうしたさまざまな高等教育課程へのアクセスには、バカロレア取得がほぼ必須の前提とされるのである。

3．バカロレア試験の歴史

　次に、バカロレア試験の歴史を見ておこう[1]。1808 年、皇帝ナポレオンの時代に創設されたこの試験は、当初は口述試験のみであった。試験科目は古典語、修辞学、歴史、地理、哲学であり、合格者は 31 名であった。その後、筆記試験の導入（1830 年）、現代語の導入（1853 年）、専攻語・分野等によるコース分け（1927 年、1946 年、1953 年など）の改革が行われてきた。

　1968 年にバカロレアは大きな変化を迎える。まず従来のバカロレアが人文系（1 コース）、社会科学系（1 コース）、自然科学系（3 コース）という 3 領域 5 コースに再編された。同時に、進学率の増大にともない、より多くの学生に高等教育へのアクセスを提供するために、実践的な課程（工業、農業、経営等）への進学を目指す生徒たちを対象とした技術バカロレアが創設された（これにともない、従来のバカロレアは普通バカロレアと称されることとなった）。

　1969 年には、それまで高校第 3 学年修了時に他の科目と同時期に行われていたフランス語試験が第 2 学年の終わりに、つまり一年早く行われるようになる。そして 1985 年には職業高校の生徒や就労経験のある人々を対象とした職業バカロレアが創設され、バカロレア取得者数は一層増大することに

なる。そして 1993 年には現在まで続く三つのコース分けである ES（経済社会系）、L（文科系）、S（理科系）が導入される。

　このようにバカロレア試験は取得者を増大させ、より多くの若者に高等教育へのアクセスを保証する方向へと改革が進んできた。1880 年代には同年齢人口に占める合格者の割合がようやく 1％に達した。その後 1946 年には 4.4％と、70 年弱で合格者は 4 倍に増加した。そこから第一の拡大期が始まる。1968 年には 19.6％と、わずか 20 年で 4.5 倍に増加した。第二の拡大期が、1980 年から 1995 年までの 15 年間である。この期間に合格者の割合は 25.9％から 62.7％へと増加した。この増加の背景には、技術バカロレア、職業バカロレアによって、それまでバカロレアを受験しなかった階層の生徒たちもバカロレア取得を目指すようになったことがある。2019 年に実施されたバカロレア試験の合格者は同年齢人口の 79.7％を占めている。種別の内訳は、普通バカロレアが 42.5％、技術バカロレアが 16.4％、職業バカロレアが 20.8％となっている。また、2019 年の種別合格率は 91.2％（普通）、88.1％（技術）、82.3％（職業）であり、その合格率の高さも特徴的である[2]。その意味でバカロレアは「落とすための試験」「選抜するための試験」であるというよりは、合格率の高い資格試験であると言った方が適切であろう。

4．現在のバカロレア試験

　先に述べたように、現在のバカロレア試験には普通、技術、職業の 3 種類がある。普通バカロレアは上述のように ES（経済社会系）、L（文科系）、S（理科系）の 3 コースにさらに分かれており、高校のカリキュラムもこの区分に対応している。ここでは、もっとも受験者が多い普通バカロレアを例にとり、試験の概要を見ておこう。

　2 年次学年末に、各コースともにフランス語の試験が実施される。これは筆記試験（4 時間）、口述試験（20 分）から成っている。また、2 年次を通じて実施される指導付個別学習（Travaux personnels encadrés）の評価は、春休み前にグループ面接の形で行われる。これに加えて経済社会系と文科系では理科の試験が行われる。

表 1 普通バカロレア試験の実施日程・科目[3]

日程	経済社会系	文科系	理科系
第 1 日	哲学（4 時間）		
第 2 日	歴史・地理（4 時間）		
第 3 日	第一現代語（3 時間）		
第 4 日	経済・社会科学 （4 または 5 時間）	文学 （2 時間）	物理・化学 （3.5 時間）
第 5 日	数学（3 時間）		数学（4 時間）
	第二現代語［外国語または地域言語］（2 時間）		
第 6 日	なし	芸術（3.5 時間）、ギリシャ語（3 時間）、ラテン語（3 時間）の中から一科目	生命科学・地球科学（3.5 時間）、生態学・農学・農地（3.5 時間）、工学（4 時間）から一科目

　第 3 学年の学年末である 6 月には、最終試験が実施される。3 コースの試験科目、日程は表 1 の通りである。

　バカロレア試験の特徴として頻繁に言及されるのが、初日の哲学である。たとえば「時間から逃れることは可能か」（2019 年、フランス本土、文科系）のような問題に対して、4 時間かけて解答しなければならない。とはいえ、これは「ぶっつけ本番」で行われるのではなく、高校の最後の一年間で学ぶ哲学の学習成果を問うものであり、解答の仕方はある程度決まっていることに留意しなければならない[4]。その他の科目についても、記述式で思考力、表現力を文章によって評価する形式が多い。

　では、採点はどのように行われるのだろうか。先に述べたように、採点にあたるのは高校教員である。原則として、自分の属するアカデミー（大学区）とは異なるアカデミーの答案を採点することになっている。また、答案用紙に記入するのは受験番号だけであり、しかも番号記入部分を折り返して糊づけ（答案用紙にあらかじめ糊がつけられている）するため、採点には匿名性が保証されている。

　採点者は原則として一名である。教員一人あたりおよそ 150 枚の答案を採点することとなっている[5]。1 枚あたりの所要時間は 15 分と見積もられているので、最低でも 40 時間弱が採点に必要であると考えられる。

　採点の開始時に、評価基準作成のため、複数人である程度の数の答案を採点し、評価基準表を作成する[6]。また、各採点者の採点結果の平均点を算出し、科目の平均よりもかなり低い場合（4, 5点程度）には、当該採点者の採点結果全体を底上げする補正がなされることもある。ただしそれでも採点者ごとの評価の信頼性・妥当性には踏み込まない。そのため、メルルが指摘するように、採点者間のばらつきが存在することは否定できない[7]。しかし、公平性が問題にされることはそれほどない。なぜなら、採点者は全員が教員資格を持った高校教員であり、資格を持っているという事実は、彼らが正しく採点している能力を持っていることを証明している、と考えるのがフランスの文化だからである。ひとたび資格を取得すれば、資格が保証する能力は生涯にわたり有効であるとフランス人は考える。もちろんそれが当てはまらない場合は大いにあるにしても、そのような前提のもとに、採点は行われる。

　バカロレア試験に限らず、フランスの試験は20点満点で採点される。10点以上が合格である。バカロレア試験の場合は、20点満点で採点された各科目の成績を、各科目にあらかじめ定められた係数を掛けて、傾斜平均を20点満点で算出する。その点数が10点以上あればバカロレア取得となる。なお、12点以上の成績は良（assez bien）、14点以上には優（bien）、16点以上には秀（très bien）の評価が付けられる。10点以上12点未満の成績には評価を表す言葉は付かない。一般に、フランスの試験の点数は低めであり、16点以上の成績を取る生徒は多くない。『パリジャン』紙によると、2019年度の普通バカロレアで全受験者に占める割合で、秀は12.22%、優は17.37%、良は24.45%、評価なしの合格が36.27%、そして不合格が8.28%、追試験での合格が1.41%である[8]。合格率は高いとはいえ、優秀な成績を収めることはそれほど簡単ではない。

　そして、合格点に達していなくても、8点以上を取った受験者には追試験を受けることが許されている。追試験は本試験で成績の悪かった科目から二つを選び受験することになっている。これは口述試験であり、高校での学習内容を元に出題されることになっている。ここで平均点を底上げして、合格点に達することができるというわけである。

　バカロレア試験の成績は、結果が高校や各地域の試験センターなどに貼り
だされると同時に、インターネットでも公開される。結果発表は 7 月上旬に
行われる。2019 年のバカロレア試験の場合、試験実施が 6 月 17 日から 24 日
までで、成績発表は 7 月 5 日であった。3 コース共通の科目であるため受験
者数の多い哲学、地理歴史はそれぞれ 6 月 17 日と 18 日に実施されていると
はいえ、採点から成績発表までのスケジュールは非常にタイトである。

　受験者の名前と成績のリストは、誰でも閲覧可能である。点数まではわか
らないが、受験者の名前、その合否と評価が国民教育省のウェブサイトに掲
載されている。このように試験の成績が公開されるということの背景には、
バカロレア試験が個人的な通過点であるだけでなく、将来の市民を育成する
ための制度として、その成果は共有されるべきであるという思想が存在する
からだろう。成績をあくまで私的な領域に属するものと考える日本と、公的
な領域に個人の能力評価を位置づけるフランスの違いがここには明確に現れ
ている。たとえば日本でセンター試験の成績や私立大学の選抜結果がこのよ
うに氏名とともに公開されるということは考えられない。それはまた、日本
と異なり、公教育の占める割合が圧倒的に高いフランスならではの現象であ
るとも言えるだろう。

　成績に疑義がある場合には、結果発表後に各アカデミーの試験センターで
答案用紙を確認できる。採点基準も公開されているので、それと比較して自
分の成績の根拠を理解することができる。なお、採点が厳しすぎるという理
由で異議申し立てはできない。成績の決定はバカロレアの結果を承認する審
査委員会の専権事項であり、覆ることはない（教育法 D334-20 条）。ただし、
集計ミスや転記ミスが発見された場合にはもちろん修正が認められる[9]。

　こうして 7 月上旬にバカロレア試験は一通り終了する。もちろん追試験を
受ける生徒や、成績に不満があり翌年に再度受験する生徒にとっては終わり
ではないが、多くは進路選択というその次のステップに進むことになる。

5．バカロレアは取ったけれど——進路選択という難問

　バカロレア取得後に、どのような進路が選択されているのだろうか。2015年の統計では、以下の通りである[10]。

表2　バカロレア取得者の進路（2015年）

経済社会系	文科系	理科系
大学進学 50% 技術免状（BTS, DUT）26% グランゼコール準備学級 6% 各種専門学校 14%	大学進学 65% 技術免状（BTS, DUT）13% グランゼコール準備学級 8% 各種専門学校 12%	大学進学 50% 技術免状（BTS, DUT）18% グランゼコール準備学級 20% 各種専門学校 10%

　バカロレア取得者の半数以上が大学に進学する一方、より実学寄りの技術免状や「手に職をつける」ことが目的であることの多い専門学校への進学も一定の人数を占めている。特筆すべきは、エリート養成校グランゼコールへの登竜門である準備学級への進学者数である。経済社会系、文科系がともに10％以下であるのに対し、理科系は実に20％が準備学級進学を選択する。先に見たバカロレアの成績の評価においても、秀の割合が経済社会系、文科系ではそれぞれ9.34％、9.73％にとどまるのに対して、理科系では18.75％に達する。これは理系科目の評価が甘いのではなく、理科系に優秀な生徒が集まる傾向を示しているだろう。グランゼコールの多くが技術者養成を目的とした学校であるため、将来社会の指導層で活躍することを目指す生徒の多くは、必然的に理科系を志望することになる[11]。その意味でフランスは「理系社会」であり、「実学志向」であると言えるだろう。

　それでもなお、多数を占める大学進学希望者のあり方を理解しておくことが、バカロレア取得後の進路を理解するためには重要である。2009年以前は、志望者の多いイル゠ド゠フランス地方（パリを中心とした地域）は別として、バカロレア取得者は原則として志望大学に各自学生登録を行うこととなっていた。2009年の新学年より、APB（Admission Post-Bac　バカロレア取得後進路選択システム）が導入され、複数の高等教育課程にインターネットによって一括出願が可能となった。このシステムは出願者の利便性を向上

させたかに見えた。しかし実際には複数出願が可能となったために、各大学の受理する出願者数が増加した。その結果として大学も受け入れ可能人数を考慮した上で「足切り」を行うこととなった。その際、公平性を重視し抽選という方法が取られた。しかしこの制度は、落選したバカロレア取得者にとっては、まったく受け入れられないものであった[12]。

　そこで、2018 年の新学期より Parcoursup（高等教育進学希望事前登録プラットフォーム）と呼ばれる新たな仕組みが導入された。インターネットでの複数の高等教育課程に出願できることは従来通りであるが、各大学が願書の内容を検討した上で、受け入れの可否を決定することとなった。つまり、成績いかんにかかわらず抽選で受け入れ不可ということがなくなったわけである。

　高等教育進学希望事前登録プラットフォームのスケジュールは以下の通りである。高校 3 年生の 1 月中旬から 3 月中旬までの間に、生徒は高等教育進学希望事前登録プラットフォームに登録した上で、出願書類を準備する。出願書類には高校 2、3 年生の成績表、履歴書（学歴と習得言語の記載が必須）、志望理由書ならびに高校の内申書（「将来ファイル fiche Avenir」と名付けられている）が含まれる。生徒は進学希望の高等教育機関を最大 10 機関選び、インターネットで出願する。出願を受理した高等教育機関は、書類を精査し、出願者に順位をつける。そして上位の生徒から順番に、受け入れ可の回答を出す。出願先からの受け入れ可否は 5 月から 7 月にかけて生徒のもとに届く。つまり、バカロレア試験前にすでに受け入れ可のしらせが届く可能性があるということである。複数の機関から受け入れ可の回答を受け取った場合には、希望の機関からのものではない返答については断る、あるいは数日間の回答保留という選択肢がある。7 月から 9 月にかけては、まだどの機関からも受け入れの返答が来ていない生徒に対して、受け入れ可能な高等教育機関への登録を打診するなど、バカロレアを取得したにもかかわらず、進学ができないという事態を避けるための手段を講じることとなっている。

6. 「選ばれる大学」から「選ぶ大学」へ——改革への抵抗

　しかし、この改革にも問題点が存在する。まず、高等教育機関が願書すべての内容を検討しなければならないため、決定までにより時間がかかることがある。2018年9月7日の国営放送フランス2の報道によれば、新学期開始目前の時期であるにもかかわらず、全国で3000人以上の出願者の進学先が決まっていないということであった[13]。さらに、願書にはバカロレアの成績のような数値だけでなく、志望理由書や高等学校教員の所見など、数値化が困難な要素も含まれる。そうした要素をいかに評価に含むべきかという問題は、予算、人員、時間との兼ね合いで簡単に解決できるものではない。

　こうした改革に対して、2018年2月には、高等教育進学希望事前登録プラットフォーム導入等の法的根拠であるORE法（La loi relative à l'orientation et à la réussite des étudiants 学生の進路と成功法、同年3月成立のため当時は法案）に対する全国的な反対運動が起こった。反対の主役は大学生たちであり、大学キャンパスの封鎖やストライキ、デモが各地で行われた。高等教育進学希望事前登録プラットフォームが大学入学者に対する選抜の強化となることに対する抗議がこれらの運動の根底にはあった。2018年2月1日に『ルモンド』紙に掲載されたオードセーヌ県選出の共産党上院議員ピエール・ウズリアの言葉は抗議の背景を端的に伝えている[14]。「もはや学生が大学を選ぶのではなく、大学が学生を選ぶようになるのだ」と彼は言う。「学生が大学を選ぶ」とは、日本のわれわれからすると奇妙な表現かもしれない。しかし、バカロレア取得後進路選択システムが2009年に導入されるまで、フランスでは学生が行きたい大学を選び登録するのが基本的な手続きの流れであった。そもそも定員すら定められていない大学は、希望した学生をすべて受け入れていた。その結果教員や教室が不足するという事態が起こったとしても、「学生が大学を選ぶ」ことがフランスの高等教育の基本理念として存在していた（もちろんグランゼコール等のエリート選抜課程はその限りではない）。ある意味では、学生組合として生まれた中世の大学のような理念が、もちろん直接的に結びついているわけではないにしろ、存続し

ていたのである。

　入学希望の高等教育機関の順位を付けて出願し、受入れ決定のしらせを待つというシステムはこうしたフランスの「伝統」に真っ向から逆らうものである。抽選が廃止されたとはいえ、それが高等教育への平等なアクセスを保証したわけではまったくない。しかも、選考が公正であるかは判然としない。混乱の火種は残ったのである。

7. 2019年、状況は改善したのか？——選抜と平等のジレンマ

　では、2019年の状況はどうだったか。2018年の混乱を繰り返すことのないよう、いくつかの変更点が存在した。各機関から生徒への受け入れ可否の返答は5月15日からとなったが、これは2018年より一週間早い。そして、自分が各機関の出願者の中で第何位にいるのかを示す「呼び出しリスト」、そして受け入れ可の返事を待つ出願者の中で自分が第何位にいるのかを示す「待機リスト」が公開されるようになった[15]。また、前年2018年には「呼び出しリスト」の何番目までが受け入れ可の回答を受け取ったのかも知らされるようになった。

　たとえば、ある大学の法学部に出願した志願者が、呼び出しリストで500番であったとしよう。大学がまずリスト上位の300人に受け入れ可と回答した場合、この志願者の待機リストでの順番は200番となる。次に、大学がさらに100人に受け入れ可の回答を送った場合、待機リストの順番は100番となる。呼び出しリストの番号は変化しないが、待機リストの番号は、受け入れ可の回答が出された数に応じて減っていく。

　しかしこれだけでは自分が受け入れ可になる可能性がどの程度あるのかは不明である。そこで参考にされるのが前年の実績である。もし前年に呼び出しリストで700番までが受け入れ可の返答を受け取っていたとしたら、500番に位置するこの志願者はおそらく志望大学に登録することが可能であると予測できる。とはいえ、もちろんこれは参考値にすぎないので、この予測が当たらない可能性もある。自分の希望と受け取った回答を見比べつつ、最終的な進路を決定しなければならないということである。もちろん、9月に晴

れて入学するためにはバカロレアを取得することが必要である。

　さらに2019年からは、高等教育機関の選考担当者による差別的取り扱いを防ぐために、氏名、住所、年齢といった情報は高等教育機関側には非公開となった。ただし出願者の性別、そして中等教育を受けた機関（高校名など）の情報は開示されることとなっている。これは2018年に出自によって受け入れの可否が左右されたのではないか、という出願者たちの懸念に応えたものである[16]。

　このような変更が加えられた2019年の出願手続きの結果は以下のようなものであった[17]。570,524人の出願者に対して、92.5％が少なくとも一件の受け入れ可の返答を受け取った。3.4％がすべて受け入れ不可となり、4.1％は受け入れ可の通知を放棄した、とのことである。10人中6人の出願者が5月15日の結果通知初日に受け入れ可の返答を受け取り、10人中9人がバカロレア試験の開始日より前に返答を受け取った。最初の提案が届くまでの平均待機日数は4.5日であった（2018年は8.0日）。出願者一人あたりの提案数は、4.2件と、2018年の3.6件より改善した。

　とはいえ、普通バカロレアと技術、職業バカロレアの間には格差が存在したようである。技術バカロレアと職業バカロレアは最初の提案を受け取るまでそれぞれ7.1日、8.4日待たねばならなかったが、普通バカロレアの待機日数は2.9日にすぎなかった。

　こうして受け取った提案の中から一つを選び、高等教育機関に登録することになるが、高等教育機関への登録者の出願者に対する割合は全体で84.2％、バカロレア種別では普通87.5％、技術81.8％、職業84.2％となった。すべての出願者が希望通りの進路を選択できたわけではなく、中には高等教育機関への進学を断念あるいは延期した者もいたことがうかがえる。この原因については精査が必要であろうが、フランス全国学生連盟（UNEF）は、増加する学生数に対して、高等教育課程全体の定員が不足していること、また、大学への投資が不十分であることを挙げ、政府の怠慢を糾弾している[18]。

　高等教育進学希望事前登録プラットフォームをめぐる一連の出来事において問題になっているのは、高等教育への平等なアクセスを保証するための機

会均等を優先すべきか、あるいはより質の高い高等教育を提供するために、ある程度の選別はやむをえないと考えるか、という二者択一である。

　この二者択一はフランスの高等教育にとって切実かつ深刻な問題である。なぜなら、フランスの高等教育機関、とりわけ大学は、すべての学生に平等に教育の機会を与えることができているとは到底言えない状況にあるからである。

　2016 年の統計によると、普通バカロレア取得者のうち、大学へ進んだ者の学士課程 1 年から 2 年への進級率は 50.8%にすぎない[19]。そして、同じ統計によれば、修業年限が 3 年の学士課程を 3 年ないしは 4 年で修了し、学士を取得する学生の割合は 50.7% である。わずか半数の学生しか卒業できないフランスの大学には、問題があると言わざるをえない。それは人員や施設の改善によっても解決されうる問題であろうが、予算的な制約からもそれは困難である。現在のフランスは選抜の強化と効率化によって、この問題を解決しているようにも見える。それと同時に、こうした大学での学業の失敗を繰り返さないためにも、中等教育の改革、そして高校から高等教育へのスムーズな移行が不可欠であることは言うまでもない。こうしたフランス特有の状況のもとで、2021 年に向けたバカロレア・高校教育改革はデザインされたのである。

8．脱「試験一発勝負」のために——バカロレア・高校教育改革

　バカロレアと高校教育に関するこの改革はいかなる目的のもとで計画されたのだろうか。国民教育省は以下のように改革のねらいを要約している。

　—バカロレア試験は、高等教育へのアクセスを与えるにもかかわらず、高等教育のための基礎を十分に準備していない。
　—現在のバカロレア試験の構成は他のヨーロッパ諸国と比べてはるかに多い科目数の最終試験に基づいている。
　—非常に短期間に多くの試験が集中していることは満足のいくものではない。それは、受験生たちが長期にわたって成し遂げてきた努力に報いる

ものではなく、試験の構成の困難さをもたらすものでもある[20]。

　ここに見られる問題意識をまとめておこう。すなわち、バカロレア試験は高等教育の準備としては不十分であり、しかも、最終試験がその成績の大部分を決めるという「試験一発勝負」に陥っている。そして、そうした「一発勝負」の制度は直前の詰め込み学習を助長するものであり、受験生たちが高校やそれ以前から何を学んできたかということを正当に評価するものとはなっていない。問題は大学だけではなく、それ以前にある、というのである。

　このような問題意識に基づき、高校教育には大ナタが振るわれることとなった。まず、1993年以来存続してきた経済社会系、文科系、理科系のコース分けの廃止が決定された。そして高校2年生、3年生には全員必修の共通科目と各生徒がそれぞれの興味関心や進路に応じて選択する専門科目が設けられることとなった。

　以下が共通科目である[21]。

高校2年生	フランス語　週4時間 歴史・地理　週3時間 現代語1・2　週4時間30分 科学教育[22]　週2時間 スポーツ　週2時間 道徳・市民教育　年18時間
高校3年生	哲学　週4時間 歴史・地理　週3時間 現代語1・2　週4時間 科学教育　週2時間 スポーツ　週2時間 道徳・市民教育　年18時間

　共通科目は2年生でフランス語、3年生で哲学を履修することとなっているが、これは従来通りである。2年生の終わりにフランス語のバカロレア試験を受験し、その後フランス語の代わりに哲学を学ぶことになる。

　専門科目は次ページの通りである[23]。

芸術 生物学・生態学 歴史・地理・地政学・政治学 人文学・文学・哲学 外国語・外国文学・外国文化 古代文学・言語・文化	数学 情報科学 物理学・化学 生命科学・地球科学 工学 経済学・社会学

　これらの専門科目の中から、２年生は３科目を選択し、各科目週４時間の授業が行われる。３年生では２年生で選択した３科目の中から２科目を選択し、各科目を週６時間ずつ履修する。コース分けが廃止になった代わりに、専門科目の選択によって、生徒個々の関心や進路に見合った学習内容を提供するという意図が見える。

　さらに選択科目の例としては以下のようなものがある。２年生では生徒はこの中から１科目を選択し、週３時間の授業を受けることとなる。３年生ではa群、b群から各１科目を選択し、それぞれ週３時間の授業を受ける。

高校２年生	現代語3 ラテン語 ギリシャ語 スポーツ 芸術 手話	
高校３年生	a群	b群
	数学補習 専門数学 法と現代世界の重要問題	現代語3 ラテン語 ギリシャ語 スポーツ 芸術 手話

　このような高校教育を受けた生徒たちが受験するバカロレア試験も同じく改革される。改革の柱は、平常点の大幅な導入と、試験時期の変更である。

　現行のバカロレア試験では、全体成績の中で平常点が占める割合はスポーツの5％だけである。他は試験によって成績がつけられる。しかし、新しいバカロレア試験では、試験は全体の60％を占めるにすぎない。残りの40％

は高校での勉学の結果である平常点が占めることになる。

　試験の内訳としては、2年次修了時のフランス語は現行通り実施される。3年次の試験は先に見た専門教育の二つの選択科目、哲学の筆記試験と、そして個人プロジェクト（専門教育の内容に関するもので2年間かけて準備される）に関する口述試験が行われる。試験時期は、現行では6月に集中して行われるが、新バカロレアでは専門教育の二つの選択科目は、4月上旬から5月上旬の2週間の春休みの後に実施される[24]。哲学と個人プロジェクトの試験は従来通り6月に行われる。この改革によって、試験が一時期に集中することがなくなり、生徒が、試験直前の詰め込み学習によってではなく、計画的に準備を進めることができるようになることが期待されている。

　平常点の内容については、40％のうち10％が高校2，3年生の学内成績であり、残りの30％分が全国共通試験の成績によるものである。全国共通試験は2年生の1月、4月、3年生の12月に実施される予定である。

　このように、平常点の比率の増加と、試験時期の変更が新しいバカロレア試験の特徴である。しかしそこには問題が存在しないわけではない。平常点の導入は、本来高校での生徒の達成度を評価するための施策である。ところが実際には、3回の全国試験の結果が平常点の大半を占めており、いわば「試験一発勝負」が高校在学中に増えただけとも言えるのである。

　さらに、10％とはいえ高校の成績が反映されることで、あらたな危惧が生まれている。それは、高校名やレベルがバカロレア試験の成績に影響を与えるのでは、という懸念である。ほとんどが全国試験で評価される現行のバカロレア試験であれば、生徒は教育困難校の出身であろうと、エリート校の出身であろうと、同じ尺度で評価される。しかし、平常点の導入は、高校間格差をバカロレア試験の成績に反映してしまう可能性があると議論されている[25]。具体的には、教育困難校で16点の平常点を持つ生徒は、エリート校では12点の平常点しか取れないだろうし、その結果として教育困難校出身の生徒は「ゲタ」を履かされているのではないか、といった類の議論である。高校間でのバカロレア試験合格率等は公開されているので、出身校の名前やレベルが、たとえば入学選抜において影響を及ぼす可能性は否定できない。

これまでの全国試験によって保証されたバカロレアの学位としての普遍性が、高校ごとの差異によってその土台を掘り崩されるという事態が生じるかもしれないのである [26]。

　さらに、バカロレア試験の代名詞でもあった哲学科目についても、「地盤沈下」のおそれが主張されている。現行のバカロレア試験でも、哲学科目は全体成績の 8%（つまり 20 点中 1.6 点分）を占めているにすぎない。しかし哲学科目が毎年その内容とともに大きく国内外のメディアに取り上げられるのは、それがバカロレア試験初日に実施されるという特権的な地位のためである。もし改革によって哲学が筆記試験の「トリ」を務めるようになると、その地位はどうなるのだろうか。公立学校哲学教員協会会長ニコラ・フランクは以下のように述べている。「つまり危惧されるのは、6 月には、哲学を復習するのではなく、生徒たちはもう半分バカンスに入っていると考えてしまい、高校は人もまばらになってしまう、ということなのです」[27]。この「地盤沈下」に対する恐れは正当であるように思われる。確かに、それまでの成績でバカロレア取得が決まっている生徒は哲学を熱心に勉強するとは思えない。1.6 点のうちのいくばくかを取ることで、バカロレア取得が決まる生徒、あるいは評価が良から優に変わる可能性があるような生徒だけが、必死に哲学を復習することになるのかもしれない。そうなると、フランスの「哲学の国」という評判も大きく変わることになるのではないだろうか。

9．おわりに──バカロレア改革のゆくえ

　以上見てきたように、バカロレア試験をめぐる問題点には、理念的平等を優先するべきか、現実的観点からの選別を優先するべきかという対立が存在する。前者を優先するならば、大学はすべての志願者を区別することなく平等に受け入れる学びの場であることを必要とする。実際フランスの大学はそのような場であろうとしてきた。しかし、高等教育への進学率の高まりとともに、すべての志願者を受け入れることはもはや物理的に不可能である。それはまた、大量の留年者、退学者を生み出すことにもつながる。その場合選別を行うことが大学にとっても、学生にとっても利益をもたらすであろう。

　しかし問題は、より公正な選別のシステムがどのようなものであるのか、誰も確たる答えを持ち合わせていないことである。志願者個々の書類一式を入念に検討した上で、受け入れの可否を決められればそれは理想的である。しかし、数万単位の志願者が殺到する大学にとってそれは端的に不可能である。高等教育進学希望事前登録プラットフォームもその意味では選別に関しての最適解ではない。バカロレア受験前から始まる選抜によって、進路決定が長期化することは、「試験一発勝負」とは異なるプレッシャーを生徒だけでなく高校教員、保護者に対して与えることとなる[28]。

　バカロレア・高校教育改革に関しても、問題は容易に解決されない。コース分けの廃止と科目選択の自由度の増加は、個々の生徒の自発的な科目選択ならびにそれに基づく将来の進路の選択を必然的に要求するものである。それはコース分けというある意味では大雑把な進路選択の仕組みから、より個人の能力や適性に見合った進路選択を可能にすると言える。しかしその反面、それは生徒の「将来の進路に応じて、現在の学業のあり方を自発的に決定する能力」がこれまで以上に問われることとなる。それはまた、親や周囲の人々の社会階層や学歴によって、生徒の選択がより合理的なものになるか、それとも場当たり的なものになるか、という社会的再生産の問題もはらんでいると言えるだろう。

　しかも、フランスは今後十数年間、2000年代から10年代半ばまでの小ベビーブームで生まれた子どもたちが高等教育へ進む時期を迎える[29]。現在よりも過酷になるであろう高等教育進学の際の選別においては、平等と選別の関係をめぐって、より多くの困難が生じることが予測される。今回の改革は現在の問題を抜本的に解決するものではない以上、今後もバカロレアと高校教育には改革が行われることになるのではないだろうか。その改革のゆくえを、ここまで述べてきた、フランス固有の試験文化の変容としてとらえることも重要な課題となるだろう。

　【追記】2020年初頭からの新型コロナウイルスの感染拡大にともない、国民教育大臣ジャン＝ミシェル・ブランケは、4月3日に2020年のバカロレア試験の中止を発

表した。二度の世界大戦下でも継続された試験は、感染症の脅威の前に伝統の中断を余儀なくされた。中等教育修了資格の認定は、高校の成績（平常点）によって行われることとなった。ただし、高校2年生のフランス語の口述試験については、課題の量を減らし、衛生面に関する最大限の配慮を行った上で実施される予定である。

Book Guide

◎フランス教育学会編『現代フランスの教育改革』明石書店、2018年。

◎中島さおり『哲学する子どもたち　バカロレアの国フランスの教育事情』河出書房新社、2016年。

◎坂本尚志『バカロレア幸福論　フランスの高校生に学ぶ哲学的思考のレッスン』星海社、2018年。

1　Le baccalauréat : repères historiques http://media.education.gouv.fr/file/47/8/5478.pdf

2　https://www.education.gouv.fr/cid132806/le-baccalaureat-2018-session-de-juin.html

3　以下のウェブサイトをもとに筆者作成。
https://eduscol.education.fr/pid23233/baccalaureat-general.html

4　バカロレア哲学試験とその解答法については以下で詳細に論じた。坂本尚志『バカロレア幸福論——フランスの高校生に学ぶ哲学的思考のレッスン』星海社、2018年

5　https://www.studyrama.com/revision-examen/bac/revisions-et-jour-j-tous-les-conseils-pour-reussir-son/bac-comment-les-copies-sont-elles-corrigees-106013

6　細尾萌子「フランスの高校改革と大学入試改革——高校の内申点重視の功罪——」日本教育学会近畿地区研究集会「大学入試のあり方を問う——国際比較を通して」配布資料、2018年5月12日、4ページ（https://repository.kulib.kyoto-u.ac.jp/dspace/bitstream/2433/231903/1/jera_kinki_kenkyu2018_2.pdf）

7　Pierre Merle, *Les notes. Secrets de fabrication*, Paris, PUF, 2007

8　http://www.leparisien.fr/societe/meilleure-academie-taux-de-mentions-le-bac-2019-decrypte-12-07-2019-8115645.php

9　https://etudiant.lefigaro.fr/article/bac-comment-demander-sa-copie-et-contester-sa-note-apres-les-resultats_9e757562-926e-11e9-908c-e04cf7f68362/

10　http://www.education.gouv.fr/cid145/le-baccalaureat-general.html

11　フランス国内外のグランゼコールによって組織されるグランゼコール会議 Conférence des Grandes Écoles のフランス国内の加盟校216校のうち、技術者養成系144校、経営系39校、その他（高等師範学校、国立行政学院、パリ政治学院等）33校となっている。加盟校はすべてのグランゼコールを網羅していないとはいえ、理系人材の養成が主要な目的となっていることはうかがい知れるだろう。参考ウェブサイト：https://www.cge.asso.fr/

12　Astrid Landon, « APB（Admission Post Bac）: La plateforme qui donne des cauchemars aux bacheliers », Challenges, le 13/07/2018
　　（https://www.challenges.fr/france/apb-admission-post-bac-la-plateforme-qui-donne-des-cauchemars-aux-bacheliers_487115）

13　https://www.francetvinfo.fr/societe/education/parcoursup/parcoursup/parcoursup-leurs-souhaits-ont-ils-ete-exauces_2928495.html

14　https://www.lemonde.fr/campus/article/2018/02/01/2-400-manifestants-a-paris-contre-les-reformes-de-l-universite-et-du-bac_5250547_4401467.html

15　http://etudiant.aujourdhui.fr/etudiant/info/parcoursup-liste-d-attente-et-liste-d-appel-quelle-difference.html

16　http://etudiant.aujourdhui.fr/etudiant/info/parcoursup-un-premier-pas-vers-l-anonymisation-des-candidatures.html

17　https://www.vie-publique.fr/en-bref/271412-enseignement-superieur-quel-bilan-pour-parcoursup-2019

18　http://unef.fr/2019/07/19/parcoursup-2019-plus-de-14-700-jeunes-supplementaires-sans-inscription-par-rapport-a-2018-a-la-fin-de-la-phase-principale-et-un-risque-de-desinscription-massive-il-est-urgent-de-creer-des-places/

19　Ministère de l'Enseignement supérieur, de la Recherche et de l'Innovation, Parcours et réussite en licence et en PACES : les résultats de la session 2016 Note Flash nº 18 - Novembre 2017

20　http://www.education.gouv.fr/cid126438/baccalaureat-2021-tremplin-pour-reussite.html

21　https://eduscol.education.fr/cid144189/cycle-terminal-de-la-voie-generale.html

22　当初この科目は「科学的・デジタル的人文学 Humanités scientifiques et numériques」という名前で構想された。改革を主導した政治学者ジャン＝ミシェル・ブランケによれば「科学、哲学、歴史・地理」に関する科目であるということであった（https://www.letudiant.fr/bac/reforme-du-bac-et-du-lycee-ce-qui-change-pour-vous.html）。情報科学者セルジュ・アビトゥブールによれば、この科目においては、情報教育を自然科学と人文学の双方にまたがる形で行うことが目指されていたが、自然科学、人文学双方からの反対により頓挫したということである。https://www.larecherche.fr/chronique-num%C3%A9rique/les-%C2%AB-humanit%C3%A9s-num%C3%A9riques-%C2%BB-au-lyc%C3%A9e-un-cours-si-vite-enterr%C3%A9

23　専門科目の内容・配列については以下の文献・ウェブサイトを参照した。
　　Juliette Hua, *Comprendre la réforme du lycée*, Nathan, 2019.
　　https://eduscol.education.fr/cid144189/cycle-terminal-de-la-voie-generale.html

24　フランスの学年中の学校休暇（2月の冬休み、4月の春休み）は全国を3つのゾーンにわけて、各ゾーンが1週間ずつずれて休暇を取ることになっている。春休みはもっとも遅いゾーンで5月初旬に終わるので、その後に試験が行われることになる。

25　https://www.marianne.net/societe/reforme-du-bac-ce-qui-se-cache-derriere-le-controle-continu-instaure-par-jean-michel

26　2020年1月18日には、フランス中部の都市クレルモン＝フェランで高校2年生対象の初のバカロレア全国試験の実施に抗議するデモ隊が高校に乱入し、試験が中止となった。デモに参加した労組幹部は以下のように語っている。「バカロレアが国家資格である限り、クレルモン・フェランであろうがよそで受けようが、そして生徒の出身高校がどこであれ、同じように認められてきたということをわれわれはよく知っています。このシステムによって、それが終わったのです。」

https://france3-regions.francetvinfo.fr/auvergne-rhone-alpes/puy-de-dome/clermont-ferrand/clermont-ferrand-manifestation-au-lycee-blaise-pascal-epreuves-du-bac-annulees-1775957.html

27 https://www.vousnousils.fr/2018/04/12/dire-que-la-philosophie-devient-une-epreuve-univer selle-est-un-leurre-613504

28 選抜の長期化に対する懸念はプラットフォーム導入前の 2017 年から指摘されていた。
http://www.francesoir.fr/actualites-societe-lifestyle/parcoursup-une-procedure-plus-humaine-mais-qui-comporte-des-risques

29 1994 年に 740,744 人であった出生数は、2000 年に 80 万人台を回復（807,405 人）し、2005 年から 2014 年までは 80 万人台を維持している。ただし 2015 年からは出生数は減少傾向にあり、2018 年には 758,000 人と、対 2014 年で 6 万人以上の急激な減少となっている。
https://www.insee.fr/fr/statistiques/2381380

第6章 *France*

フランスの「受験戦争」
——グランゼコール準備学級におけるエリート選抜

坂本尚志

1. はじめに——「エリート社会」フランスとグランゼコール

　フランスはエリートが動かす国である。他国も多かれ少なかれそうである かもしれない。しかしフランスの場合際立っているのは、高等教育へのアク セスの段階で、エリート候補とそうでない人々の間の選別が明確な形で行わ れているということである。エリート候補たちはグランゼコール（Grandes Écoles）と呼ばれる高等教育機関への入学を目指し、バカロレア取得後も熾 烈な競争に身を投じる。トップ校の卒業生たちは、政界、官界、産業界、学 術界などで先導的な位置を占め、フランスという国家を牽引していく[1]。

　かたや原則として無選抜で入学できる大学は、その門戸の広さゆえに、あ まりに多くの学生を受け入れざるをえない。その結果として、1年次生のお よそ半数が留年ないしは中退を余儀なくされる。大学での専攻分野と就職可 能な職業が密接に結びついているフランスでは、人文系などの職業に直結し ない分野を学んだ学生たちは、卒業後も就職難に苦しむことになる。そこに はグランゼコールの栄光とは異なる世界がある。

　しかし、なぜフランスはこのような二極化した高等教育の制度を抱えてい るのだろうか。そこにはアンシャン・レジーム期にさかのぼる歴史的な経緯 が存在している。最古のグランゼコールである土木学校 École des Ponts et Chaussées は、土木技術者の養成を目的とし、1749年に創設された。また、 1750年には、ナポレオンも学ぶこととなる士官学校 École militaire がルイ 15世によって開かれている。その目的は、「実学」を学んだ卒業生を技術者

あるいは軍人として世に送り出し、中央集権国家フランスの土台を確固たるものにすることであった。

革命期には、革命が引き起こした混乱とそれに続く干渉戦争で荒廃し、疲弊した国家を立て直すための有為な人材を育てることがより一層強く求められた。この時期には現在もグランゼコールの中のトップ校として君臨するエコールポリテクニク École polytechnique（1794 年に前身の公共事業中央学校が発足）と高等師範学校 École Normale Supérieure（1794 年設立、1795 年閉鎖、1808 年再開）が創立されている。主に理工系の人材を養成するエコールポリテクニクに対して、高等師範学校は文理双方の人材を輩出している。前者の卒業生にはポアンカレ、コント、ベクレル、後者にはガロア、パスツール、ベルクソン、サルトルなど、フランスのみならず世界の社会と知の発展に寄与してきた錚々たる面々が並んでいる。

1945 年には、国立行政学院（École Nationale d'Administration, ENA）が創設され、エリート官僚の養成を担うこととなった。エナルクと呼ばれる卒業生たちはさまざまな要職につき、国の舵取りをまかされている。とはいえ、こうしたエナルク支配には後で見るように激しい批判があり、2019 年 4 月にはマクロン大統領が ENA 廃止を宣言する事態となっている。

本章では、グランゼコールが代表するフランスのエリート選抜のあり方について、特にバカロレア取得後の選抜のプロセスに着目して明らかにしていきたい。グランゼコール入学を目指す若者は、バカロレア取得後にグランゼコール準備学級（Classe Préparatoire aux Grandes Écoles, CPGE）と呼ばれる教育課程に進学する。そこで 2 年間の受験準備を行い、グランゼコールの入学試験を受験する。このグランゼコール準備学級は、日本の予備校とは違い、高校に併設の高等教育機関であり、大学と同格とみなされる。たとえば準備学級の 1 年次終了後に進路変更を希望するものは、大学 2 年に編入できることになっている。準備学級ではグランゼコール入試に向け、少人数での受験準備を行う。筆記試験はもちろんのこと、口述試験についても入念な指導がなされる。

バカロレア取得後さらに 2 年間の準備を経てようやくたどり着くことので

きるグランゼコールの入試とはどのようなものなのか。本章ではその全貌を扱うことはできない。しかし、グランゼコールのトップ校である高等師範学校の入試問題は、出題者による詳細な解説と併せて公開されているため、そこで何が求められており、どのように評価されているのかを知ることができるだろう。

　また、バカロレア改革と同じく、グランゼコール入試も改革のさなかにある。本章では特にパリ政治学院と国立行政学院の事例を取り上げ、エリート選抜における公正の問題について考えることとしたい。

2.　グランゼコールとは何か？──その現状

　先に見たように、グランゼコールはフランスという国家を先導するエリートを育てる機能を歴史的に担ってきた。大学と併存する高等教育機関であり、しかも独自の入学試験を持ち、その受験のためにはバカロレアに加えてさらなる準備が必要であるという特殊性は、われわれ日本人にとってグランゼコールの仕組みをわかりにくいものにしている。

　それに加えて、現在グランゼコールという名称自体、フランスの公的機関では使用されていないようである[2]。たとえば高等教育省のウェブサイトでは、高等教育・研究機関のリストにおいて、二つの区分が存在する。第一が学術的、文化的、職業的公立高等教育機関（établissements publics à caractère scientifique, culturel et professionnel（E.P.S.C.P.））である。ここには142機関が属しており、その内訳は、大学が67機関、実験的教育機関3機関（パリ大学、コートダジュール大学、パリポリテクニク学院（複数のグランゼコールから成り、エコールポリテクニクもここに含まれる））、大学群19機関（各地方に複数存在する大学間の連携組織）、国立トゥールーズポリテクニク学院、大学外の学院・学校23機関、グランゼタブリスマン（国務院所轄の教育研究機関でパリ政治学院、国立古文書学校、エコールサントラルなどのいわゆるグランゼコールも含まれる）20機関、海外のフランス学院5機関、高等師範学校4機関である。

　第二の区分に属しているのは公立事務機関ならびにその他の組織である。

ここには 92 機関が属しており、そのうち上級技術者養成学校（国立 5 機関、大学区立 16 機関）、政治学院 7 機関（パリ以外のもの）が教育研究機関であり、その他は高等教育・研究に関する事務を所掌する機関である[3]。

　「グランゼコール」という名称で呼ばれる機関はこうした分類のどこか一つに当てはまっているのではなく、各分類に散らばる形で設置されており、その根拠法令も一様ではない。それぞれの機関の設立時期や、どのような人材を養成するかという使命、また、度重なる高等教育制度の改革の影響によって、そのあり方は多様である。唯一公文書にグランゼコールという用語が使用されるのは、グランゼコール準備学級である。

　ここで挙げたのは国公立のグランゼコールであるが、私立のグランゼコールも存在しており、特に経営系グランゼコールではその比率は高い。トップ校は国立グランゼコールにも負けない名声を有している。たとえばオランド前大統領が卒業したパリ高等経営学院（HEC）は、1881 年にパリ商工会議所によって設立されたグランゼコールであり、フランスの政財界に多くの人材を輩出している。

　このようにグランゼコールの設置形態はさまざまである。第 5 章（140 ページ注 11）でも言及した、フランスの国内外のグランゼコールによって組織されるグランゼコール会議のフランスの加盟校 216 校のうち、上級技術者養成系は 144 校（うち国公立 101 校、私立 43 校）、経営系 39 校（うち国公立 2 校、私立 37 校）、その他（高等師範学校、国立行政学院、パリ政治学院等）33 校（うち国公立 28 校、私立 5 校）となっている[4]。

　また、入学資格に関してもさまざまであり、後述のグランゼコール準備学級を経て入学試験受験資格が得られる機関、学士課程を持つ機関、あるいは他のグランゼコールないしは学士課程を修了後に入学資格を持つ機関などがある。本章では特に、グランゼコール準備学級を経て受験資格を得るコースについて見ていきたい。なぜなら、グランゼコール準備学級というエリート選抜の制度の特殊性と、その出口としてのグランゼコール入試という組み合わせこそが、フランス的エリート選抜の根底に存在するものを明らかにすると思われるからである。

3．グランゼコールに入るには
──グランゼコール準備学級（CPGE）の位置づけ

　グランゼコールに入学するためには、バカロレアだけでは十分ではない。バカロレア取得後さらに2年間を高校付設のグランゼコール準備学級（CPGE）で学び、受験資格を得る必要がある。高等教育省のウェブサイトの記述をもとに、グランゼコール準備学級の特徴をまとめておこう[5]。

　グランゼコール準備学級の目的とは、グランゼコールで要求されるレベルに達するように、生徒の「知識水準を高める」ことにある。グランゼコール準備学級は経済社会系、文科系、理科系の三つのコースに分かれており、志望するグランゼコールの専門領域によって、どれか一つを選択して進学することになる。また、各コースの中でも志望する進路によってさらにクラス分けがなされている（次ページ参照）。ここでは、普通バカロレア取得者が進むコースに絞って概観しておきたい。

　次ページの表に示したように、グランゼコール準備学級はその進路によって、経済社会系、理科系、文科系の3コースの中でも、専門分野や進学先によってさらに細かく分かれている。もう一点注意すべきは、経済社会系、文科系のグランゼコール準備学級は、普通バカロレアの3コース（経済社会系、文科系、理科系）すべての取得者に入学の可能性が開かれていることである。それに対して、理科系のグランゼコール準備学級に進めるのは理科系のバカロレア取得者（と一部の技術バカロレア取得者）のみである。政府統計によれば、2017-18年度時点での準備学級在籍者数は86,478人であり、そのうち理科系がもっとも多く53,848人、経済社会系が20,056人、文科系が12,574人となっている[6]。準備学級を併設する高校に全クラスが設置されているわけではなく、在籍者数からも明らかなように、理科系の準備学級がもっとも多くなっている[7]。

　グランゼコール準備学級に入学するためには、大学など他の高等教育機関へ進学する時と同様に、高等教育進学希望事前登録プラットフォーム（Parcoursup）経由での出願が必要である。第5章で述べたように、1月中旬から

3月中旬までの間に出願を行う。一般の高等教育機関の受け入れ通知は5月から7月にかけて生徒のもとに届くが、グランゼコール準備学級の場合は6月中旬から7月中旬に通知されるとのことである[8]。この時期のずれの理由は不明だが、どちらにせよ、バカロレアの結果が出るのは7月初旬であるため、選考プロセスはバカロレアの成績いかんにかかわらず行われているということになる。もちろんバカロレア取得は入学のための必須条件であるが、高校での成績や志望理由書、調査書といった一連の資料が合否判定の基礎となっていることには注目すべきであろう。

表1　経済社会系グランゼコール準備学級のコース分け

進学可能なバカロレア	1、2年次のクラス	受験可能なグランゼコール
理科系 経済社会系（数学選択が必要な場合も）	理科系オプション	商業系グランゼコール カシャン高等師範学校D2セクション（経済・数量的経営法）
経済社会系 文科系（数学選択が必要な場合も）	経済系オプション	商業系グランゼコール サンシール陸軍士官学校 カシャン高等師範学校D2セクション
経済社会系、理科系、文科系	経済・経営 オプションD1 オプションD2	カシャン高等師範学校D1セクション（経済・法律・経営）、D2セクション 政治学院 国立統計学校

表2　理科系グランゼコール準備学級のコース分け

進学可能なバカロレア	1年次のクラス	2年次のクラス	受験可能なグランゼコール・試験[9]
理科系	MPSI（数学・物理学・工学）	MP（数学・物理学）	高等師範学校 エコールポリテクニク
		PSI（物理学・工学）	パリ市立工業物理化学学校 国立高等鉱業学校・国立土木学校共通試験
	PCSI（物理学・化学・工学）	PC（物理学・化学）	
		PSI（物理学・工学）	中央学校・高等電気学校共通試験 上級技師養成学校共通試験
	PTSI（物理学・技術・工学）	PSI（物理学・工学）	上級技師養成学校共通試験
		PT（物理学・技術）	物理学・技術試験（上級技師養成学校進学用）
	BCPST（生物学・化学・物理学・地球科学）		農学・獣医学試験 地学・水資源・環境試験 国立高等化学学校、高等師範学校

表3　文科系グランゼコール準備学級のコース分け

進学可能なバカロレア	1年次のクラス	2年次のクラス	受験可能なグランゼコール
文科系（経済社会系、理科系） 文科系科目のレベルが非常に高いこと	人文系クラス	ユルム高等師範学校クラス（人文系）	ユルム高等師範学校 リヨン高等師範学校 古文書学校（ラテン語なし入試） 商業学校（人文学・人間科学） 政治学院
		リヨン高等師範学校クラス（人文社会系）	リヨン高等師範学校 ユルム高等師範学校 カシャン高等師範学校外国語セクション 商業学校（人文学・人間科学） 政治学院
理科系（経済社会系、文科系） 文科系科目ならびに数学のレベルが非常に高いこと	人文社会系準備学級		リヨン高等師範学校 ユルム高等師範学校 カシャン高等師範学校社会科学セクション 商業学校（人文学・人間科学または経済学） 政治学院 国立統計・経済行政学校(ENSAE)
文科系（経済社会系、理科系） ラテン語が卓越したレベルであること	古文書学校準備学級		古文書学校（ラテン語入試）
普通バカロレア全て	サンシール人文系準備学級		サンシール陸軍士官学校　人文系
産業科学・技術バカロレア応用芸術コース 普通バカロレア（芸術の補習コースを受講したもの）	カシャン高等師範学校芸術系準備学級		カシャン高等師範学校「芸術と産業デザイン」

4.　グランゼコール準備学級の教育

　では、グランゼコール準備学級では具体的にはどのような教育が行われているのだろうか。内容や時間数についてはグランゼコールとの協議のもとで作成されており、グランゼコール入学試験もそれに従って実施、評価される。すべてのコースの教育内容を詳細に見ることはできないが、どのコースであっても2年間を通じて週30～35時間の授業が必須である。授業には講義、

演習、実習の区別があり、特に演習、実習では、授業科目にかかわらず、より少人数での教育が行われる。

　先に述べたように、グランゼコール準備学級では、生徒の学力水準をグランゼコール合格にまで引き上げることが至上命令となっている。そのための努力は入学決定後すぐに始まる。グランゼコール準備学級の内情をうかがい知ることは一般的に困難であるが、ブルゴーニュ地方のカルノー高校のウェブサイトはグランゼコール準備学級のカリキュラムや進路など、多くの情報を掲載している[10]。そこでは、準備学級新入生向けの科目別読書リストが公開されており、経済社会系、理科系、文科系のコース別に、読むべき文献が列挙されている。理科系の哲学であっても、民主主義をテーマとした三冊の著作（トクヴィル『アメリカのデモクラシー』、アリストファネス『女の議会』、フィリップ・ロス『プロット・アゲンスト・アメリカ　もしもアメリカが…』）ならびに関連する文献を読んでくることが義務付けられている[11]。文科系のフランス語であれば、20 冊近い文献がリストに挙げられているが、そこには文学作品のみならず、文学史、文学理論に関する文献も含まれている[12]。バカロレアレベルから飛躍するための準備には、こうした集中的かつ体系的な読書とそれによる既習知識の深化と新たな知識の獲得が、すべての科目において不可欠なのである。もちろんこれは入学前だけに要求されるのではなく、準備学級の 2 年間を通じて継続・反復しなければならない訓練である。

　入学後、生徒は授業だけでなく、毎週 1 科目について行われる筆記試験（4，5 時間で土曜午前に行われることが多い）や、コール（colle あるいは khôlle）と呼ばれる口述試験の練習（週 2 時間程度）などによって、一年を通じてさまざまな角度から理解度や達成度を評価されることとなる。

　グランゼコールの入学試験で課される口述試験対策であるコールは、グランゼコール準備学級の教育内容ならびにグランゼコールの試験で要求される能力がいかなるものであるかを明確に示している。コールは生徒 2,3 人に対して教師が 1 人付く。生徒は学んだ内容について一人ずつ口頭で説明を行う。「コールは一年間のプログラム全体に関するものではなく、科目担当教員によって決められた、講義の一部に関するものである」とヴェルサイユのオッ

シュ高校のウェブサイトでは述べられている[13]。個々の生徒の理解を、口述試験というグランゼコール入試に不可欠の形式によって試すこと、こうして生徒のレベルを把握し、かつ入試という関門への心構えが作られていく。

　しかし、このような訓練は多くの生徒にとって決して簡単なものではない。コールについて説明するある記事ではこのように言われている。「実際、コールは発表やバカロレア試験のフランス語科目の口述試験ともまったく違うものです。教師は鋭い質問を投げかけますが、その質問ときたら、何よりもあなたたちを動揺させるためのものなのです[14]。」準備学級に入学した生徒にとって、コールは乗り越えるべき試練である。

　「コールで成功するために不可欠なのは、講義をよく理解しておくことだけでなく、口頭での自己表現の本質的なテクニックを身につけていることです。つまり、はっきりと話し、早口になりすぎず、知的なやり方で推論することです。」このように前述の記事の著者たちはコールの目的を説明している。

　しかも重要なことは、コールに対する準備は、生徒各自が行うべきことであるということである。筆記試験で試される力だけではなく、各自がそれぞれのやり方で「話す能力」を鍛えること、そしてその努力が十分であるのかを継続的に評価する仕組みがコールである。準備学級での学習は、授業、筆記試験、コールによって組織化されている。それに振り落とされないためには、授業外の時間も効果的に組織し、自分自身で学んでいくことが何よりも必要なのである。

　準備学級でのこのような2年間は負担が非常に大きく、生徒によっては精神的・身体的についていけない場合もある。そのような場合は、先に述べたように1年次終了後に大学の2年次に転出するという選択肢も存在する。

　また、2年次を終了して希望のグランゼコールに合格できなかった場合には、2年次をもう一度やり直し、再度挑戦するという選択肢も残されている。こうした留年生のことを5/2やキューブという俗称で呼んだりする[15]。もし2回目の挑戦でも志望校に合格できなかった場合には、別のグランゼコールに進むか、あるいは大学など、他の進路を選択することになる。参考までに、先述のカルノー高校の進路を見てみよう[16]。理科系MP（数学・物理学）

コースの場合、能力別で2レベルに分かれている。どちらも有名グランゼ
コールに合格者を輩出する一方で、18〜19％の生徒は留年を選んでいる。ま
た、下のレベルのクラスでは、2.5％の生徒が大学3年次への編入を選択して
いる。文科系の場合はより選別が厳しい。より優秀な生徒が集まる、古典語
選択コースでグランゼコールに進学するのは全体の17％である。留年する
生徒は22％、それ以外の学生は大学への編入を選択している。留年生は翌
年再度グランゼコール入試を受けることになるが、成功が保証されているわ
けではない。準備学級はグランゼコール入学のための準備であると同時に、
エリート選抜の一段階でもある。

　このような厳しい競争をどう生き抜くべきか。数は少ないとはいえ、グラ
ンゼコール準備学級で学ぶ手助けとなる参考書が出版されている[17]。その中
で理科系グランゼコール準備学級での心構えを説く『エコールポリテクニク
への入り方を教えてあげよう』では、生徒が守るべき「五つの黄金律」が示
されている[18]。

1. 月を（真剣に）目指せ
   なぜエコールポリテクニク、中央学校、国立高等鉱業学校を目指すこ
   とが能う限りの最良の目的であるのか。
2. （きわめて）計画的であれ
   行動にエネルギーを集中するために毎日のタスクを機械的に順序付け
   なさい。
3. 敵を知れ
   いかにして自分の時間の最適な配分を決定し、長い目で見て得をする
   のか。
4. 最高の生産性をモノにせよ
   入試において真に有益な努力を見分け、集中状態をコントロールせよ。
5. 復習期間と余暇の時間を支配せよ
   いかにして余暇の時間を管理するか、いかにして復習を最適な方法で
   組織するか。

　五つの黄金律は、高い目標を持ち、学習時間を最大限効率化することで最大の効果を得ることを繰り返し要求している。実際、復習期間の学習スケジュール例では、一日に12時間程度を学習に充てることが具体的な時間割とともに示されている。

　また、4番目の黄金律では、理想的な集中状態のための「十戒」が説かれている[19]。

1. 短いセッションを繰り返しながら勉強せよ
2. 2時間ごとに教科を変えよ
3. 気分転換をせよ
4. 気を散らせるものがまったくないことを確認せよ
5. 自己を完全に知れ
6. 頻繁に栄養補給をせよ
7. 水を多く飲め
8. 机はきれいにせよ
9. 線を引け、囲め、ノートを取れ
10. マルチタスク＝時間の無駄

　五つの黄金律にしても、十戒にしても、トップクラスの大学を目指す日本の受験生であれば多くが実践していることで、当たり前のことに思えるかもしれない。しかしそれがグランゼコール準備学級生徒向けの参考書に麗々しく書かれているということは、フランスではいわゆる「受験勉強」が激化するのはグランゼコール準備学級からであるということを示しているといえるだろう。日本のわれわれがイメージする「受験」や「入試」は、フランスではグランゼコール準備学級の生活に見出されるのかもしれない。片や多くの高校生が巻き込まれる選抜と競争、片や一部のエリートだけが参入する2年間の集中的準備期間、どちらがよりよいものであるかはもちろん決められないものの、選抜のあり方の差異と多様性には注意が向けられるべきであろう。

5. グランゼコールの入試
——トップ校高等師範学校では何が要求されるのか？

　実際にグランゼコールではどのような入試が行われているのだろうか。グランゼコールといっても非常に多様であるため、すべてを網羅することは難しい。そこで本稿では、グランゼコールの中でももっとも高いレベルにある高等師範学校の入学試験について見ていきたい。高等師範学校は文科系・理科系双方の学生を受け入れており、それぞれに別個の入学試験が行われる。ただし、理科系の入試は他のグランゼコールとの共通の問題バンクから出題されることとなっており、その独自性については明確ではない。また、筆者の専門領域が哲学であることから、難易度等の評価も困難である。そのため、ここでは文科系入試を扱うこととし、特にフランス文学、哲学、歴史の筆記試験について見ていくこととする。

　高等師範学校の入試は、二段階選抜の課される方式が定員の大半を占めている。一次試験が筆記試験、二次試験が口述試験で、その二つをクリアした受験生が入学を認められる。

　文科系にはAコースとBコースという二つの入試がある。A入試はギリシャ語あるいはラテン語の古典語が必修の人文学コースで、筆記試験6科目（歴史、フランス文学、哲学、外国語、古典語、選択科目）と口述試験6科目（フランス文学、哲学、歴史、古典語、外国語、選択科目）が課される。Bコースの入試は古典語がないかわりに数学と社会科学・経済学が課される。筆記試験は古典語の作文科目が4時間である以外はすべて各6時間、口述試験は問題が提示されてから1時間の準備時間が与えられ、30分間試験官の前で問題についてのプレゼンテーションと質疑応答を行うことになる。

　入学試験の実施内容については、2010年12月15日付の政令で決められており[20]、各年度の初め（9月）にさらに詳細な試験プログラムが政令で公表されることになっている。

　たとえば、フランス文学では、政令に定められている5領域の「ジャンルと運動」から1領域[21]、7領域の「問題」から2領域[22]、そして関連する最大

5冊の著作が示される。哲学では六つの領域から一つがその年のテーマとして発表される[23]。歴史については、フランス史とフランス以外の地域の歴史の問題が交互に出題される。18世紀末から20世紀末までの歴史が出題範囲とされている。

　2018年度入試のプログラムでは、フランス文学が「ジャンルと運動」からロマン主義、そして「問題」から文学作品と著者、文学と知が選ばれ、ルソー、ラマルティーヌ、ユゴー、エルノーの作品が課題図書となっている。哲学では道徳、歴史では「アメリカ合衆国と世界、モンロー主義［筆者注：第5代合衆国大統領モンローが主張した、合衆国とヨーロッパの相互不干渉を唱える外交姿勢］から国際連合の創設まで」がテーマとなっている[24]。

　Aコース入試で2018年に出題された問題を見てみよう。ちなみに問題はパリ（ユルム）高等師範学校、リヨン高等師範学校、カシャン高等師範学校の3校で共通である。どの科目も試験時間は6時間である。

　フランス文学

　　ロベール・ルグロによれば、ロマン主義は、作品の著者が「独創性を発揮することのない単なる媒介である」という主張に異議を唱えた。彼は続けて言う。「まったくその反対である。著者は独創的であり、個人的であるがゆえに、彼にほとんど属していないものを出現させる。独創的であるからこそ、著者は自分が彼自身の起源であることを望むのではなく、より古い起源が彼の内で語るままにしておくか、彼自身の能動性よりもより本源的で、個人の意識や至高の意志の能動性よりもより深淵な能動性に活動させる。」（『人間性の観念』グラッセ社、1990年、64ページ）

　　この分析について、特にプログラムの作品に言及しつつ議論しなさい。

　哲学

　　責任

歴史
　　アメリカ合衆国は、その意に反して世界の大国であったか。

（1823-1945）

　このような非常にシンプルな問題に対して、受験生は各科目6時間をかけて解答しなければならない。解答のためにはディセルタシオン（フランス式小論文）の書き方をマスターしておかねばならないが、その詳細についてはここでは詳しく触れることができない[25]。その代わりに、各科目の出題者によって執筆された試験報告書から、問題の狙いを説明している箇所を抜粋して、何が問われているのか、何が評価されるのかを検討しておきたい。

（1）フランス文学
　ルグロの文章を出題したことには四つの利点があると出題者は述べている[26]。第一に、受験生のほぼ誰も読んだことのない文章を出題することで、受験生を平等な位置に置くことができること。第二に、問題文は特定の理論的方向性（「テクストの詩学、構造主義、社会批評、観念史あるいは受容理論」）を持って書かれていないため、個々の受験生が個人的な考察を展開できること。第三に、問題文は文学に対する哲学的アプローチをとっているものの、その理解に特別な哲学的な知識が必要ないこと。第四に、問題文はロマン主義について書かれているものの、扱われているのは単なる文学史上の運動ではなく、自己表現の原理一般であるため、ロマン主義に関する分析を超えた省察が可能であること。このように列挙された利点から読み取れることは、高等師範学校が求める生徒像とは、準備学級で学んできた文学に関する知識を、未知のテクストが設定する問題に関連づけつつ、その上でオリジナルな分析を行える生徒であり、しかもその分析が単なる文学史の一断面に関する注釈ではなく、より一般的な広がりをもった議論を展開できる生徒である。そのためには、文学史の主要な諸作品に深い理解を持っているだけでなく、文学理論や文学批評の手法にも精通し、しかもそれらの知識や方法を駆使して独自の見解を打ち出せる能力を持っていなければならない。さらに

付け加えるなら、そうした見解は、文法的に正しく、また美しいフランス語で綴られなければならないのである。

（2）哲学

　哲学の場合はどうか。哲学の試験で通常出題される問題は、バカロレア哲学試験でもそうだが、疑問文の形をとることが多い。特に「はい」か「いいえ」で答えられるクローズドクエスチョンであることが大半である。それに対して「責任」という名詞一語を出題した意図はどこにあるのだろうか。まず報告書では、「責任」が「皆にとって考える材料を与えてくれるような観念」であることが指摘されている。哲学を専門として学ぶことを希望する学生以外にも扱いやすい問題である、ということである。

　とはいえ、出題者は問題を哲学の枠内で扱うことをはっきりと要求している。まず、「責任」を二つのレベルで議論することが求められている。第一に、責任という概念がどのように基礎づけされうるかというメタ倫理学のレベル、第二に、責任が医学、社会、環境などの具体的文脈で問われる場合を問題にする応用倫理学のレベルである。少なくともこの二つのレベルで責任という概念がどう位置づけられるかを整理した上で、そこから派生するより大きな問題についても考察を進めることが期待されている。つまり「道徳的領域を超えて、責任の法的、政治的、社会的、歴史的意味」について考えることである。

　そしてさらに望ましいことは、責任という概念を踏まえつつ、「主体とその行為の関係、道徳的人格の本性と意味、その時間的連続性の理解、意志と無意志の分割、あるいは他者への関係の本性」のような考察をも行うことである。すべてを「責任」という言葉と密接に関連付けつつ、それが含んでいる哲学的な意義を十分に明らかにすることが求められている。しかもこれらの議論は、ただの羅列ではなく、議論の諸要素が論理的かつ有機的に結びついていなければならない。もちろん、そのような答案を書くためには、準備学級の二年間にどれだけ多くを読み、その内容を身につけてきたかが決定的な重要性を持っている。

（3）歴史

　歴史の問題は、発表されていたテーマに忠実な問題であるため、比較的容易であったと考えられる。注目すべきは「その意に反して世界的大国であったか」という部分であろう。モンロー主義が端的に示すようにアメリカ合衆国には「大国であることへの躊躇」が常に存在していた。出題者が求めているのは、この「躊躇」が一体誰のものであるのか、つまり指導層なのか、国民なのか、あるいはその両方なのかを区別しつつ、この時期の歴史について論じることである。もちろん、指導層にも国民にも複数のアクターが存在し、その目的や利益は時として対立していた。世論が合衆国の政策決定に及ぼした影響も加味しなければならない。それはまた、孤立主義と介入主義という概念対にすべてを当てはめて考えるのではなく、この区別が覆い隠してしまうアメリカ合衆国の選択や戦略について議論することでもある。

　出題者は 19 世紀のアメリカ合衆国の国内情勢にも配慮しつつ考察を行うことも求めている。19 世紀は合衆国の拡大期であると同時に、南北戦争のような国内の対立と分裂が顕在化した時代でもあった。時系列に沿って答案を作成する際にも、こうした複数の要素とその間の諸関係を整理しつつ記述することが必要である。入試プログラムが発表されてからの一年間で、受験生のほとんどはアメリカ史に関する多くの著作を読んできているはずである。そうした知識を、「その意に反して大国であったか」という問いに答える形で、120 余年にわたるアメリカ史を自分の視点から書き直すことが求められている。そこで必要なのは、単なる知識のアウトプットではなく、問題と正確に呼応する形で構造化され、語られた省察なのである。

　では、これらの 3 科目で受験生たちはどれほどの成績をおさめているのだろうか。フランスの試験は 20 点満点で評価され、10 点以上が合格となる。フランス文学の平均点は 10.41 点で、14 点以上の答案は全体の 12.68％である。フランスの採点は基本的に厳しいため、14 点以上の成績はかなり優秀であるといえる。哲学の平均点は 10.03 点、14 点以上は 20.01％である。歴史は平均 10.16 点で 14 点以上は 21.9％となっている。どの科目の報告書でも受験生の

全体的な質の高さは称賛されている。とはいえ、4500人を超える受験者に対して、高等師範学校文科系の定員は全体で200人に満たない。この筆記試験をクリアし、さらに口述試験でも高得点を獲得して最終的に合格を勝ち取るのは、優秀な生徒たちの中のさらに一握りということになる。

　ここで紹介したフランス文学、哲学、歴史という人文系の科目に関して言えば、6時間という長大な試験時間はもちろんのこと、問題を分析し、必要な要素が何かを明らかにした上で、準備学級の2年間で身につけた知識を効果的に使用しつつ答案を作成することが必須であると言えるだろう。一般にフランスの試験では、試験時間の半分は答案の構成を考える準備時間に充てる。つまり、一科目につき最低3時間はかけて構成を練り、下書きを行い、その上で答案を作成するのである。準備時間の間に自分の「手持ちカード」を確認し、どれを使い、どれを捨てるか、そしてどう組み立てるかの戦略を練る。準備学級の2年間は手持ちカードを可能な限り増やすとともに、その使い方を学ぶ期間である。

6．バカロレアとグランゼコール入試——何が同じで、何が違うのか？

　高等師範学校の入学試験問題は、間違いなく最高の難度を誇る問題である。しかし、それはグランゼコール準備学級の生徒が2年前に受験したバカロレアの試験とはどれほど異なっているのだろうか。両者の差異について簡単に考察しておきたい。

（1）文学

　普通バカロレアでは2年次学年末に「フランス語」の試験がある。また、文科系のバカロレアでは3年次学年末に「文学」の試験がある。フランス語の試験が4時間なのに対して、文学の試験時間は2時間である。ここでは、3年次に受験する文学の問題を見ておこう。

　年度初めの9月に、文学の課題図書が発表される。2018年のバカロレア試験では、ラファイエット夫人の『モンパンシエ公爵夫人』とアンドレ・ジッドの『贋金つくり』と『贋金つくりの日記』が課題図書とされた。問題はこ

のうちジッドの 2 冊に関して出題された。

問 1.（8 点）

　ある批評家は『偽金つくり』の最後で「すべては元通りになる」と指摘している。あなたはこれについてどう考えるか？『偽金つくり』と『偽金つくりの日記』に関するあなたの知識に基づきつつ答えなさい。

問 2.（12 点）

　アンドレ・ジッドは小説に関するエドゥアールの考察を第一章に置き、前書きの役目を果たさせようと当初考えていた。しかし彼はそれを諦めた。なぜだろうか？『偽金つくり』と『偽金つくりの日記』に関するあなたの知識に基づきつつ答えなさい。

　課題図書に基づいた出題であるが、作品の内容自体ではなく、その構造に関する意見に対する考察（問 1）と、作品の生成と構造（問 2）という、作品から一定の距離を置きつつ批判的に分析させることを目指した問題である。高等師範学校の問題と比較した場合には、ジッドの 2 作品という分析対象が明示されている点において、論述の中で他の作品や理論に言及することが可能ではあるものの、解答の筋道が立てやすい問題であると言える。

（2）哲学

　次に哲学である。バカロレア試験における哲学は、それが 3 年次における試験の最初の科目であり、フランス国内においても毎年大きな注目を集めている。問題は 3 題出題され、そのうち 1 題を選択して解答する。2 題がディセルタシオンと呼ばれるフランス式小論文の問題、1 題がテクストの内容を説明する問題である。ディセルタシオンは短い疑問文で出題される。一見非常に難解に見えるものの、答え方には決まった方法が存在しており、生徒は高校で一年間かけてその解答法を学んでいるため、いわゆる「ぶっつけ本番」の試験ではなく、高校での哲学科目の学習成果を問う問題である[27]。2018 年の文科系の試験では、以下の 3 題が出題された。

1. 文化はわれわれをより人間的にするのか？
2. 真理を断念することは可能か？
3. ショーペンハウアー『意志と表象としての世界』の抜粋を説明せよ。

　1、2のディセルタシオンの問題は、問いに対する肯定と否定の二つの立場を論じた上で、両者を綜合した立場について論じるという弁証法的な構成で答案を作成することが求められる。どのような問題であっても、この構成を用いることが最低限の条件である。

　それに対して高等師範学校の問題は、「責任」という名詞一語であり、こうした弁証法的構造をそのまま適用することはできない。受験生自身が「責任」という言葉を定義し、そこに含まれる問題がどのようなものであるかを議論し、その上で責任と結びつく他の問いや概念にも言及した上で、責任をめぐる哲学的な考察を十分に展開しなければならない。賛成と反対の綜合という、バカロレア哲学試験では守るべき図式が通用しない問題に対してどのように答えるかが試されている。

　準備学級の2年間はこうした問題形式に関して反復練習を行い、かつ高校レベルでは読むことのなかったさまざまな哲学書を読む時間である。そこで身につけた知識や積み重ねた省察が、こうした問題にも取り組める能力を育てるものであることは言うまでもない。しばしばバカロレア哲学試験はフランスの哲学教育を象徴するものとして取り上げられるが、それは初歩的なものであり、通過点にすぎないことを高等師範学校の入試は示している。

（３）歴史
　バカロレアの地理歴史の問題は、4時間で地理から1題、歴史から1題を選択する形式となっている。ここでは歴史の問題のみを見ておこう。歴史の問題は二つ出題されており、どちらか一つを選択することになっている。どちらも戦争の記憶に関するものであるところが、「記憶の歴史」の先駆者を多く生んだフランスの特徴を感じさせる。

二つの史料の批判的研究

テーマ 1：歴史家とユダヤ人虐殺の記憶

問題：史料がフランスにおけるユダヤ人虐殺の記憶の進歩を証言していることを説明しなさい。史料 1 に立脚しつつ、この進歩と歴史的研究の進歩の関係を説明しなさい。

史料 1：歴史家アネット・ヴィヴィオルカへのインタビュー（省略）

史料 2：2005 年 1 月 27 日アウシュヴィッツでのシモーヌ・ヴェイユとジャック・シラク（写真）

テーマ 2：歴史家とアルジェリア戦争の記憶：アルキの問題

問題：二つの史料を対照させつつ、アルジェリア戦争の記憶の進歩、このテーマに関する論争、歴史家の仕事について説明しなさい。特に史料 2 がどのように史料 1 に差異を与えているかを強調しなさい。

史料 1：アルキ [筆者注：アルジェリア戦争時にフランス側について戦ったアルジェリア人兵士とその家族] の歴史、作られつつある歴史（省略）

M. ハムムー「アルキの歴史への沈黙と抑圧」『アルキ、記憶から歴史へ』2014 年

史料 2：アルジェリア戦争休戦記念式典に対する 2016 年の反応（休戦反対派のプラカードの写真）

　問題の形式はどちらも二つの史料を比較対照しつつ、歴史認識の変化を論じることが要求されている。その意味では、単に歴史の流れを叙述するだけではなく、歴史家の仕事、歴史学における近年の変化についても言及することが不可欠である。つまり、受験生は歴史（ヒストリー）だけでなく、歴史記述（ヒストリオグラフィー）に関しても考察しなければならない。そのためには、ユダヤ人虐殺あるいはアルジェリア戦争の歴史的経緯に関して正確な知識を持っていることはもちろんだが、そのような過去の負の歴史に対し

て歴史家たちが行ってきた「現在と過去との対話」についても目配りをすることが求められている。もちろんこうした問題が可能なのは、高校での歴史教育がこうした原則の上に行われているからである。ユダヤ人虐殺とアルジェリア戦争という、20世紀フランスにとっての二つの大きな出来事を対象としたのにはこのような狙いがあるだろう。

　これに対して高等師範学校の問題は、そうした歴史と歴史叙述の差異を十分に理解した受験生に対して、19世紀から20世紀中葉までという、バカロレアとは比較にならないほどの長きにわたるアメリカ合衆国の歴史について、それが大国であったか否かという軸を中心に叙述するという、より歴史家の仕事に近いタスクを与えている。問題は大国であったか、そうでなかったかのどちらかの立場に与することではもちろんなく、アメリカ合衆国内部の諸勢力の立ち位置や、合衆国の拡大と国際社会へのコミットメントのあり方を描きつつ、アメリカ合衆国の世界の中での位置とその変遷を描くことにある。バカロレアの歴史科目と比べて、このような問題は現代とのつながりが希薄に思えるかもしれない。しかし実際には、現代世界の諸構造の萌芽を19世紀に見るような考察を遂行する能力を受験生に求めている意味で、現代的でありかつ普遍的な問題であると言うことができる。

　文学、哲学、歴史という3科目についてバカロレアと高等師範学校入試を比較して言えるのは、両者は連続した地平の上にありつつも、難易度の面では後者が圧倒的に高いということである。グランゼコール準備学級の2年間はこの水準に達するための修行期間であり、しかも高等師範学校の文科系に関して言えば、その努力が報われる学生は圧倒的に少数派である。バカロレアが資格試験として平等を志向する一方で、グランゼコール入学をめぐる競争は、フランス社会における選抜がいかに機能しているかを示している。

7.　おわりに——エリート選抜の変動

　しかし、グランゼコール準備学級という制度に問題がないわけではない。この選抜システムに対してはさまざまな角度から批判がなされている。最後

にそのうちのいくつかをあるジャーナリストの見解をもとにまとめておこう[28]。

　まず、準備学級において要求される学習量が過大ではないか、という批判がある。先に見たように、30 時間以上の授業に加え、毎週の試験やコールのために生徒は長時間の学習を強いられる。授業のない期間も、学習にとって理想的な時間であるとされ、集中して学習することが求められる。このような負担によって心身のバランスを崩す生徒も多くいると考えられる。

　教育内容については、詰め込み主義に偏っているのではないかとの批判がある。サンルイ高校の準備学級のある生徒はこう語っている。「あまりにも進度が早く、入試のためだけに思えるものもあります。多くの学ぶことがありますが、時には詰め込み学習により近いものです。」同様の危惧は教員からも示されている。決まった内容を消化するばかりで、生徒が自発的に行うプロジェクト学習のようなものがないということである。

　そしてもっとも大きな批判は、エリート選抜という制度の不公平である。グランゼコール準備学級の生徒は、大学 1、2 年生に比べるとはるかに少人数であり、教員の手厚いサポートのもと学んでいる。準備学級生 1 人当たりに投じられる費用は大学生 1 人当たりの費用の 2 倍であるということである。一部のエリート候補がより恵まれた環境で学んでいるのである。

　さらにまた、グランゼコール準備学級には、労働者階級や貧困層出身の生徒が極端に少なく、エリートの再生産が行われるだけである、との批判がある。学力的に優秀な生徒であっても、出身階級によっては、両親が一種の「自己検閲」を行い、より短期の教育課程を選択する傾向があるとのことである。その出自にかかわらず、才能ある若者に対してその才能にふさわしい教育を与え、活躍の可能性を高めることが公教育の目的であるならば、グランゼコール準備学級はその役割を十分に果たしていない、とも言える。

　とはいえ、これまでグランゼコール準備学級に進むことの少なかった階層からの進学者を増やすために、グランゼコール準備学級では寄宿舎の提供、教材の無償供与、学習支援や個別相談などによるサポートを進めている。

　グランゼコールの側にもこのような流れに呼応した改革が行われつつある。名門グランゼコールの一つであるパリ政治学院は、2021 年度入学生から、筆

記試験を廃止することを 2019 年 6 月に発表した[29]。パリ政治学院の場合は、グランゼコール準備学級を経ずに直接 3 年の学士課程に入学することも可能である。筆記試験廃止は、この 3 年の課程への入学者を対象としている。

現在志願者は歴史、選択科目（文学と哲学、数学、経済学・社会科学から選択）、外国語（ドイツ語、英語、アラビア語、中国語、スペイン語、イタリア語、ポルトガル語、ロシア語から選択）の 3 科目から成る試験を原則として受けることになっている。

これに対して、2021-2022 年度の入学者選考からは、高校の平常点、バカロレアの成績、志願者の履歴書と志望理由書の四つの要素で選考が行われる。また、現在のパリ政治学院独自の選考プロセスを取りやめ、高等教育進学希望事前登録プラットフォーム経由で出願を行うことによって、大学や他の教育機関と同じカテゴリーにパリ政治学院が選択肢の一つとして表示されることになる。これによって「特に自己検閲と闘うために役立つだろう」とパリ政治学院のプレスリリースでは述べられている。

とはいえ、これは従来の入学者選考の評価基準を否定するものではないことも強調されている。その基準には、筆記試験で評価される学術的要求水準、志願者の個人的経験、志願者の人間性を見る口述試験が挙げられている。そうした基準の重要性は認めた上で、「卓越性とは学術的な知の集積に要約されるものではない」という点が強調されている。

問題は、単なる学力ではない資質を備えた受験生をどう選考するのか、ということである。この目的はまた、従来パリ政治学院への進学をさまざまな理由で考えてこなかった層から優秀な人材を発掘するということも意味しており、そのためにパリ郊外地域、地方、海外県・海外領土からの入学者を積極的に受け入れることが目指されている。さまざまな背景を持った人材を、学力という単一の物差しではなく評価することこそが公正な選抜であり、ひいては公正な社会の実現に資することである、というビジョンがそこには存在している。

具体的には 2019 年 6 月時点で 166 校であった提携高校を 200 校まで増やし、高校入学時からパリ政治学院進学を視野に入れ学んでもらうための支援

を行っていく、とのことである。こうした高校からの入学者を定員の 15%
まで増やし、その全員に奨学金が支給される予定である。また、毎年の入学
者の少なくとも 30% には奨学金を支給することも併せて発表されている。
こうした手段により、パリ政治学院は入学者の多様性を一層増大させること
によって、学力によるエリート選抜路線からの転換を図っている。

　このような改革が始まる一方で、エリート選抜のシステムに向けられた批
判を、まったく異なる方法で「解決」しようとする動きもある。2019 年 4 月
25 日の記者会見で、マクロン大統領は高級官僚を養成するグランゼコール
である国立行政学院（ENA）を閉鎖することを発表した[30]。ENA は学士以
上の学位取得者に受験資格を認めており、エナルクと呼ばれるその卒業生た
ちは、卒業時の成績順に政府の主要機関の要職に就き、その後も官民の指導
的ポジションを渡り歩くことになる。ENA を卒業することは、生涯にわた
り責任ある地位に就くということであり、またその見返りも大きなものであ
ると考えられるのである。また、ENA の入学生の多くは企業や官公庁幹部
の子弟であり、その意味ではエリート養成が純粋に能力に基づくのではなく、
支配層の再生産と固定化につながっているとも言える。

　こうした特権性はしばしば批判の対象となってきたが、2019 年初めにフラ
ンス全土に広がった抗議活動である「ジレ・ジョーヌ（黄色いベスト）」運
動においても、エリート支配は主な標的となってきた。

　大統領自身も卒業生である ENA の閉鎖は、こうした運動に対しての応答
である。ENA の閉鎖はもちろん官僚養成機構の終焉を意味するわけではな
い。問題はむしろ、統治機構の中枢にあるポストへのアクセスをどのように
して開かれたものにしていくのか、ということである。2009 年以来、ENA
もさまざまな階層からの入学者を増やすために、ENA 準備学級の開設とそ
の在学生への経済的支援制度などを実施している[31]。それらの手段はおそら
く実効性を持っているだろうが、エリート批判に対する政治的パフォーマン
スとしては不十分であった。マクロン大統領の宣言は、エリート選抜に対す
るエリートの自己批判であるという意味で印象的である。しかしその有効性
については改革の行方を待たねばならない。

　グランゼコールとグランゼコール準備学級が代表するフランスのエリート選抜は、資格試験としての性質が強いバカロレアとは異なり、苛烈な競争によって、エリート候補を育て、その能力に応じた学校へと振り分ける、そのようなシステムとして機能している。本章で見た高等師範学校の試験問題は、そうしたエリート候補の中でもきわめて優秀な人々が、どのように評価され、選抜されるかということを端的に示している。バカロレアがフランスの「大学全入時代」の象徴であるとすれば、グランゼコール準備学級は今もなお続く「受験戦争」の象徴である。

　とはいえ、パリ政治学院の試みは、エリート選抜自体が現在一種の曲がり角にあることを強く印象づけるものである。また、高級官僚を育成する国立行政学院の「閉鎖」をめぐる騒動は、エリート選抜のシステム自体を特権化、神聖視してきたフランス社会と国民世論が、そうした「聖域」にも踏み込んでいく契機であると言えるのかもしれない。

　こうした流れの中で、フランスにおけるエリート選抜は、エリートという語の意味の変容を伴いつつ、大きな地殻変動を経験することになるのではないだろうか。

【追記】2020年初頭に始まった新型コロナウイルスの感染拡大の影響によって、グランゼコールの入学試験も大きな変更を余儀なくされている。たとえば2020年の高等師範学校の入学試験は、筆記試験のみとなり、口述試験は行われないことが4月17日に発表された[32]。エリート選抜において重要な位置を占めてきた口述試験の伝統が、感染防護という医学的・公衆衛生的要請とどのように調停されていくのか、今後の展開が注目される。

Book Guide

◎柏倉康夫『指導者(リーダー)はこうして育つ　フランスの高等教育 グラン・ゼコール』吉田書店、2011年。

◎橋本伸也、藤井泰、渡辺和行、進藤修一、安原義仁『近代ヨーロッパの探求④　エリート教育』ミネルヴァ書房。2001年。

1 たとえば、第五共和制の大統領の出身校は以下の通りである（最終学歴。ただしグランゼコールを複数卒業している場合には列挙）。
シャルル・ド・ゴール（在任 1958-1969）サンシール陸軍士官学校
ジョルジュ・ポンピドゥー（1969-1974）高等師範学校
ヴァレリー・ジスカール・デスタン（1974-1981）エコールポリテクニク、国立行政学院
フランソワ・ミッテラン（1981-1995）自由政治科学学院（パリ政治学院の前身）
ジャック・シラク（1995-2007）パリ政治学院、国立行政学院
ニコラ・サルコジ（2007-2012）パリ第 10 大学
フランソワ・オランド（2012-2017）パリ政治学院、パリ高等経営学院、国立行政学院
エマニュエル・マクロン（2017-）パリ政治学院、国立行政学院
ニコラ・サルコジを除く全員がグランゼコールの卒業生である。

2 https://www.enseignementsup-recherche.gouv.fr/cid49705/etablissements-enseignement-superieur-recherche.html

3 たとえば大学区事務局や国立大学・学院福利厚生センター等がそれに該当する。

4 https://www.cge.asso.fr/

5 https://www.enseignementsup-recherche.gouv.fr/cid20182/classes-preparatoires-aux-grandes-ecoles-c.p.g.e.html

6 https://www.data.gouv.fr/fr/datasets/les-classes-preparatoires-aux-grandes-ecoles-cpge-00000000/

7 準備学級を設置している高校の施設数について信頼できる統計を発見することはできなかったが、毎年グランゼコール準備学級ランキングを発表しているウェブサイト「レチュディアン」によれば、15 人以上の定員を持つ準備学級ランキングに入っているのは理科系で 129 校、経済社会系で 103 校、文科系で 33 校となっている。
https://www.letudiant.fr/etudes/classes-prepa/classement-le-palmares-des-prepas-de-l-etudiant-11637.html

8 https://www.enseignementsup-recherche.gouv.fr/cid20182/classes-preparatoires-aux-grandes-ecoles-c.p.g.e.html#inscription

9 理科系のグランゼコールの入試は学校ごとに行われる場合（エコールポリテクニク、高等師範学校、パリ市立工業物理化学学校など）と、複数の学校グループごとに組織される共通試験によって実施されている。

10 http://lyc21-carnot.ac-dijon.fr/spip.php?rubrique13
カルノー高校は「レチュディアン」の先述の準備学級ランキングによれば、理科系（数学・物理学、ポリテクニク）35 位／ 129 校、経済社会系（HEC）23 位／ 103 校、文科系 17 位／ 33 校（LSN 古典語コース）と十分によい成績を収めている。
https://www.letudiant.fr/etudes/classes-prepa/classement-le-palmares-des-prepas-de-l-etudiant-11637.html

11 http://lyc21-carnot.ac-dijon.fr/spip.php?article252

12 http://lyc21-carnot.ac-dijon.fr/spip.php?article250

13 http://www.lyc-hoche-versailles.ac-versailles.fr/spip.php?page=article&id_article=315

14 Marie Bonnaud et Philippe Mandry, « Prépa : c'est quoi, les "colles" ? »
https://www.letudiant.fr/etudes/classes-prepa/a-quoi-doit-on-s-attendre-en-prepa/prepa-c-est-quoi-les-colles.html

15 5/2、つまり 2.5 年生ということである。キューブはフランス語の立方を表す。3 乗を表す 3 fois

が「3回」という意味も表すことから、準備学級 3 年目であることを示す。

16　http://lyc21-carnot.ac-dijon.fr/spip.php?rubrique142

17　Pierre Chapon, *Je vais vous apprendre à intégrer l'X*, Éditions du 46, 2018.
　　Guillaume Fracaut, Adèle Payen de la Garanderie, Paul-Étienne Pini, *Je réussis ma khâgne 2*
　　édition, Armand Colin, 2018.

18　Chapon（2018）、目次ページ（ページ番号なし）

19　Chapon（2018）45–46 ページ

20　https://www.education.gouv.fr/cid54508/esrs1000452a.html

21　①小説②演劇③詩④その他のジャンル（エッセイ、自伝、回想録、歴史など）⑤文芸運動（古
　　典主義、ロマン主義、象徴主義、シュールレアリスム等）

22　①文学作品、その諸特性、その価値②文学作品と著者③文学作品と読者④文学的表象⑤文学と
　　道徳⑥文学と政治⑦文学と知

23　①形而上学②政治、法③科学④道徳⑤人間科学（人間、言語、社会）⑥芸術、技術

24　https://cache.media.enseignementsup-recherche.gouv.fr//file/34/41/0/BO_ESR_34_12-10-
　　2017_830410.pdf

25　ディセルタシオンについて詳しく触れた文献としては以下のものがある。
　　坂本尚志『バカロレア幸福論　フランスの高校生に学ぶ哲学的思考のレッスン』星海社、2018 年
　　渡邉雅子「ディセルタシオンとエッセイ：論文構造と思考法の仏米比較」『名古屋大学大学院
　　教育発達科学研究科紀要。教育科学』58（2）、pp. 1-13、2011 年

26　https://www.ens.fr/sites/default/files/2018_francais_ecrit_epreuve_commune.pdf

27　哲学のディセルタシオンの解法については坂本（2018）にて詳細に論じた。また、以下も参照。
　　坂本尚志「フランスの高校生が受験するバカロレア「哲学」試験に挑戦！」『週刊ダイヤモン
　　ド』2019 年 6 月 8 日号、86-89 ページ

28　Claire Bouleau, « Les classes prépa, un système à revoir ? »
　　https://www.mondedesgrandesecoles.fr/les-classes-prepa-un-systeme-a-revoir/

29　https://newsroom.sciencespo.fr/sciences-po-reforme-sa-procedure-dadmission-en-premiere-an
　　nee-une-ambition-renouvelee-de-conjuguer-excellence-et-ouverture/?_ga=2.88049496.19629
　　51528.1581645787-713857817.1581645787

30　https://www.lepoint.fr/education/pourquoi-macron-veut-il-mettre-fin-a-l-ena-16-04-2019-
　　2307975_3584.php
　　https://jbpress.ismedia.jp/articles/-/56388?page=4
　　https://www.lemonde.fr/politique/article/2019/10/26/l-ena-derniere-reforme-avant-liquida
　　tion_6017003_823448.html
　　https://www.latribune.fr/economie/france/emmanuel-macron-confirme-la-suppression-
　　de-l-ena-815485.html
　　https://www.lepoint.fr/politique/suppression-de-l-ena-il-ne-faut-pas-jeter-le-bebe-avec-l-eau-du-
　　bain-13-05-2019-2312118_20.php

31　https://www.ena.fr/Concours-Prepas-Concours/preparer-reussir-concours/Classes-prepara
　　toires-Egalite-des-chances

32　https://www.ens.psl.eu/actualites/information-concours

コラム⑤　エリート選抜の裏側で

　グランゼコール準備学級の多くは公立高校に付設されているが、私立高校付設の準備学級も存在する。教育情報ウェブサイト「レチュディアン」によれば、2013 年時点で準備学級生徒のうち 20% が私立の準備学級で学んでいる[1]。これらの私立校の教育方針については、教育内容等に関して、公立学校と少なくとも同等の条件を遵守するという契約を国と交わしている機関と、そうした契約を結んでいない機関によって異なっているようである。

　契約を結んでいる機関の多くはカトリック系の私立学校である。ただし、信徒であることは入学の条件ではない。このような私立の準備学級の中には目覚ましい進学実績を上げているところもある。2020 年準備学級ランキングのエコールポリテクニク部門（数学・物理学コース）で第 2 位の実績を残したヴェルサイユのサント・ジュヌヴィエーヴ高校はその例である。同校校長のジャン＝ノエル・ダルニーによれば、その強みは「生徒間に連帯の精神を育む」ことにあるという[2]。全寮制で 2 年間をすごし、切磋琢磨することが合格への近道であるというのである。原則無料の公立の準備学級とは異なり、私立準備学級では授業料、寄宿費等を保護者が負担する必要がある[3]。その負担に応じられる家庭の子供たちが生徒の多くを占めているという意味では、そこには学力による選別だけでなく、経済的な選別も当然存在していることには注意しておくべきだろう。

　これに対して、契約なしの準備学級の場合事情はより複雑である。契約がないということは、教育内容について国のコントロールを受けないということである。そのため、学校独自の教育方針に基づく自由なカリキュラム編成が可能である。契約なしの準備学級のほとんどが経営系グランゼコールへの進学を目指すものであり、2013 年時点では準備学級の生徒の6%がこのタイプの機関で学んでいた。

　契約なしの準備学級の場合、高等教育進学希望事前登録プラットフォーム（Parcoursup）経由ではなく、入学手続きを学校との間で直接進めることができる。その選抜の基準はバカロレア試験の成績や調査書だけではない。たとえばこのような契約なしの準備学級を経営している学校法人イペコム・パリでは、「われわれは生徒を書類に基づき選考しますが、それだけでなく生徒が示しているポテンシャル、人間性、そして行動ややる気に基づいても選ぶのです」と明言している[4]。同法人のウェブサイトでは、「バカロレアでかろうじて合格しただけにもかかわらずパリ高等経営学院に合格」といった目を引くタイトルのページが設けられ、バカロレアの成績が芳しくない生徒も入学でき、経営系グランゼコールへの合格を勝ち取っていることが強調されている[5]。これらの契約なしの私立準備学級は、国が定めた標準的授業時間に加えて追加の授業を行い、生徒個人のサポートを手厚くし、また、高校までの学習内容でつまずいた部分についても集中的に復習を行っている。公立の準備学級に入学が難しい生徒であっても積極的に受け入れ、その能力を伸ばすことを目標としている。

　このような至れり尽くせりのサポートを行う分費用も高く、一年あたりの授業料は9,500ユーロである[6]。経営系グランゼコールへの合格はこのような「投資」に見合ったものであると考えるならば、それも無意味ではないのかもしれない。しかし、万が一合格を勝ち取れない場合は、大学への編入などの措置はなく、改めて高等教育へのアクセスを一から再考しなければならないというリスクが存在する。この意味では、契約なし私立準備学級は、「一発逆転」を狙う保護者と生徒のための進路として機能している。

　契約なしの準備学級が経営系グランゼコールに集中していることにはもう一つの理由があるだろう。理科系、文科系のグランゼコールが知的エリートの選抜を暗黙のうちに標榜しているのに対して、経営系グランゼコールは、ビジネス界で成功する人材を育てることを目的としている。そこで目指されるのは単なる学校的秀才ではない、「清濁併せ呑む」人物の

育成である。実際、経営系グランゼコールの文化においては、準備学級で生徒が身につけるような教養に価値があるのではなく、むしろ学生団体のパーティーやイベントで作られる人間関係や、そうした団体の運営によって得られるマネージメントの経験などが評価される。こうした分断を、『ル・モンド・ディプロマティーク』の記事に登場するある経営系グランゼコール教員の言葉が裏付けている。「準備学級と本校のような経営系グランゼコールの間には非常に強い断絶があります。目的が全く異なっているのです。われわれの教育が目指しているのは、たとえそれが思考による基礎付けを必要としていても、行動なのです[7]。」

　有能な経営者を育てるためには、優秀な学生であるだけでは十分ではない。むしろ、学校的優秀さという価値観を捨て去ることのできる学生こそが求められている。そうした文化の差異に幻滅するエリート候補たちもいるだろう。その一方で、学校的には優秀ではなかった学生が成功する可能性を持っているのも経営系グランゼコールの特徴である。契約なしの準備学級が提供しているのは、「叩き上げのエリート経営者」という学校システムの間隙をついた「フレンチ・ドリーム」の可能性なのである。

1　https://www.letudiant.fr/etudes/classes-prepa/comment-choisir-la-prepa-qui-me-convient/prepa-publique-ou-prepa-privee-quelles-differences.html

2　同ウェブサイト

3　たとえばサント・ジュヌヴィエーヴ高校の場合、保護者の収入や家庭環境によって金額には変動がある。学費は高校のウェブサイトで試算できる。たとえば共働き夫婦で子供2人、年収5万ユーロの場合、8,467ユーロである。公立校の学費はすべて無料であることを考えると、非常に高額であると言えるだろう。
https://www.bginette.com/integrer-ginette/les-frais-de-pension/calcul-de-la-pension

4　https://www.ipecomparis.com/prepa-hec/

5　https://www.ipecomparis.com/prepa-hec-reussir-hec-malgre-resultats-passables-baccalaureat/

6　https://www.letudiant.fr/etudes/annuaire-enseignement-superieur/etablissement/etablissement-ipecom-prepa-sciences-6774.html

7　https://www.monde-diplomatique.fr/2018/12/MIDENA/59326（邦訳：http://www.diplo.jp/articles19/1904-02grandesecoles.html ただし、本稿の引用は拙訳による）

第 *7* 章 *Sweden*

生涯学習社会スウェーデンの大学入試
——オープンでシンプルな制度を目指して

本所　恵

　スウェーデンの大学を訪問すると、学生の年齢層の多様さに驚く。学部生でも 20 代後半以上の人がいることは珍しくない。高校卒業は一般的には 19 歳頃だが、その後海外に行ったり一度就職した後に大学に進学する人も多ければ、一旦高等教育を受けた経験がある人が、異なる学部に入り直すことも少なくないためだ。初めて高等教育を受ける学生に限って大学入学者数を年齢別に見ると、19 歳以下は 4 分の 1 で、約半数が 20-24 歳、残りの約 4 分の 1 は 25 歳以上である[1]。

　このように入学者の年齢が幅広いのは、教育と就労を必要に応じて繰り返すリカレント教育を強調する土台の上で、進学を急がせない入学認定の仕組みをつくりつつ、高等教育へのアクセスを広げてきた、これまでの大学改革の結果に他ならない。よく知られているのは、4 年以上の勤労経験を持つ 25 歳以上の成人に大学入学基礎資格を与えた「25：4 ルール（25：4-regeln）」である。1977 年の大学改革で正式に導入されたこのルールは、2008 年に廃止されたものの、実施されていた 30 年の間に社会人入学の文化を根付かせた。そして、同ルールとともに整備され利用されてきた「高等教育試験（högskoleprovet）」は、社会人にとどまらず大学進学希望者全員が利用できる試験となって、25：4 ルール廃止後も引き続き利用されている。本章では、この 25：4 ルールと高等教育試験に着目して、スウェーデンの大学入試の特徴を明らかにしたい。

1．大学入学制度の概要

（1）大学入学の基礎要件と特別要件

　25：4ルールや高等教育試験について検討する前提として、まずスウェーデンの公教育制度と大学入学制度の概要を確認しておこう。

　スウェーデンでは、シンプルな単線系の学校体系が整えられており、6歳から10年間の義務教育[2]の後、20歳未満のすべての人に3年間の高校教育を受ける権利が保障されている。実際に、ほぼすべての生徒は高校に入学する。20歳以上の人に対しては、義務教育や高校教育の学び直しや、職業教育、その他様々なスキルアップができる充実した成人教育が、公教育として整備されている。これらの公教育は無償で提供されており、万人にひらかれた生涯学習制度となっている。大学はその土台の上に、高校教育に接続して存在しており、高校修了生のうち約37％が卒業後3年以内に大学へ進学する[3]。ただし、高校は職業系学科と進学系学科とに大別され、大学進学率は学科によって大きく異なる（職業系学科約8％、進学系学科約53％）。とはいえ、職業系学科を選んでも大学進学の道が閉ざされるわけではない。以下では、学科の区分に注意しながら、高校から大学への進学の仕組みを見ていこう。

　職業系学科と進学系学科とは、高校在学中の共通履修科目の量が異なる他、高校への入学要件や、高校の修了要件が異なる[4]（表1）。なお、高校入学に際して学力試験はなく、表1に示した入学要件を満たしていれば生徒の希望

表1　高校の職業系学科と進学系学科の入学・修了要件の比較

	職業系学科	進学系学科
入学要件	中学校での、スウェーデン語、英語、数学を含む8教科の修得	中学校での、スウェーデン語、英語、数学を含む12教科の修得
修了要件	① 2500単位以上の科目履修 ② 2250単位以上の科目修得 修得科目に以下を含む ③スウェーデン語1科目 ④英語1科目 ⑤数学1科目 ⑥総合学習100単位 ⑦各学科の専門科目400単位	① 2500単位以上の科目履修 ② 2250単位以上の科目修得 修得科目に以下を含む ③スウェーデン語3科目 ④英語2科目 ⑤数学1科目 ⑥総合学習100単位

に沿って入学先が割り振られる。特定の学校や学科に志願者が多すぎる場合には、中学校での成績を点数化して得点の高い生徒から入学が許可される。入学要件を満たさない生徒は入学できず、中学校レベルの学習を行う特別な課程に在籍する。このように、高校入学に際しては中学校の成績が用いられる。進学認定や選抜の資料として下級学校の成績が使われるのは、高校から大学への進学時も同じである。つまり、大学進学に際しては、高校での成績が必要になる。

　大学進学に関しては、全国共通の規定として、すべての大学・学部の入学に必要な「基礎要件」がある他、一部の学部には、専門分野に応じた「特別要件」が設定されている。大学入学の基礎要件は、高校の進学系学科の修了要件と共通である。つまり、表1に書かれている規定科目の履修や修得によって認められる。そこには、共通の修了試験や資格試験はなく、また、大学による差異もない。つまり進学系学科の生徒は、高校を修了すれば国内すべての大学や学部に通用する入学基礎要件が得られる。

　一方、職業系学科の生徒が大学入学の基礎要件を得るためには、職業系学科修了に加えて、進学系学科の修了認定に足りない科目、すなわちスウェーデン語2科目と英語1科目とを追加で修得する必要がある。この追加科目は、高校教育課程内の「個人選択科目」として履修できる他、高校卒業後に成人教育機関で履修することもできる。なお、一度履修・修得した学校の成績は生涯有効であり、かつ、高校で提供されている科目は成人教育機関でも提供されていて、高校同様の履修・修得が認められる。つまり、高校卒業後に成人教育機関で学び、両方の成績を足し合わせて大学入学基礎要件を満たすことができる。このように全員に大学進学の可能性を開いておくことは、慎重に配慮された結果である。

　基礎要件に加えて設定されている「特別要件」は、専門分野や学位に応じて指定される、高校の科目修得である。基礎要件と同じく全国共通で、各大学・学部に決定権はない。例えば、経済、認知科学、社会科学分野の学部は同区分で、入学の特別要件として、高校での数学と社会科の修得が必要である。教育分野は、幼稚園教師、小学校教師、各教科担当教師などに細分化さ

れており、小学校教師養成課程に入るには、高校で数学、理科、社会科を修
得していることが必要になる。

（2）高校の成績を資料とする入学選抜

　大学入学の基礎要件及び希望学部への特別要件を満たしても、志願者が定
員を上回る場合には選抜が行われる。このとき選抜資料になるのは、先に触
れたように高校の成績である。すべての大学進学希望者が共通に受ける試験
はなく、高校在学中の成績が進学資料に使われるのは、スウェーデンの特徴
と言える。高校の成績を選抜に用いる方法は、全国共通に、次の通り明確に
定められている。

　前提として、スウェーデンではすべての高校で、全国共通のシラバスに
よって、目標、主な内容、単位数が定められた科目が提供されている。そし
てすべての教科には全国共通の評価基準があり、この評価基準に準拠して各
科目の成績がA～F（Fは不合格）の6段階でつけられる。高校教師がつけ
るこの6段階の成績が、表2のように点数化されて、大学入学の選抜点とな
る。

表2　大学入学者選抜に用いる高校の成績数値化の方法

① 各科目の成績を A＝20、B＝17.5、C＝15、D＝12.5、E＝10、F＝0 に換算
② ①の点数にその科目の単位数を掛け、標準履修科目すべての合計点をだす
③ ②の合計点を標準履修単位数で割り、平均点をだす
④ 入学希望学部の専門分野に応じて指定されている関連教科について、大学入学要件より高いレベルの科目を追加修得している場合、最大 2.5 点が加算される

出典：antagning.se, 2019. をもとに筆者が作成。

　学校での成績がそのまま大学進学の資料となるので、学校や教師によって
評価の厳しさに差があることが問題視され、現実にこうした話題は頻繁にメ
ディアを賑わせる。しかし基本的には、学校や学科、そして具体的な評価課
題や採点者が違っても、全国共通の評価基準に照らしてつけられた成績は、
比較可能なものと考えられている。必修科目の中には全員必須の全国テスト
が行われる科目もあり、全国テストの結果が成績付けの参考にされる[5]。成

績をつけることができるのは正規の教員免許を持つ教師だけであり、教員免許が、信頼できる成績をつける能力の証明になっているとも言える。

　ただし、すべての大学入学希望者がスウェーデンの高校を修了して成績を得ているわけではない。そのため、高校の成績をもたない層にも大学進学への道を開いておくために、大学入学の資格や選抜点を得る他の手段がある。入学資格については、表3のようにいくつかのオルタナティブが示されている。そして、高校の成績を使わずに選抜点を得るための手段が、高等教育試験である。どの大学・学部も、定員の三分の一以上を高校での成績に基づいて選抜し、同時に、同じく定員の三分の一以上を高等教育試験の成績に基づいて選抜することが定められている。

　高等教育試験は、高校での成績をもたない社会人、すなわち、冒頭に触れた25：4ルールを利用して大学に入学する社会人のために開発されたが、1990年代以降は、社会人に限らず誰もが受験でき、希望の大学・学部への入学可能性を高めるために利用できるようになっている。

表3　大学入学の基礎要件

Ⅰ．高校または高校レベルの成人教育で進学系学科を修了した
Ⅱ．高校または高校レベルの成人教育で職業系学科を修了し、かつ、進学系学科で要求されるスウェーデン語および英語を履修しE以上の成績を得た
Ⅲ．スウェーデン国内外で、ⅠかⅡに対応する教育を受けた
Ⅳ．デンマーク、フィンランド、アイスランド、ノルウェーのいずれかに居住し、居住地で高等教育を受ける資格がある
Ⅴ．スウェーデン国内外の教育や、勤労経験、あるいはその他の状況を通して、教育を受ける条件を備えている

出典：Högskoleförordning (SFS 1993：100), 7kap 5§ を筆者が訳出。

　以下では、社会人の大学入学を広く可能にした25：4ルールの導入と廃止をめぐる議論を辿り、その後、高等教育試験の中身を具体的に検討する。

2．25：4ルールの導入と廃止

（1）生涯学習社会の推進と高等教育の拡大

　スウェーデンには2020年現在約40校の大学があるが、1940年代には、大

学の数は 10 校に満たなかった。高等教育が拡大したのは 1960 〜 70 年代である。第二次世界大戦後の高度経済成長と、初等・中等教育改革による中等教育修了者の増加を背景に、高等教育進学者数は急激に増加した。高等教育の学生数は 1940 年には合計約 12,000 人にすぎなかったが、1950 年には 16,000 人に、そして 1970 年には 120,000 人になっていた[6]。急増する学生を受け入れるため、地理的な分布を考慮しながら、全国に高等教育機関が作られた[7]。

　こうした高等教育の整備は、初等・中等教育改革と同様に、社会民主党率いる政府のもとで中央集権的に進められた。高等教育の拡大は、リカレント教育を推進し、社会階層の分断や固定化を解消して平等な社会を作る期待を担っていたのである。高等教育改革のために、専門家を含む審議会が幾度もつくられ、調査研究や実験を行いながら議論が進められた[8]。特に大きく多岐にわたる改革の提案をしたのは、U68 と呼ばれる 1968 年教育審議会（1968 års utbildningsutredning）だった。

　U68 は、「高等教育（Högskolan）」と題した 800 ページを超える最終報告書の冒頭で、高等教育および公教育全般の役割について明確に述べている。すなわち、「高等教育の最重要任務の一つは、職業活動の準備である。そのため、職業生活との結びつきが中心課題である」[9]。ただしこれは決して商業主義や利益追求の賞賛ではない。むしろ強調されるのは、教育を通した平等で（jämlikhet）民主的な（demokratiskt）社会の実現である。報告書は、高等教育の目的として、個人の能力向上に続いて福祉の発展（välfärdsut-veckling）を掲げ、次のように説明する。「教育期間が長いと通常、より安定した高賃金の労働状況を得ることができ、自らの生活状況に大きく影響する。したがって、一般的な教育水準が高いと、目前の労働環境の改善に貢献し、長期的には社会の賃金格差の縮小にも貢献するはずである。個人への教育資源の分配は、このようにして社会における福祉の分配につながる。」[10] 教育は、個人のためであると同時に、よりよい社会をつくるためにあるという認識が明確に打ち出されている。そして高等教育の目的として、民主主義、国際化と続き、最後に社会の変化（social förändring）があげられる。当時、

義務教育後の進路決定に関しては、社会階層や性別による差が存在したが、教育におけるこうした格差をなくすことで、収入や生活環境の格差がなくなり、将来の社会において平等が実現できると考えられた。そのために、教育を受ける機会をすべての人に平等に開くと同時に、教育における職業活動の準備が強調されたのだった。

　この理念に基づいて、1977 年に新しい高等教育法（Högskolelag）および高等教育令（Högskoleförordning）が定められた。改革の主要な目的である、教育における平等は、単純に既存の高等教育の門戸を開くのではなく、中等教育後に接続する教育のすべてを「高等教育」として位置づけ、高等教育を社会や産業のニーズと結びつけて行うことを意味していた[11]。教師教育や看護教育などはそれまで高等教育とは考えられていなかったが、こうした専門職養成教育が高等教育として認められることになったのである。高等教育を、限られた人々への特権的な教育としてではなく、社会の様々な専門性につながる実用的なものとして位置づけたのだった。

（2）勤労経験による大学入学の認定

　高等教育の門戸を広げるために導入されたのが、25 歳以上で 4 年以上の勤労経験をもつ成人に大学入学の基礎資格を与える制度、いわゆる 25：4 ルールだった。25 歳と 4 年の勤労経験という基準は突然現れたのではなく、実験と議論の末に定められたものである。もともとは、1965 年に設置されたコンピテンス審議会（kompetensutredning）が、5 年以上の勤労経験をもつ 25 歳以上という要件を提案し、これが 1969 年から人文学、社会科学、数学・自然科学といった哲学系学部の科目で実験的に実施された。この実験中には数年にわたって、志願者の属性や、その後の学業成績との関連等が分析された。志願者の多くは 35 歳以下で、比較的長く教育を受けた経歴をもっており、教師や経営などの職業専門性向上を目指す学習が多かった[12]。職種に関わらず、勤労経験の長さと大学での学業成績とは正の関連が見られた。

　こうした実験の結果は肯定的に受け止められ、すべての分野で 4 年以上の勤労経験をもつ 25 歳以上の成人に入学基礎資格を与えることになった。勤

労経験が 5 年から 4 年に短縮されたのは、成人への奨学金給付年数と合わせるためである [13]。ただし、大学での学習にスウェーデン語と英語の能力は最低限必要と考えられたため、1977 年の高等教育令では、25 歳以上で 4 年以上の勤労経験をもつことに加えて、高校第 2 学年修了に相当する英語の知識をもつこと、および、スウェーデン語を含む北欧語以外を母語とする場合は、一定程度のスウェーデン語の知識をもつことが求められた [14]。なお、これはすべての学部に共通する基礎要件であるが、この基礎要件を満たした上で、入学を希望する学部・専攻の学習に必要な科目の修得が、特別要件として求められた。

　こうして正式に導入された 25：4 ルールに最も期待されていたのは、それまでとは異なる社会背景をもつ人々が高等教育を受けることだった。そして、その期待は実現したと評価された [15]。年数による分かりやすい基準は広く受け入れられ、複数の高等教育機関から、このルールを利用して入学した学生の成績を高く評価する声もあった。

　一方で、否定的な意見も出された。社会人入学者の予想以上の増加によって高校からの直接進学が困難になるなど、予期しなかった状況への批判があげられた。この批判を受けて、高校の成績を用いて進学する入学者の枠を 2 割から 3 割に増やしたり、点数化する勤労経験を縮小して勤労経験の影響を小さくするなどの試みが行われた。いずれにせよ、大学入学の要件として、高校修了と、年齢と勤労経験という、まったく異なる 2 種類が併存する状況は変わらなかった。中等教育が浸透して高校修了者が増加するにつれ、高校卒業者と社会人とで要求される水準が大きく異なるのは不合理だと問題視する見方が強くなった。

（3）年数による判定から、実際の能力による判定へ

　2000 年代には、フォーマルな学歴や学修歴に限らずあらゆる経験の中で身につけた実際の能力を認証する動きが広まり、大学入学においても、年齢や勤労経験ではなく実際の能力を評価し重視すべきという主張が出された。具体的には、社会人の大学進学希望者に、25：4 ルールによる年齢と勤労年

数で入学資格を与えるのではなく、実際の能力（reella kompetens）を評価して入学資格を与えることが 2007 年に提案された[16]。

しかし、この提案は、能力を評価する方法を各大学に任せ、翌年からの実施を求めるものだったため、大学からの反発を受けた。というのも、前節までに見た大学入学資格の認定は、すべて全国共通だった。大学や学部ごとの試験は一般的でなかったのである。1980 年代から 90 年代にかけてスウェーデンでは地方分権と規制緩和が進み、大学入学要件や選抜方法についても各大学・学部の裁量が拡大して、共通の土台の上で個別の選抜方法が認められていた。とはいえ、大学の個別試験は多くはなく、各大学が入学志願者の能力を評価し選抜システムを整えるには、明らかに時間が不足していた。

最終的には、政治的な駆け引きの中で改革を急いだ政権によって翌 2008 年から 25：4 ルールは廃止された。しかし、実際の能力の評価については引き続き議論されることになった。注意しておきたいのは、この議論において、正式な学歴のみではなく勤労経験の中で知識や能力を得て大学に入学することは否定されていない点である。25：4 ルールへの賛否は異なっても、多くの人に広く大学入学資格を与えることは共通の合意だった。論点は、その認定方法として、年齢と勤労年数で判定するか、何らかの評価を行なうかという点にあった。そしてこれは、高校からの進学者と社会人入学者との認定基準との差異をどう説明するかという問題でもあった。

議論が続けられた結果、2018 年に、大学入学希望者すべてを対象として、入学要件を具体的な能力で示す提案がなされた[17]。つまり、高校からの進学者にも社会人入学者にも共通する基準が示されたのである。具体的には、以下の 6 点である。

① 　スウェーデン語と英語の能力
② 　科学的なアプローチ
③ 　複数の視点から問いを設定する能力
④ 　問題解決能力
⑤ 　結論を導き、そのために議論する能力

⑥ 教育を受けるために必要なその他のコンピテンス

これらの能力は、高等教育令で正式に大学入学基礎要件として規定されることが決まっている[18]。ただし、これらの能力をもつかどうかは、基本的には既存の基準で判断される。すなわち、表3(177 ページ)にあげた高校進学系学科修了などの条件である。

変化するのは、次の条件が加えられることである。

「大学入学許可を与える試験の試行に関する規則に定めるような、大学入学資格試験の結果で合格した」

この「大学入学資格試験（behörighetsprov）」は、24 歳以上であれば学歴に関わらず受験でき、大学入学資格を与える試験として構想されている。2022 年から実験的に実施されることが決まっている[19]。試験の内実は具体的には明らかになっていないが、上にあげた能力をどのように評価しようとするのか注目される。

3．高等教育試験

（1）選抜点獲得のオルタナティブ

上述の通りスウェーデンでは、大学入学資格を与える試験は行われてこなかったが、大学入学に関わって試験がまったく利用されなかったわけではない。1977 年に 25：4 ルールが導入されると同時に始められた試験がある。高等教育試験である。25：4 ルールを利用する人たちは高校の成績を持たなかったため、志望学部に志願者が多過ぎた場合に選抜を行う点数がなかった。彼らが試験結果を選抜資料として用いるために、高等教育試験は行われた。

1980 年代には、前節に見たように高校からの進学者と社会人入学者との差異が問題視され、高校卒業者も高等教育試験を利用可能にすることが提案された。この提案は受け入れられ、1991 年からは高校修了の有無にかかわらず、誰もが高等教育試験の結果を大学進学の選抜資料として用いることができるようになった。すなわち、高校卒業者は、選抜資料に高校の成績を使うか高等教育試験の結果を使うかを選択できる。そのため、高校での成績に満

足できない生徒は、試験を受けてより良い成績を得るチャンスを得られる。こうして高等教育試験は、より多くの人に利用されるようになった。2019 年春には約 6 万 7 千人が受験し、2019 年秋の新規大学入学者の約 3 割、実数にして約 5 万人が、高等教育試験の成績を利用して大学に入学した[20]。

　高等教育試験は、毎年春と秋の 2 回、全国同日同時間帯に実施される。受験料 450 スウェーデンクローナ（2020 年現在約 5000 円）で、誰でも受験することができる。試験は何回でも受験でき、試験結果は 5 年間有効で、有効な試験結果の中の最高得点が選抜に用いられる[21]。

　試験問題は、ウメオ大学の研究室で作成・開発されてきた。英語の読解領域に関してはヨーテボリ大学の研究室が担当している[22]。試験の内容に関しては、大学選抜資料のための試験として公平かつ適切なものであるように、次の原則が考慮されていた[23]。

1）試験は、高等教育の目標と内容に結びついたものにする。
2）試験は、過去に受けた試験や教育の影響を受けないようにする。
3）試験は、できる限り迅速、安価、客観的に採点可能なものにする。
4）事前の機械的な反復練習や、特別な解法の練習によって、試験結果がよくなったりしない試験にする。
5）試験は、大学入学者選抜のために意味があり適切だと受験生が思えるものにする。
6）様々な入学者を募集できるように構成する。すなわち、性別や社会階層などによる偏りが出ないようにする。

　3 点目にあげられているように、迅速で安価で客観的な採点を可能とするために、試験は多肢選択型のマークシート方式で行われている。この形式には目新しさを感じないかもしれないが、試験の領域構成や設問を見ると、上記の他の原則を考慮して多くの工夫がなされていることが分かる。記述問題のない試験の中で、単純な反復練習を否定する 4 点目の原則や、試験の意味や適切さを強調する 5 点目の原則が、どのように具体化されているのだろう

か。以下では、試験の領域構成の変遷と現状、そして具体的な問題例を検討する。なお、過去の試験問題は正答とともにウェブ上で公表されており、冊子体を購入することもできる。

（2）試験の領域構成

高等教育試験は1977年の開始当初より、高校での履修科目とは異なる独自の試験領域が工夫されてきた。1977年から2020年までの領域構成と問題数は、表4の通りである。領域構成を見ると、上述した1点目や5点目の原則を考慮して、大学で学習するために必要になる知識や能力が考えられ、それらが領域になっていることが分かる。

表4　高等教育試験の領域構成・設問数の変遷

領域	設問数				
	1977-1979	1980-1991	1992-1995	1996-2011	2011-
語彙（ORD）	30	30	30	40	20
数量的推論（NOG）	20	20	20	22	12
スウェーデン語読解（LÄS）	30	24	24	20	20
図・表・地図（DTK）	20	20	20	20	24
学習技術（STUF）	20	20	—	—	—
一般問題（AO）	30	30	30	—	—
英語読解（ELF）	—	—	24	20	20
数学的問題解決（XYZ）	—	—	—	—	24
数量比較（KVA）	—	—	—	—	20
単語穴埋め（MEK）	—	—	—	—	20
合計	150	144	148	122	160

出典：Stage & Ögren, 2012, p.2 を筆者が訳出。

　まず、各領域の概要を見ておこう。語彙（ORD）は、大学での学習で使われるような語彙の意味が問われる。数量的推論（NOG）は、割合、平均、容積、速度など、いわゆる数学の問題である。ただし、ここで測られるのは概念や状況を理解して論理的に思考する能力である。そのため、各設問では計算して解を出す必要はなく、その問題を解くために必要十分な情報を判断することが求められる。スウェーデン語読解（LÄS）では、一般的な学術資料、討論記事、法的文書など多様なテキストを読み、文章が理解できているかが問われる。図・表・地図（DTK）では、大学の学習で用いられるような図表や地図から情報を取り出して解釈する問題である。以上の領域は2020年現在の試験にも含まれているため、次項で具体的な問題例を示している。

　学習技術（STUF）は、1977年から1991年まで実施された。大学での学習方法を強く意識した試験である。受験生には、試験開始時に、あるテーマに関する複数の文章が載っている冊子が配られる。そして試験時間内に、冊子を参照して情報を取り出しながら、与えられた問題を解く。ただし、試験時間は、冊子内の文章をすべて読むには短すぎる。冊子内に記されている、文章リストや索引をうまく用いる必要があった。そして時には、複数の文章の情報を合わせて解く設問もあった。一般問題（AO）は、学校での学習内容や時事的問題にとどまらず、職業、学習、社会的、文化的、政治的活動など多様な文脈で用いられる知識を問うものだった[24]。

　1992年には、国際的な言語である英語の必要性から英語読解（ELF）が追加された。英語読解は、長さの異なる英文を読んで設問に答える問題だった。1996年には、一般問題（AO）領域が、出題が恣意的だという批判を受けて削除された。こうして1996年からの試験は、語彙、数量的推論、スウェーデン語読解、図・表・地図、英語読解の5領域で構成された。この5領域は、評価する能力の種類によって大きく二種類に整理された[25]。すなわち、「分析的思考」を評価する数量的推論領域と図・表・地図領域、及び、「言語的知識・能力」を評価する語彙領域、スウェーデン語読解領域、英語読解領域である。

　2011 年には、「分析的思考」と「言語的知識・能力」という 2 区分をもと
に、バランスや問題数を考慮して試験が再構成された。そして「数量分野」
と「言語分野」の 2 分野について、それぞれ 4 領域、合計 8 領域が設定され
た。領域再編の理由は、全体の問題数を増やして試験の効率を高めるととも
に、数量分野を拡大することで大学入学後の学習成果の予測が容易になり、
様々な専門分野に対応して試験結果を柔軟に利用する可能性を生み出すため
と説明された[26]。

　2020 年現在は、表 5 のように、分野別に、4 領域の問題を含む合計 40 問か
らなる問題冊子が作られている。この 1 冊子を受験生は 55 分の試験時間内
に回答する。4 領域には推奨回答時間が定められてはいるが、55 分内の実際
の時間配分は受験生の自由である。受験生は全員、同じ試験日一日の中で
55 分を 5 回、すなわち 5 冊子のテスト問題に回答する。数量分野と言語分
野のいずれかが 3 冊子、もう片方が 2 冊子である。3 冊子回答する分野の 1
冊は、将来の試験問題開発のためのプレテストであり、実際の大学選抜には
利用されない。つまり、大学入学選抜に使用するのは、2 分野の各 2 冊子、
合計 160 問の成績である。

表 5　2011 年以降の高等教育試験の構成（領域・設問数・標準時間配分）

数量分野		言語分野	
・数学的問題解決（XYZ）	12 問 12 分	・語彙（ORD）	10 問　3 分
・数量比較（KVA）	10 問 10 分	・スウェーデン語読解（LÄS）	10 問 22 分
・数量的推論（NOG）	6 問 10 分	・単語穴埋め（MEK）	10 問　8 分
・図・表・地図（DTK）	12 問 23 分	・英語読解（ELF）	10 問 22 分

　回答は多肢選択型のマークシート方式で、すべて 1 問 1 点で採点される。
つまり、2 分野各 80 点満点である。試験機会によって難易度が異なる不公平
を避けるため、採点の後、分野ごとに点数が標準化され、標準化得点の平均
値が、大学入学選抜の資料として用いられる[27]。つまり、入学を希望する学
部に関わらず、両分野の成績が等しく計上される。

　しかし、学部によって重点をおきたい分野が異なるという考えから、2019
年に、特定分野への荷重配点を行う試行が開始された。荷重配点では、各大

学・学部の判断で 2 分野いずれかの分野の配点を 0.75 にし、残りを 0.25 にして選抜成績が計算される。2019 年秋入学では、シャルマー工科大学、ウプサラ大学、ルンド大学など 6 大学の工学部で、2020 年春の入学選抜では、ストックホルム大学やヨーテボリ大学の社会系学部などで、配点を変えて計算することが発表された[28]。選抜点計算方法の改善は、引き続き行われている。

（3）問題例

　本節では、2018 年秋の高等教育試験で出題された各領域の設問を具体的に見てみる[29]。まず、数量分野の 4 領域である。

　数学的問題解決（XYZ）は、2011 年以降出題されている領域で、比較的単純な数学の問題である。設問は短く、数学の概念と計算方法を知っていれば回答できる。

【冊子 4：XYZ：問 7】（正答 C）
6：7 と同じ比は次のうちどれか？
A）36：49　　　　B）67：76　　　　C）120：140　　　　D）330：390

　数量比較（KVA）も、2011 年にできた新しい領域である。設問に示される条件下で量Ⅰと量Ⅱを比較する問題であり、A～D 四つの選択肢の文言が決まっている。関数や面積、計算問題などの他、短い文章題もある。ユニークなのは、数学的に考えれば必ず二量の比較ができるわけではなく、情報不足で比較不可能な場合があることだ。それが選択肢Ｄとして設定されている。

【冊子 2：KVA：問 22】（正答 A）
デービッドは、フリーダより 8 歳年上である。エドヴィンは 11 歳である。
　量Ⅰ：エドヴィンの年齢とフリーダの年齢の合計
　量Ⅱ：デービッドの年齢
A）ⅠはⅡより大きい　　　　B）ⅡはⅠより大きい　　　　C）同じ　　　　D）情報不足

　数量的推論（NOG）は、1977 年の高等教育試験の開始時より変わらず出題されている領域である。問題を解くために必要十分な情報を選択することが求められる。この領域のすべての設問は、数学の問題に、2 種類の情報、そ

して、それらの情報の必要性を問う定型の5択の選択肢で構成されている。ここにも、情報不足で解決不可能という選択肢がある。

【冊子4：NOG：問28】（正答D）
面積が 50 cm^2 の直角三角形がある。この三角形の角は何度か？
　情報ⅰ：この三角形は二つの辺の長さが等しい。
　情報ⅱ：この三角形の角の内、少なくとも一つは 45 度である。
問題解決のために必要十分な情報は次のどれか
A）ⅰは必要だがⅱは不要　　　B）ⅱは必要だがⅰは不要　　　C）ⅰとⅱの両方が必要
D）ⅰとⅱのどちらか片方が必要　　E）これらの情報では解決できない

　図・表・地図（DTK）は、実際の統計や地図をもとに、設問に答える。統計や地図は、それぞれ約1ページで、回答のためには直接必要ではない情報も多く含まれている。

【冊子2：DTK：問35】
スウェーデンにおけるインターネット使用に関する統計（2010年）。
年齢別（16-24歳、25-34歳、35-44歳、45-54歳、55-64歳、65-74歳）と全年齢の、使用場所（家、職場、学校、他の人の家、その他の場所）毎の、男女別および合計使用者の実数と割合の統計が載っている。

次のうちどのカテゴリーの男女差が最も大きいか？
A）16-24歳の、学校でのインターネット使用者
B）25-34歳の、職場でのインターネット使用者
C）25-34歳の、その他の場所でのインターネット使用者
D）35-44歳の、その他の場所でのインターネット使用者

　各領域はそれぞれ、シンプルに数学的概念の理解や手続きを問う領域と、比較、推論、そして現実的な問題への対応を問う。どれも、評価したい能力が明確である。そして、提示された情報の必要性を吟味する設問が多く、数学の定理や解法を知っていることよりも、思考し判断することが求められていることがわかる。とくに、1970年代から出題されている後者2領域は、大学での学習で同様の思考が必要になることがイメージでき、大学の学習への準備にもなるといえよう。

　一方の言語分野は、大学で用いられるレベルの単語理解や読解力が問われる。英語読解（ELF）は問題が公表されていないため、以下には他の3領域

の設問例をあげる。語彙（ORD）は、スウェーデン語の単語について、それぞれ五つの選択肢の中から類義語を選ぶ。

【冊子3：ORD：問10】　　単調な　（正答D）
A）孤独な　　B）絶対的な　　C）確実な　　D）変化のない　　E）単純な

　スウェーデン語読解（LÄS）は、約500字の文章一つを読んで2問に、約1000字の文章二つを読んで各4問に答える。以下に例示するのは「学校とストリンドベリ」と題する、1000字の書評を読んだ後の設問である。文章から情報を読み取り、文意を把握することが求められている。

【冊子5：LÄS】
【問13】本文によると、ステン＝オロフ・ウルストロームは、博士論文で主に何を行ったか？　（正答B）
A）様々な時代の文学的理想に基づく、ストリンドベリ作品の分析
B）文学に関する生徒の論文と教科書との比較
C）高校の文学の授業の目的に関する分析
D）ストリンドベリに関する高校生の知識に関する記録

【問14】本文によると、20世紀初めの教科書では、小説家アウグスト・ストリンドベリについてどのようなイメージが描かれていたか？　（正答C）
A）ストリンドベリ——劇作家　　B）ストリンドベリ——表現者
C）ストリンドベリ——歴史家　　D）ストリンドベリ——社会論者

【問15】本文によると、教科書に描かれているストリンドベリのイメージについて、20世紀初頭と1960年代末とでどのような違いがあるか？　（正答B）
A）ストリンドベリが女性嫌いだという噂がより大きく語られた
B）ストリンドベリの著作のより多くのページがさらに強調された
C）ストリンドベリの著作において社会批判が弱くなった
D）学校の価値観により適合した

【問16】本文から考えると、どの主張がステン＝オロフ・ウルストロームの主張に合っているか？　（正答C）
A）ストリンドベリの記憶を大切にしよう！
B）文学の授業で実験を行うな！
C）ストリンドベリについて自由に考察しよう！
D）生徒が文学の授業を決められるようにしよう！

　単語穴埋め（MEK）は、2011 年までは語彙領域に出てきたような単語が、設問形式を変えて出されている。

【冊子３：MEK：問 22】（正答 A）
歴史的に、成長率は温室効果ガス排出量の増加と＿＿＿＿＿してきた。しかし、これは自然の法則ではなく、実際に両者を＿＿＿＿＿できる国や地域の例もある。
A）相関―分離　　　　B）競争―多様　　　　C）結合―平準化　　　　D）修正―補正

　言語分野は、数量分野に比べると、見慣れたオーソドックスな問題に見える。どの領域も、奇をてらうことなく大学での学習に必要な能力を測っている。

　両分野とも、大学での学習方法や思考方法を意識して作られていることが明確である。大学での学習との関連は、高等教育試験に関する調査研究においても検討されてきた[30]。高等教育試験の試行が始まった 1969 年から継続して、試験受験者の社会的背景や学歴の調査や、試験を利用した大学入学者と高校からの入学者との比較調査などとともに、試験結果と大学入学後の学習成果との関連についての追跡調査が行われた[31]。つまり、試験結果は大学入学の選抜に利用されるが、試験の中身は選抜よりも、大学での学習への適性を測り、個人にとっては大学での学習の準備となることが、そして社会にとっては多様な属性を持つ人の大学進学を実現することが重視されてきたのである。

4．生涯学習社会の中の大学教育

　本章では、広く成人に大学の門戸を開いた 25：4 ルールと高等教育試験に注目して、スウェーデンの大学入学の制度を検討してきた。大学入学制度に関する議論の中で論点になっていたのは、入学資格を与える基準と、選抜資料の作成方法だった。

　入学資格については、全国のすべての大学・学部に共通する基礎要件をどう設定するかが議論されていた。高校修了程度を基本としながらも、中等教育を受けていない人々に対しても、年齢や勤労経験という分かりやすい基準で大学の門戸を開いたのが 25：4 ルールだった。選抜資料については、高校

の成績や勤労経験などが点数化されるとともに、大学で必要な能力を評価する高等教育試験が開発されていた。その試験は、大学での学習に結びつき、受験者にとっても実施者にとっても実用的で効果的であるように考えられていた。

　こうした大学入学の制度は、単独で考えられたのではなく、大学の目的や教育内容、そして社会における役割と連動して議論されてきた。すなわち、大学教育を社会の様々な専門職と結びつけ、それを多くの人に開くことによって、人々の教育水準を高め、労働環境の改善や賃金格差の縮小につなげる。人々が教育を受けることで、議論への参加が増え、民主主義も成長する。そのために、大学を、一部の特権的なエリート層のものではなく、すべての人に平等に開かれた生涯学習の場として位置付ける。このような社会的意義の強調は、1970 年代当時の時代背景を強く映し出している。多様な問題が複雑化する現在、こうした構想は楽観的にすら映るかもしれない。社会は変化し、大学教育の役割は多様化している。

　それでもなお重要なのは、将来の社会像と大学の役割を一貫して考えた上で理念を追求し、改善を続けながら具体化しようとしてきた点であろう。そしてそのために、多くの人々が理解し議論できるようにオープンでシンプルな制度が目指され続けている点も忘れてはならない[32]。スウェーデンでは、個人にとって有益であると同時に、社会にとっても意義のある大学教育の形が、これからも追求されていくのだろう。

【追記】都市封鎖しない独自路線が話題になったスウェーデンだが、高校と大学は 2020 年 3 月 18 日から 6 月 15 日まで原則遠隔で授業や試験が行われ、成績がつけられた。50 名以上の集会は禁止されたため、同年春（4 月 4 日）の高等教育試験は中止になり、受験料が払い戻された。受験希望者は次回（10 月 18 日予定）の試験を受ける。

※https://www.studera.nu/hogskoleprov/infor-hogskoleprovet/uhr-staller-in-va
　　rens-hogskoleprov-2020/（2020 年 7 月 8 日確認）

Book Guide
◎太田美幸『生涯学習社会のポリティクス──スウェーデン成人教育の歴史と構造』新評論、2011年。
◎川崎一彦・澤野由紀子・鈴木賢志・西浦和樹・アールベリエル松井久子『みんなの教育 スウェーデンの「人を育てる」国家戦略』ミツイパブリッシング、2018年。

1 SCB［Statistiska centralbyrån］(2018) *Sökande och antagna till högskoleutbildning på grund- nivå och avancerad nivå：Antal sökande och antagna per ålder och kön, höstterminerna 1998- 2018*, (retrieved from https://www.scb.se/hitta-statistik/statistik-efter-amne/utbildning- och-forskning/hogskolevasende/sokande-och-antagna-till-hogskoleutbildning-pa-grundniva-och- avancerad-niva/, 2019/08/01)
2 義務教育は1972年以来、7歳から9年間だったが、2018年に1年間の就学前学級が義務化され、6歳から10年間になった。
3 SCB (2017) *Etableringsstatus tre år efter avslutade gymnasiestudier läsåret 2013/14, per pro- gram (verksamhet 2017)*, (retrieved from https://www.skolverket.se/skolutveckling/statis tik/sok-statistik-om-forskola-skola-och-vuxenutbildning?sok=SokC&verkform=Gymnasiesko lan&omrade=Efter%20gymnasieskolan&lasar=2017&run=1, 2020/02/08)
4 本所恵『スウェーデンにおける高校の教育課程改革─専門性に結びついた共通性の模索』新評論、2016年。
5 本所恵「スウェーデンの高校における必修科目の教育目標─数学の全国学力テストの検討を中心に」『教育方法学研究』34号、2009年、13-24頁。
6 Högskoleverket (1997) *Tillträde till högre utbildning：en evighetsfråga*, Stockholm：Hög- skoleverket, p.15.
7 Högskoleverket (2006) *Högre utbildning och forskning 1945-2005：en översikt*, Stockholm：Högskoleverket, p.7.
8 1945年大学委員会（1945 års universitetsberedning）、1955年大学審議会（1955 års universi- tetsutredningen）、1963年高等教育委員会（1963 års universitets- och högskolekommitté）、コンピテンス審議会（kompetensutredningen、1965年設置）、1968年教育審議会（1968års utbild- ningsutredning）、コンピテンス委員会（Kompetenskommittén、1972年設置）など。
9 1968 års utbildningsutredning (1973) *Högskolan (SOU1973：2)*, Stockholm：Utbildningsde- partementet, p.25.
10 *Ibid.*, p.48.
11 Högskoleförordning (SFS 1977：263), 3kap 4§, 5§, 25§
12 1968 års utbildningsutredning, *op. cit.*, p.87.
13 Högskoleverket, 1997, *op. cit.*, p.38.
14 Högskoleförordning (SFS 1977：263), 5kap 8§
15 Brandell, L. (2005) *Arbetslivserfarenheternas uppgång och fall*. (retrieved from http://www. lilahe.com/arbetslivsmeriter.html, 2019/09/17)
16 Utbildningsdepartementet (2007) *Vägar till högskolan för kunskap och kvalitet (Prop 2006/07：107)*, Stockholm：Regeringens proposition, p.17.

17　Tillträdesutredningen（2017）*Tillträde för nybörjare- ett öppnare och enklare system för till-träde till högskoleutbildning. (SOU2017：20)*, Stockholm：Utbildningsdepartementet.

18　Högskoleförordning（SFS1993：100）, 7kap 5 §

19　Utbildningsdepartementet（2018）*Förordning（2018：1510）om försöksverksamhet med be-hörighetsprov för tillträde till högskoleutbildning.*

20　UHR〔Universitets- och högskolerådet〕（2019）*Antagning till högre utbildning höstterminen 2019, Statistik i samband med första urvalet ht 2019*,（retrieved from https://www.uhr.se/studier-och-antagning/Analys-av-antagningsstatistik/antagningsstatistik-2019/, 2019/09/11）, p.61.

21　Studera.nu（2019）*Lite fakta om högskoleprovet*,（retrieved from https://www.studera.nu/hogskoleprov/Anmalan-till-hogskoleprovet/fakta-om-hogskoleprovet/, 2019/09/17）

22　ウメオ大学とヨーテボリ大学はどちらも伝統ある総合大学であり、試験の作成・開発に関しては、高等教育試験の他、初等・中等教育の全国学力テスト等にも関わっている。

23　Wedman, I. & Henriksson, W.（1984）*Högskoleprovet：Konstruktion, resultat och erfarenheter*, Umeå：Pedagogiska institutionen, Universitetet i Umeå, p.9.

24　*Ibid.*, pp.26-27.

25　Gustafsson, J.-E., Wedman, I. & Westerlund, A.（1992）. The dimensionality of the Swedish Scholastic Aptitude Test. *Scandinavian Journal of Educational Research*, 36, 21-39.

26　Stage, C. & Ögren, G.（2010）. *Ett nytt högskoleprov. Bakgrund och konse- kvenser（BVM 42：2010）*. Umeå：Umeå universitet, Institutionen för tillämpad utbildningsvetenskap, Beteende-vetenskapliga mätningar.

27　Studera.nu（2019）*Efter högskoleprovet – rättning, normering och facit*,（retrieved from https://www.studera.nu/hogskoleprov/efter-hogskoleprovet/rattning-normering/, 2019/09/17）

28　UHR（2019）*Viktade högskoleprovsresultat testas i höst*,（retrieved from https://www.uhr.se/om-uhr/nyheter/2019/viktade-hogskoleprovsresultat-testas-i-host/, 2019/09/17）

29　Studera.nu（2019）*Provfrågor och facit hösten 2018*,（retrieved from https://www.studera.nu/hogskoleprov/fpn/provfragor-och-facit-hosten-2018/, 2019/09/17）

30　Kompetensutredningen（1968）*Studieprognos och studieframgång（SOU1968：25）*. Stockholm：Utbildningsdepartementet. Kompetensutredningen（1970）*Vägar till högre utbildning：Behörighet och urval（SOU1970：21）*, Stockholm：Utbildningsdepartementet.

31　Kim, L.（1979）Widened Admission to Higher Education in Sweden（the 25/5 scheme）, *European Journal of Education*, 14(2), 181-192.

32　2015年に設置された進学審議会（Tillträdesutredningen）が2017年に出した報告書のタイトルは「新入生の進学：高等教育進学のオープンでシンプルなシステム（*Tillträde för nybör-jare- ett öppnare och enklare system för tillträde till högskoleutbildning*）」だった。

コラム⑥　大規模カンニング

　試験中に正答を教えてくれるイヤホンがあったら、あなたは手に入れたいだろうか。魔法の道具の話ではない。近年、スウェーデンの高等教育試験で実際にそのようなイヤホンが用いられていた。もちろん、歴とした不正行為である。

　試験における不正行為は、洋の東西を問わず様々に行われてきた。周囲の受験生の解答を覗き見たり、別人が受験したり、許可されていない補助具やメモを持ち込んだりする方法がよく用いられてきたが、近年では、スマートフォンを使って試験中に情報を検索したり受験会場の外にいる人に聞いたりする手口もある。テクノロジーが不正行為を発展させたのだ。ここでとりあげるケースは、その典型である。さらにこの事件は、手法の新しさだけではなく、不正行為が組織的に計画され売買され、類を見ないほど多くの人が関与した点で世間を震撼させた[1]。

　高等教育試験を実施している高等教育局（UHR）が、不正行為の通告を受けて調査を始めたのは2015年だった。調査の結果、翌年には42人の不正行為が確認され、既に医学研究所に入学していた9人の学生が除名された。これらはすべて、同じグループが引き起こした不正行為だった。首謀者は受験生ではなく、受験生に携帯電話とワイヤレスイヤホンを使って試験中に答えを教える代わりに一定額の支払いを求めていた。「最高の教育を受けたいあなたへ。高等教育試験を手伝います。結果は確実。」とインターネット上で広告し、不正行為が「売られて」いた。取引の値段は試験でとりたい点数に応じて異なる。ほぼ満点の1.9点は99,000クローナ（約120万円）、1.5点は49,000クローナ（約59万円）、1.4点だと39,000クローナ（約47万円）といった具合である。満点に近いと不正行為を怪しまれるため、希望の大学に入れる点数を購入するというわけだ。

Column

　2016 年には、ドキュメンタリー番組のレポーターが高等教育試験を受験するふりをしてこのグループと取引をし、その一部始終が報道された。メールでのやり取りの後、街のカフェで「販売員」と会って前金 5000 クローナ（約 6 万円）を渡し、説明を受ける。その後、小包で機材が送られてきた。小さな機器を自分の携帯電話に接続し、極小ワイヤレスイヤホンを耳の奥にはめる。外からはまったく分からない。事前練習を経て試験当日、試験中にイヤホンから答えが流れてくる。「問 1、Adam の A。問 2、Cesar の C…」高等教育試験はすべての問題がマークシートの選択肢問題だ。聞こえてくる答えに色を塗ればいい。もっとも、番組レポーターはこの時試験会場にはおらず、テレビ局でイヤホンから聞こえてくる回答をメモしていた。そして試験終了後、公表される正答を見てメモした答えを自己採点する。160 問中 156 問が正答、満点の 2.0 がとれていた。

　後日、番組レポーターは残金を支払うために「販売員」と再会。その際に事情を話し、説明を求めた。しかし「販売員」は、現金を受け取って指定場所に運ぶことだけが仕事で、不正行為の全貌は知らなかった。彼自身は、この 2 年ほど、試験の度に 5 〜 8 人から現金を回収してきたと言う。

　販売員は一人ではなく、様々な地域に広がっていた。2015 年以降の 4 年間に、首謀者たちが稼いだ額は 1000 万クローナ（約 1 億 2 千万円）以上と試算されている。これほど大規模に、不正行為が組織的に計画され、簡単に売買され、多くの人々がその取引に応じてお金を支払ったことに驚きを禁じ得ない。

　この手口で高得点をとった受験生は、医学部や法学部など、将来高所得な職業につながる人気の学部に既に入学していた。不正行為が認められた受験生は、既に入学していても大学から除名され、2 年間は高等教育試験を受験できない。現実的には、不正行為によって高点数を得て大学に入っても、教育を受け始めれば学習が困難なことは目に見えている。数点のごまかしではなく、高校を修了できなかったのに高等教育試験でほぼ満点を取るような、大きな不正なのだ。実際に、スウェーデン語ができないのに

Column

高得点を取った者もいた。

　試験の実施側は、設問や解答が事前に流出しないよう袋に入れたり、設問と正答の公表を試験直後ではなく数日後に行うようにしたりするなどの対策をとった。より厳格に、試験会場の電波遮断や受験生のボディーチェックも提案されたが、こうした方法は個人の自由や権利の制限にあたるため困難であり、その上効果は確実ではなく、試験実施の負担が増えるといった批判的な意見が多く、見送られた。現実には、2016 年秋以降、受験者に不正行為をしない誓約書を作成させ、違反すると警察に通報されることになった。そして実際に同年、51 人の受験生が不正行為容疑で通報され、取り調べの結果 31 人が起訴され、裁判を経て 23 人が執行猶予と罰金を課せられた。ただし、特定されてはいないが、明らかにもっと多くの人が不正行為をしたと言われている。

　もちろん、不正行為を売ったグループ関係者の刑はもっと重い。首謀者3 名には懲役 3 年半、5 年、6 年が科せられた。取引に関わった販売員、解答を盗んだ人、多くの携帯やイヤホンを提供した人、巨額のマネーロンダリングを行った人などは、実刑や罰金の判決を受けた。不正行為は非常に高く多く売れたが、その代償ははるかに大きかったと言える。

　大規模な不正行為は試験の信頼度を落としかねない。ハイステイクスな試験であるほど、複雑化する不正行為への対策が必要になる。手口が詳細に明らかにされると、類似の手口で、あるいはさらに複雑な方法で不正行為を試みようとする人が増えるかもしれない。いたちごっこに終わりは来るのだろうか。

（本所恵）

1　スウェーデン公共放送（SVT）関連ニュースまとめ SVT. 2020. https://www.svt.se/nyheter/inrikes/20086518（2020 年 7 月 8 日確認）

コラム⑦　フィンランドの入試改革
──生涯学習と社会人入学の伝統の転換

　フィンランドには、成人教育・生涯教育を促進させてきた長い歴史と伝統がある。生涯にわたって社会の多様な変化に対応できる人材を育成することは、経済社会を支える労働力の確保のためにも重要な国家政策となってきた。成人に生涯学習のための機会を提供することは、フィンランドの高等教育機関が担う重要な社会的役割のひとつである。生涯を通して学び続けることを尊重する教育理念は、柔軟な入学者受け入れ方針（アドミッション・ポリシー）にも反映されており、生涯教育を促進させるため、高等教育機関で学びたい、学び直したいと希望する成人には広く門戸が開かれてきた。しかし、このアドミッション・ポリシーは今、大きな変革の時を迎えている。

●高等教育機関のアドミッション・ポリシー：これまでの動向

　フィンランドの高等教育機関は、実務スキルを育成することに重点を置き、学士号取得を目指す応用科学大学（ポリテクニック）と、学術研究に重点を置き、原則的に修士号取得をめざす大学の2種類に分類される。学位取得を目指す正規の学生としていずれかの高等教育機関に入学するためには、通例では大学入学資格試験（matriculation examination）に合格していることが基本条件となる。大学入学資格試験は、国家教育庁が定めている教育課程において、高校卒業時に求められる学習目標水準に到達しているかを測るため全国統一で行われる。同試験の成績は、各高等教育機関が実施する選抜試験の成績と合わせて、入学者選抜において長きにわたり利用されてきた（表1参照）。

　教育文化省の資料によると、入試改革以前の2016年には、大学への進学を希望する志願者の約半数がこのルートで入学している。しかし、いわゆるこの「正門」の他にも、いくつかの入学ルートがある。例えば、各大学が有料で一般の受講者向けに開講しているオープンユニバーシティ

（open university）の科目履修生として、一定の単位を取得した人の為に設けられた特別入学枠を利用したり、応用科学大学で学士号を取得し、その後就職したのちスキル・キャリアアップのために大学で修士課程のみ履修するということも可能である。高等教育機関で学ぶ学生の平均年齢が26歳と比較的高くなっているのは[1]、こうした柔軟なアドミッション・ポリシーとも関係している。

●アドミッション・ポリシーはどのように変わるのか

　では、なぜ成人教育・生涯教育の機会を広げるために重要な役割を果たしてきた大学アドミッション・ポリシーを改革する必要があったのだろうか。教育文化庁が2018年に発表したデータによると、後期中等教育修了者のうち、卒業後すぐに進学できるのは希望者の3割程度にとどまり、後期中等教育修了後に「空白期間」ができてしまう若者が多いことがまず理由として挙げられている。さらに、大学入学資格試験対策のみならず、各校が実施する入学選抜試験の対策もしなければならないため、若い進学希望者の負担が大きくなりすぎるという問題もある。2017年に行われた「学生の学習・生活実態調査 Eurostudent VI」に参加した大学・応用科学大学の学生のうち5人に1人が、進学のために塾・予備校を利用したと回答しており[2]、経済状況によっては選抜において学生に不利益が生じている可能性も指摘された。この現状は、教育の機会は全国民に平等に与えられなければならないというフィンランド憲法に反しているため、教育文化省としても今後取り組むべき教育課題のひとつとしてきた背景がある[3]。

　これらの課題を解消するため、大学入学資格試験の成績に各校が実施する入学試験の成績を合わせた結果で選抜を行う、いわば「正門」として機能していたルートを廃止し、これからは少なくとも50％以上の学生を大学入学資格試験の成績だけで選抜するルートを新たな正門とする大規模な改革が、2020年から全面的に実施されることとなった。この改革に伴いその他の特別入学ルートが廃止されることはない。これまでと同様、入学選抜試験を経て入学したり、オープンユニバーシティの科目履修生向けの

Column

特別入学枠を利用するという道は当然残される。しかしながら、新卒者枠を50%以上に固定することで職業経験者の入学が困難になるのではないか、といった生涯学習の機会均等という観点からの問題提起がなされたり、一度入学してから専攻や大学の変更を希望する場合、新卒者枠があるために編入が難しくなるのではという在学生からの不安の声も新聞やテレビといったメディア上で散見される[4]。さらに現役の高校生からは、入試からは解放される一方で、大学入学資格試験に対する精神的負担が増大するのではないか。また、改革によって、大学入学選抜を視野に入れた上で高校での履修科目を選択していく必要が生じるが、そのような早期に進路を決定することができるのか、という懸念も聞こえてくる[5]。

　このような改革が及ぼす影響を案じる声もある中、教育大国フィンランドの教育文化省、国家教育庁は今後どのようにこの改革を主導していくのか。生涯学習の機会はすべての若者、成人に対してどのように保証されていくのか。高大接続、成人教育・生涯学習の機会均等の観点からも、これからのフィンランドの大学アドミッション・ポリシー改革の動向に注目していきたい。　　　　　　　　　　　　　　　　　　　　　　　（西村教）

表1：大学のアドミッション・ポリシーの変更点

出典：フィンランド教育文化省発表資料をもとに作成

【追記】2020 年春の大学入学資格試験は、一般教養科目の試験を予定より一週間繰り上げて試験期間を短縮し、各高校で実施された。2020 年春の高等教育機関の一般入学試験は、スケジュールや実施方法を調整した上で 4 月から 6 月頃に行われる予定である。応用科学大学では、これまで開発が進められてきたオンラインテストの実用化に向けた取り組みが行われ、大学では学部ごとにデジタルテストの採用、オンラインコースの実施、学業成績による選抜枠の拡大などの代替手段が模索されている[6]。

1　Potila, A-K., Moisio,J., Ahti-Miettinen, O., Pyy-Martikainen, M. & Virtanen, V. 2017. Opiskelijatutkimus 2017. EUROSTUDENT VI –tutkimuksen keskeiset tulokset, pp.24. http://julkaisut.valtioneuvosto.fi/bitstream/handle/10024/80534/okm37.pdf（2019 年 8 月 26 日確認）

2　Potila et al., pp.30-31.

3　フィンランド教育文化省. 2018. 2020 Korkeakouluhakujen info. https://opintopolku.fi/wp/wp-content/uploads/2018/09/Korkeakoulujen-vuoden-2020-haut-info-opinto-ohjaajille_OPH.pdf（2019 年 8 月 13 日確認）

4　国営放送 YLE ニュース. 2019 年 7 月 5 日. Lukio kaukana takana, haave opiskelupaikasta edessä – valintauudistuksen väliinputoajia vanhojen arvosanojen korottaminen ei houkuta. https://yle.fi/uutiset/3-10860510（2019 年 8 月 13 日確認）

5　国営放送 YLE ニュース. 2019 年 2 月 14 日. Valintakoeuudistus poistaa kahden kokeen stressiä – abit ovat kuitenkin huolissaan ylioppilaskirjoitusten suorituspaineista. https://yle.fi/uutiset/3-10646643（2019 年 8 月 13 日確認）；国営放送 YLE ニュース. 2019 年 6 月 12 日. Suunnitteletko hakevasi yliopistoon? Katso, millä aloilla hyödyt matematiikasta ja mihin et pääse ilman sitä. https://yle.fi/uutiset/3-10824197（2019 年 8 月 13 日確認）

6　https://www.ylioppilastutkinto.fi/ajankohtaista/tiedotteet/908-reaaliaineiden_koepaivia_aikaistetaan_viikolla_koronavirustilanteen_johdosta（2020 年 4 月確認）
http://www.arene.fi/ajankohtaista/finnish-universities-of-applied-sciences-will-organise-their-entrance-examinations-online/（2020 年 4 月確認）
https://www.ylioppilastutkinto.fi/ajankohtaista/uutiset-tapahtumat/10-uutinen/932-kevaan_2020_ylioppilastutkinto_jarjestettiin_poikkeuksellisissa_oloissa（2020 年 4 月確認）
https://yle.fi/uutiset/3-11300517（2020 年 4 月確認）
https://yle.fi/uutiset/3-11255335（2020 年 4 月確認）

第 **8** 章 *United Kingdom*

イギリスの A レベルと多様な入学資格
——受験機会ではなく、進学機会の公平性を

二宮衆一

1. はじめに ——大学進学の切符としての A レベル

8月中旬、イギリスでは、ニュースや新聞各紙が、「When is A level results day」「What time are A-level results released today」といった見出しのもと、その年の大学入試の動向や結果を報道し始める[1]。「A レベル（A level）」と呼ばれるテストが、イギリスの大学入試の象徴、いわば日本の大学入学センター試験（大学入学共通テスト）にあたる。A レベルの結果が発表される8月中旬、イギリスの大学を目指す多くの受験生は、成績通知書を受け取り、人生の岐路を迎えるのである（次ページ図1参照）。

日本と同様に、イギリスの受験生たちにとっても、当日は哀感の日となる。A レベルの試験で自らの力を十分に発揮でき、期待通りの試験結果を得られ、歓喜する受験生がいる一方で、予想外の結果に遭遇し、トイレに駆け込み、「人生が終わった」と涙を流す受験生もいる。A レベルの結果発表後には、そうした個々の受験生の経験談が新聞や雑誌で取りあげられる。

大学入試が、個々の受験生にとって重要な節目であることは、日本でも、イギリスでも変わらない。しかし、個々の受験生の経験を越えて、大学入試のシステムそのものに目を向けると、様々な違いが存在する。例えば、イギリスの A レベルは、資格試験であり、日本のセンター試験とは大きく性格を異にする。図1の成績通知書に示されるように、受験生は受験した科目について、A から E で示されたグレードと点数を受け取る。詳しくは、後述するが、イギリスでは、各大学の学部が入学に必要な要件（受験科目とグレー

Example GCE Statement of Provisional Results

Candidate Statement of Provisional Results
General Certificate of Education
JUNE 2019

AQA

Centre
54321 EXAMPLE COLLEGE

Candidate		Unique Candidate Identifier	Unique Learner Number	Sex	Date of Birth
4139	EXAMPLE STUDENT	109876543210B	0123456789	M	01/01/01

	Series	Code	Unit (max UMS)	UMS	Subject Award	UMS	Unit grade
Advanced							
7402			**BIOLOGY (Jun 19)**		**B(b)**		
7402/C			**[Practical Skills]**		**Pass**		
7712A			**ENGLISH LITERATURE (Jun 19)**		**C(c)**		
7182			**PSYCHOLOGY (Jun 19)**		**A(a)**		
Advanced							
2021			**CLASSICAL CIVILISATION (Jun 19)**	**334**	**A(a)**		
	Jun 17	CIV1A	Greek Architecture and Sculpture (100)			76	B
	Jun 17	CIV2B	Homer Odyssey (100)			80	A
	Jun 19	**CIV3C**	**Greek Tragedy (100)**			**88**	**A**
	Jun 19	**CIV4C**	**Roman Epic (100)**			**90**	**A**

図 1　イギリスの A レベル成績通知書の例
出典：https://www.aqa.org.uk/exams-administration/results-days/results-slips（2020 年 1 月 20 日確認）

ド）を公表している。受験生は、各大学が示す入学要件と自らの A レベルの結果を見比べ、進学先を選ぶことができるのである。

そのためイギリスでは、日本のように大学入試に合格できなかったために、大学に行くことができない、いわゆる浪人生は非常に少ない。イギリスにも、大学を受験しない学生や、入学を保留する学生は多数いるが、それは「Gap Year」と呼ばれる積極的な選択であり、海外への旅や留学、あるいはインターンシップを経験するためのものである。

2002 年から日本においてもセンター試験の成績通知が開始された。しかしながら、それは、すべての大学入試が終わった 4 月中旬に、希望した受験生のみに送られる。日本の大学入試では、センター試験の結果を知らされない状況の中で、受験生は試験の手応えと自己採点にもとづいて、進学先を決定しなければならない。しかも、大学に進学できるかどうかは、センター試験や大学の個別入試での成績順位次第であり、イギリスのように A レベル受験で得られるグレードそのものが進学できるかどうかの分水嶺となるわけではない。資格試験の性格を持つイギリスの大学入試は、試験の順位によって合格者を選抜する日本の大学入試と異なる点が多い。

　大学入試は、大きくは試験の成績順位によって合否が決まる競争試験と到達基準を超えれば入学資格が付与される資格試験に分類される。日本の大学入試は、競争試験であるのに対して、イギリスの大学入試は、資格試験を基本にしながら、競争的要素が組み込まれている点に特徴を持っている[2]。そうした違いが、両国の大学入試システムの相違を生み出している。ここでは、競争的資格試験としての性質を有するイギリスの大学入試を紹介しつつ、日本の大学入試のあり方を見つめる視座を提供したい。

２．「合格通知」ではなく、「条件提示」

　イギリスでは、日本の高等学校にあたる「シックスフォーム」の最終学年（18歳時点）で、大学入試を受ける若者が多い[3]。志願者は、進学を希望する大学を選び、９月から１月にかけて、各大学へ願書を提出する。イギリスにはUCAS（The Universities and Colleges Admissions Service）と呼ばれる機関があり、そこが大学入試全般の業務を担っている。UCASには、大学入試に関わるあらゆる情報が集約されており、志願者は必要な書類をそろえ、UCAS経由で各大学に願書を提出する。

　願書は全国共通のフォーマットとなっており、五つの志望校に提出することができる。願書には、志望する専攻、GCSE（中等教育修了資格試験）の結果、自己評価欄、内申書（志願者の学習状況、Aレベルの予想成績、志望する専攻への動機や関心、社会的活動、部活動など）を記述することになっており、その記述内容はかなり多い。その理由は、願書に記述されている内容、特に学業以外の社会的活動や部活動、志望動機等も選考材料として大学側が使用するからである[4]。願書は、UCASのHPにおいて入力や修正することができ、提出などの手続きも電子化されている。

　では、具体的に、どのようなスケジュールでイギリスでは大学入試が行われているのか。図２（次ページ）のようなスケジュールで実施されている[5]。まず日本との違いとして目につくのは、Aレベルの試験が実施される前に、選考が行われる点である。イギリスでは、５月から始まるAレベルの前に、志願者は大学から選考結果を受け取る。ただし、その選考結果は、いわば

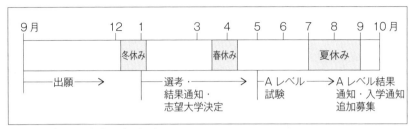

図 2 イギリスの大学入試スケジュール

個々の志願者に対する入学のための条件提示と言える。選考結果には「無条件合格（unconditional offer）」、「条件付き合格」（conditional offer）、「不合格（unsuccessful あるいは withdrawn）」がある。「条件付き合格」とは、A レベルの結果が、大学の提示した条件を満たしていれば、入学を許可するというものである。

　実はイギリスでは、A レベルの 1 年前に、AS レベル試験（Advanced Subsidiary Level）が存在し、また中学校卒業時点においても GCSE 試験（General Certificate of Secondary Education）がある。大学側は、こうした事前に実施されている試験の結果、そして、そこから予想される A レベルの結果を参考に、志願者の選考を行なっているのである。つまり、A レベルの結果そのものというよりも、それ以前に実施されている試験の結果等から、志願者が大学に進学し、専門的な学習をできるために必要な学力を身につけているのかを選考過程で確認しているのである。イギリスの大学入試は、大学へ進学するに足る学力等を持っているのかを確認するための入試であり、そこに資格試験としての性質を見てとることができる。

　志願者への「条件提示」は、イギリスの大学入試に透明性を与えるものとなっている。志願者にとっては、大学が示す「条件」を満たす結果を A レベルで獲得すれば、大学への進学が保証されるシステムとなっており、志願者同士で試験結果の順位を競わなければならない日本の大学入試と比べると、大学に進学するために、どのような条件が必要なのかが明確になっていると言えるだろう。

　さらに、こうした資格試験としての性格によって、イギリスでは志願者にセカンド・チャンスの機会も与えられる。A レベルの結果が発表される 8 月末には、多くの大学が入試を終えることになるが、欠員が生じている大学は、それ以降に第 2 次・第 3 次の募集を行うことが多い。こうした追加募集は、受験生にセカンド・チャンスを提供する機会となっている。A レベルの結果が、大学の提示する「条件」を満たせなかった志願者にとっては、新たな進学先を探す機会となる一方で、期待以上の試験結果を得られた志願者は、より上位の大学への進学も可能となっている。

　センター試験をはじめとする日本の大学入学試験が、試験結果の順位を競わせ、合格・不合格を決めるための選抜機能を担っているのに対して、A レベルに代表されるイギリスの大学入学試験は、大学と志願者双方が進学に必要な学力を明示、あるいは証明する資格機能を担っていると言えるだろう。

3．多様な入学資格

　イギリスの大学入試試験としてよく知られているのは、A レベルであるが、多くの大学は、A レベル以外の資格も入学要件として認めている。例えば、BTEC（Business and Technology Education Council）と呼ばれる職業資格、そしてスコットランドの大学入学資格である「Scottish Higher」は、A レベルと同じく、ほぼ全ての大学において入学資格として認められている。

　こうした主要な大学入学資格に加え、イギリスでは、非常に多くの資格が大学入学資格として利用されており、各大学はそれぞれの方針にもとづき、入学要件として認める資格を募集要項の中で公表している。表 1（次ページ）は、マンチェスターにあるマンチェスター・メトロポリタン大学教育学部教育研究科の 2019 年の大学入学要件である。A レベル以外にも、多くの資格が入学要件として認められており、それぞれの資格において必要なグレードが示されている。

　実は、イギリスでは、250 以上の資格が、大学入学資格として認められている[6]。そのため、UCAS は様々な入学資格を相互に換算し合う表を作成している。それが、先ほどのマンチェスター・メトロポリタン大学の入学要件

表1 マンチェスター・メトロポリタン大学教育学部教育研究科の2019年入学要件

資格名	必要なグレード
GCE A レベル	BCC-BBC
UCAS Tariff point	104-112
Pearson BTEC Level 3 National Extended Diploma	DMM
Scottish Higher	BBCCC
International Baccalaureate	25 points

出典：UCAS（https://www.ucas.com）で検索した情報をもとに筆者が作成。

にも示されている「UCAS タリフ・ポイント（Tariff point）」である（表2）。それは、各資格のグレードを点数に換算し、様々な資格を比較可能にしたものである。つまり、受験生はAレベルのみで入学要件を満たすこともできれば、Aレベルと他の資格、例えばBTECの組み合わせによって、入学要件を満たすこともできる。先のマンチェスター・メトロポリタン大学では、タリフ・ポイントは104から112となっており、例えばAレベルのグレードAが一つとBTECのグレードMが二つの組み合わせ、合計112ポイントで入学要件を満たすことができる。

　大学の入学資格として様々な資格が認められているため、イギリスでは、様々なルートを経て、学生や社会人が大学に入学してくる。特に、日本との違いで注目したいのは、職業教育の資格取得者の大学進学率の高さである。

　2007年には8万人程度であった進学者数は、2015年には17万人へと倍増しており、職業教育の資格であるBTECはAレベルに次ぐ大学入学資格として多くの受験生に利用されている。イギリスでは、1990年代以降、職業教育に進んだ若者の進路選択を拡大するための制度改革が取り組まれてきた。この間の職業教育からの大学進学者の増加は、そうした取り組みの成果と言える[7]。

　ただし、それが職業教育とアカデミックな教育の同等性を実現するものとなっているのかについては、検討の余地を残すものとなっている。近年の職業教育改革の中で登場したBTECは、それまでの職業教育資格であるNVQ（National Vocational Qualifications）等の資格と異なり、特定の職業との結びつきを薄め、一般職業教育としての性格を強めてきた。そうすることで、

表2　UCASタリフ・ポイントの一例

	GCE A レベル	Scottish Higher	International Baccalaureate	Pearson BTEC Level 3 National Extended Diploma
168 points	A*A*A*			D*D*D*
128 points	ABB			DDM
56 points	A*			D*
48 points	A			D
33 points		A		
32 points	C			M
28 points			S7	
27 points		B		
24 points		C	S6	
21 points		C		

出典：UCAS. *UCAS Tariff tables：Tariff points for entry to higher education from 2019,* 2018 を参照し、筆者が作成。

BTECは、アカデミックな内容をカリキュラムの中に取り込み、大学入学資格としての地位を固めてきたのである。しかしながら、そうしたBTECのアカデミックな性質の強まりは、就業や職業との関連を弱め、職業教育としての意義を薄めることになった。こうした職業教育の状況は、「アカデミック・ドリフト」と呼ばれ、職業教育のアイデンティティの喪失に繋がることが危惧されている[8]。

　さらに懸念されているのは、BTEC取得による大学進学へのルートが、「Aレベル以外の大学進学の方法」「Aレベルで低い成績をとるよりも将来の可能性を広げるルート」として生徒や保護者、教師の間で捉えられるようになってきている点である[9]。つまり、職業教育を媒介とする進学ルートは、アカデミックなルートに適応できなかった生徒が、アカデミックなコースへと復帰するルートとして機能しているのである。大学進学を目的とした生徒の職業教育への流入は、職業教育の本来の役割を損なう恐れがあると危惧されている。

　また近年では、日本でも認定校が徐々に増えている国際バカロレアの利用

も広がっている[10]。国外からの留学生も多いイギリスでは、多くの留学希望者が国際バカロレアを利用して、イギリスの大学に進学しており、その割合はアメリカやカナダよりも多い。そうした国外からの志願者への対応を背景に、2008 年に UCAS は、国際バカロレアをタリフに加えた。それ以降、イギリス国内においても、国際バカロレアの認定校が増加しており、国際バカロレア資格を利用する受験生も、増加してきている。つまり、国境を越える教育資格として開発されてきた国際バカロレアが、イギリス国内の大学入学資格として機能するようになってきているのである。

　しかし、「課題論文」「知の理論」「創造性・活動・奉仕」を柱とする国際バカロレアは、教科をベースとする A レベルとは異なる教育目的とカリキュラムを提供するものである（229 ページコラム参照）。そのため国際バカロレアがイギリス国内で広がるにつれ、伝統的な国内のアカデミックな資格との軋轢が生み出されるようになってきている。レズニック（Julia Resnik）によれば、国際バカロレアを受け入れた国々では、国際バカロレアの認定校が増大するにつれ、既存の教育システムを国際バカロレアというグローバル・スタンダードに「適応」させる状況が生まれてきていると言う[11]。イギリスでは、そうした「適応」が、今、大学入試システムに引き起こされつつあり、国際バカロレアが A レベルを中心とした従来の大学入試資格のあり方を問い直す要因となってきている。

4. 公平な選抜とは

　イギリスでは、先に述べたように、A レベル試験実施の前に選考結果が知らされる。大学側が選考材料とするのは、A レベルの予想成績と願書に記載されている志願者の情報である。下記は、2017 年にケンブリッジ大学が入学を認めた志願者の成績分布である。

　この表に示されるように、ほとんどの志願者がトリプル A（144 ポイント）以上の成績で入学を認められている。その一方で、UCAS タリフの点数で120 点以下、グレードで換算すると B 以下の成績で入学を認められている志願者もいることが分かる。つまり、大学側が公表している入学要件を満たさ

表3　2017 年にケンブリッジ大学が入学を認めた志願者の成績分布

UCAS タリフ ポイント／Aレ ベルのグレード	志願者						合格・合格条件提示者					
	男性	%	女性	%	合計	%	男性	%	女性	%	合計	%
Arts, Humanities, and Social Sciences												
168A*A*A*	431	7.3	412	8.4	843	7.8	239	14.8	250	15.8	489	15.3
160A*A*A	402	6.8	561	11.5	963	8.9	152	9.4	276	17.5	428	13.4
152A*AB	43	0.7	61	1.2	104	1.0	6	0.4	14	0.9	20	0.6
152A*AA	347	5.9	555	11.4	902	8.4	113	7.0	188	11.9	301	9.4
144	284	4.8	450	9.2	734	6.8	58	3.6	130	8.2	188	5.9
136	195	3.3	302	6.2	497	4.6	21	1.3	50	3.2	71	2.2
128	100	1.7	181	3.7	281	2.6	11	0.7	20	1.3	31	1.0
120	47	0.8	104	2.1	151	1.4	5	0.3	3	0.2	8	0.3
112	18	0.3	56	1.1	74	0.7	0		2	0.1	2	0.1
104	19	0.3	26	0.5	45	0.4	1	0.1	3	0.2	4	0.1
96	4	0.1	14	0.3	18	0.2	0		1	0.1	1	0.0
88	2	0.0	11	0.2	13	0.1	0		0	0.0	0	0.0

出典：University of Cambridge. *Undergraduate Admissions Statistics, 2017 cycle*, 2017

ない成績でも、入学を認められる場合があるのである。

　こうした日本とは異なる入学者選考は、学力以外の要素を大学入試においてもある程度重視していることのあらわれである。イギリスでは、個々の志願者の学校での生活や社会活動などに加え、志願者の社会的背景も加味される[12]。こうしたアファーマティブ・アクションを大学入試にも積極的に取り入れる姿勢は、特に日本との大きな違いであり、入試の公平性を考える際に示唆に富む。

　志願者の社会的背景についての情報は、「背景データ（contextual data）」と呼ばれ、UCAS や国、地方自治体、出身学校から提供される[13]。その中には、「POLAR3」と呼ばれる志願者の出身地域に関する情報、そして出身学校に関する情報などが含まれている。前者の「POLAR」とは、地域毎の18〜19歳人口の高等教育機関への進学者の比率を算出したデータを指す。

データは、全国で 10000 件程度ある郵便番号エリアに相当する地域毎に出されており、POLAR3 とは、その第 3 版を意味し、2005 ～ 2009 年にかけてのデータにもとづくものである。POLAR3 では、進学率の高さにもとづき、地域を五つに分類しており、そのデータが選考に使用される。後者の出身学校に関する情報としては、例えば、その学校に通う生徒の A レベルの成績、無料給食や教育維持手当を支給されている生徒の割合などが提供される。

　各大学は、それぞれの方針にもとづき、「背景データ」に代表される学力以外の情報も考慮し、志願者一人ひとりに選考結果を通知するのである。そのため、「条件つき合格」といっても、その条件は、個々の志願者によって異なり、特に社会的に不利な背景を持つ志願者には、大学の示す入学要件以下の条件で入学が認められることも多い [14]。

　日本の大学入試では、極力、志願者の個人情報を伏せ、入学試験での点数のみによって機械的に選考することが公平とみなされる。そうした日本の入試システムからすると、入学条件が個々の志願者によって異なるイギリスの入試は、恣意的で不公平にみえるかもしれない。しかしながら、実際、イギリスでは、2000 年代前半の高等教育への参加拡大政策 (Widening Participation) によって、社会的に最も不利な層からの高等教育進学率が高まっている。志願者の顔が見えない日本の入試と、ある程度、志願者の顔が見えるイギリスの入試では、どちらが公平と言えるのか。この点は、考える余地があると言えるだろう。

　さらに大学入試の公平性を考える上で、注目したいのは、A レベルの結果について受験生が異議申立てをできる点である。例えば、2018 年の A レベルでは、全体で 103 万 7685 のグレードが発行された。そのうちの 5 万 7750 のグレードについて異議申立てがなされている。そして、1 万 2140 のグレードが修正された。図 3 は、各科目についての異議申立て数と変更されたグレード数の割合を示したものである。

　この図から分かるように、音楽や体育といったコースワーク中心の科目だけでなく、歴史や英文学においても、約 1 割の異議申立てがある。実際に、グレードが修正された割合は、全体の数％にとどまるとは言え、1 万人以上

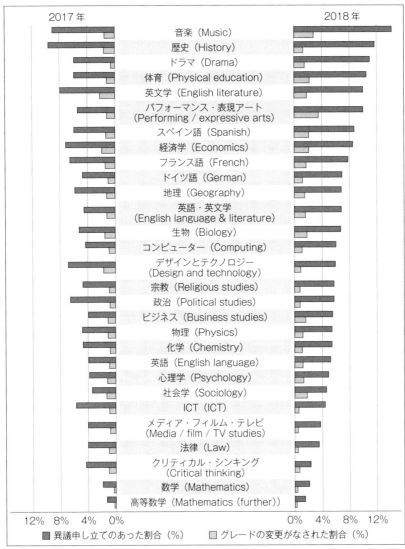

図3　2017 年と 2018 年の各科目における異議申立て数と変更されたグレード数の割合
出典：Ofqual. *Reviews of marking and moderation GCSE, GCE and Project: summer 2018 series*, 2018.

のグレードが修正されているという事実は、大きな意味を持つと考えられる。なぜなら、当事者である個々の受験者にとっては、グレードが修正されるかどうかで、希望する大学への進学が左右されるからである。

　こうしたグレードの修正は、試験機関にとっては多大な労力を必要とする作業である。しかし、大学入試の公平性を考える際、一考に値すると考えられる。日本では、同じ時間に同じような環境で、全ての受験者が同一科目を受験すること、いわば受験の機会を同一にすることが公平性を担保する上で重視されている。これに対してイギリスでは、後述するように試験団体によって試験の内容や実施日時が異なっており、受験の機会を同一にするような公平性は、それほど重視されていない。むしろイギリスで重視されているのは、大学進学の機会が家庭の所得や地域の経済格差によって左右されていないか、試験結果が受験生の学力を公平に評価するものとなっているかなど、進学機会や試験結果の公平性が重視されていると考えられる。

5．暗記では対応できないＡレベルの試験問題

　イギリスの大学入試の代表と呼べるＡレベルは、日本のセンター試験と同様に外部機関によって実施されている。ただし、Ａレベルは、センター試験とは異なり、全国に複数ある非営利法人である試験機関（examination boards）によって担われており、それぞれの試験機関が、国のガイドラインに沿って、シラバスを開発した上で、試験問題を作成し、実施・採点・評価を行なっている。したがって、Ａレベルと言っても、受験生は、どの試験機関を利用するのかによって、同じ科目を受験する場合でも、異なる日程で、全く違う内容の試験を受けることになる。

　さらにＡレベルが、日本のセンター試験と異なるのは、その試験科目の多さである。大学の入学要件として示されている科目数が３科目であることが多いため、通常、受験生は３科目のＡレベルを受ける。しかし、各試験機関がＡレベルとして受験生に提供している科目数は、非常に多い。試験科目は、日本とも共通する伝統的な教科を中心としているが、歴史や地理においては、細分化された複数の科目が用意され、さらに環境科学や会計学な

どの応用的な科目、そして実技科目を中心にコースワークと呼ばれるペーパーテストではない試験科目も存在する。それら全てを含めると、Ａレベルの試験科目は、100 を超える。

　表4は、代表的な三つのＡレベルの試験機関が提供している科目をあらわしたものである。Ａレベルは、点数ではなく、Ａ~Ｅの5段階のグレード（それ以下は不合格）で評価され、8月中旬に成績通知表が届く。大学に進学するためには、最低でもＣ以上のグレードが必要となり、ラッセル・グループと呼ばれる上位大学に進学するためには、トリプルＡ以上のグレードが必要といわれる。

　こうした試験科目の多さ、そして複数の試験機関の存在は、評価の客観性、すなわち試験内容が易しい試験科目と難しい科目があるのではないか、良いグレードが取りやすい試験機関とそうでない試験機関があるのではないかと

表4　試験機関と試験科目

	AQA （Assessment and Qualifications Alliance）	Edexcel （Pearson, Education & Excellence）	OCR （Oxford Cambridge and RSA）
Accounting	○		
Art and Design	○	○	○
Biology	○	○	○
Chemistry	○	○	○
Computer Science	○		○
Dance	○		
Drama and Theater	○	○	
Design and Technology	○	○	○
D &T：Fashion and Texties	○		
D &T：Product Design	○	○	○
English Language	○	○	○
English Literature	○	○	○
Environmental Studies/ Technology	○		

※各試験機関の提供科目を参考に、筆者が作成。

いう疑問を生じさせる。この評価の客観性の問題は、多数ある試験科目間の
グレードや試験機関毎のグレード分布を一定に保つことによって、確保され
ている。事実、A レベルの試験結果が発表されると、試験科目間のグレード
や試験機関毎のグレード分布が、公表され、評価の客観性が保たれている
ことが示される[15]。

　では、実際の A レベルの試験問題は、どのようなものなのか。ここでは、
AQA という試験機関が行なっている歴史の試験を例に、紹介してみよう。
まず、AQA の歴史科での目標は、表5のように定められている。

表5　AQA 歴史科の目標

・生徒の歴史に関する関心や興味を発達させ、かつ、それに内在する価値や重要性への理解を深めること。 ・社会にあふれるアイデンティティの多様性を把握し、適切なタイミングで、社会、文化、宗教、民族の多様性などに関する認識を獲得すること。 ・幅広くバランスの取れたコースでの学習を通して、過去についての理解を深めること。 ・実行力があり自律した生徒へと成長し、さらには好奇心や探究心を持ち、批判的に物事を考える人、内省的な人へと成長していくこと。 ・過去について適切で意味のある問いを持つ力、そして、それらを追究する力を伸ばすこと。 ・歴史研究の特質、例えば、歴史学とは入手可能な証拠に基づく判断に関与する学問であること、歴史学的な判断は暫定的なものであることを理解すること。 ・歴史用語、歴史学的な概念やスキルの理解と活用力を高めること。 ・同時代におけるさまざまな局面において関連性を見出し類似点を指摘すること。また、複数の時代に渡る過去の様相に着目して関連性を見出し類似点を指摘すること。さらにはその両方を行えるようになること。 ・歴史的事例について議論し、実証可能な判断を行う中で、歴史的知識や歴史認識を様々な方法で体系化し、表現すること。

出典：AS AND A-LEVEL HISTORY AS (7041) A-level (7042) p.73
(https://filestore.aqa.org.uk/resources/history/specifications/AQA-7041-7042-SP-
2015.PDF、2020 年 1 月 20 日確認)

　この目標に示されるように、歴史科の目標は、歴史的な事実を覚えること
ではない。歴史学的な概念やスキルを理解すること、様々な観点で歴史を眺
めること、歴史を探究する方法を習得すること、歴史についての問いを持つ
こと、自分なりの歴史観を持つことなどが目標とされている[16]。

　A レベルの歴史科は、こうした学力がどの程度身についているかを評価

しようとするものであり、3 回に分けて評価が行われる。3 回の評価は、それ
ぞれ「Component 1: Breadth study」「Component 2: Depth study」「Com-
ponent 3: Historical investigation」となっている。「Breadth study」と
「Depth study」は、ペーパーテストを用い、「Historical investigation」につ
いては、受験者が作成したレポート、いわゆるコースワークによって評価が
なされる。

　評価の観点は大きく三つに分けられている。それぞれは以下の通りであり、
3 回の試験で評価対象となっている観点と配点は表の通りである。

表 6　AQA 歴史の評価観点と評価対象

AO1	その時代の主要な特徴を分析・評価するために、原因、結果、変化、継続性、類似性、相違、重要性といった概念を探り、判断を行う中で、知識と理解を整理し、伝達し、実証する。
AO2	歴史的文脈の中で、その時代についての適切な一次的な資料、または現代の資料を分析および評価する。
AO3	過去の様相についての様々な解釈を、歴史的文脈との関連で分析および評価する。

評価対象	配点（おおよその %）			配点合計（おおよその %）
	Component 1	Component 2	Component 3	
AO1	25	25	10	60
AO2	0	15	5	20
AO3	15	0	5	20
配点合計	40	40	20	100

出典：AS AND A-LEVEL HISTORY AS (7041) A-level (7042) p.74（https://filestore.aqa.
org.uk/resources/history/specifications/AQA-7041-7042-SP-2015.PDF、2020 年 1 月
20 日確認）

　以下に示すのは、「Component 2: Depth study」の冷戦時代に関する試験
問題例である。問題は、二つの大問から成っており、大問 A は必修、大問
B は小問三つの中から二つを選択し、解答することになっている。解答方法
は、すべて論述形式である。

　大問 A で評価されるのは、歴史的資料を分析し、評価する力である。受
験生に求められるのは、試験問題において提示されている歴史的資料を自ら
が持つ知識や技能を用いて、分析し、その資料が持つ歴史的意味や歴史的文

脈を読み取り、歴史的な考察を行うことである。それは 2 番目の評価の観点（AO2）に該当する。

　大問 B で評価されるのは、1 番目の評価の観点（AO1）に関わる学力である。そこで問われているのは、問題として示されている歴史的な事実や出来事について、どの程度深く理解しているのかである。

表 7　Component 2　試験問題例

【資料 A】1963 年 6 月、ワシントン DC のアメリカ大学でのケネディ大統領のスピーチから

　いかなる政府や社会システムも、そこに住む人々を美徳に欠けていると見なさざるを得ないほど悪いものではありません。私たちアメリカ人は、個人の自由と尊厳を否定するものとして共産主義を心から嫌悪しています。しかし、科学と宇宙開発、経済と産業の発展、文化や勇気ある行動といったロシア国民の多くの偉業を讃える心を持ち合わせています。

　両国の国民が共通して持っている多くの特徴の中で、私たちがお互いに戦争を避けたいと強く思っていることがとりわけ重要です。世界の大国の中では珍しく、両国はこれまで一度も交戦状態になったことがありません。そして、これまでの戦争の歴史の中で、第二次世界大戦中にソビエト連邦が被った以上の被害を被った国はありません。

　今日、再び全面戦争が勃発すれば、その経緯がいかなるものであれ、両国が主たる攻撃目標となるでしょう。皮肉なことですが、二つの超大国が存亡の機にもっともさらされていることは間違いのない事実なのです。

【資料 B】1967 年 6 月のニュージャージー州グラスボロで開催されたアレクセイ・コスイギンとの会談に関する元アイゼンハワー大統領への報告についてのジョンソン大統領による記録

ジョンソン：お電話したかったです。彼（コスイギン）が記者会見を終えるまで待ってたんです。彼は、公の場でかけた古い壊れたレコードを、プライベートでも、かけ続けました。私たちは、4 つまたは 5 つの事柄について合意しようと努めました。核兵器拡散防止については少し進展させることができたかもしれません。ベトナムに関しては、われわれは爆撃を止めなければならないと彼は言いました。米軍を撤退させよ、そうすれば全てうまくいくと。

アイゼンハワー：では、その後に協議を始めるのですか？

ジョンソン：そうです。彼は中国に執着しており、彼らが非常に危険な存在であることをわれわれがよく理解し、中国が核兵器を使うことについて話し始めた方がいいと言いました。

アイゼンハワー：中国について彼は具体的な提案をしてきたのですか？

ジョンソン：いいえ。それについては別の協議の場を設けるべきだと、彼は言いました。こちらは、いつでも準備ができていると伝えました。毎年、そうした協議を開くことができれば、と私は思っています。

【資料C】1969年7月のヘンリー・キッシンジャーとの非公式会談についてのワシントン駐在のソビエト連邦大使アナトリー・ドブルイニンによるモスクワへの機密報告から

　キッシンジャーは、会談の計画について大統領は知っており、必要であれば、さまざまな国際的な問題、特にソビエト連邦との関係に関する大統領の「直接の」考えを私の報告書は伝えるものになると述べた。キッシンジャーは、この点に関するニクソン大統領の主な目的は、アメリカとソビエト連邦の直接衝突につながる可能性のある状況を回避することであると述べた。

　しかしながら、これは問題の一側面にすぎないとキッシンジャーは言った。ニクソンは、自身の大統領任期中に（1972年まで、または再選された場合は1976年まで）、ソビエト連邦とアメリカの関係が「冷戦」中の関係とは異なる建設的な段階に入ることを非常に望んでいると。キッシンジャーは中国の問題についても触れた。現在のソビエトと中国の紛争には一切干渉しないという、すでに示されたニクソンの考えを確認し、中国との関係改善に前向きであり、その方向に向け「合理的な一歩」を踏み出す準備ができているとキッシンジャーは述べた。

【大問A】

　3種類の資料を参照し、その歴史的分脈を考慮しながら、「緊張緩和」を歴史的に研究するという視点から、これら3つの資料の価値を評価しなさい。

【大問B】

○問題1

「戦後のヨーロッパを支配しようとするスターリンの意図によって『冷戦』が1949年まで発展した」という主張について、あなたの考えを示しなさい。

○問題2

「朝鮮戦争の結果、1954年から1961年にかけて、アジア地域におけるアメリカの力は弱まった」という主張の妥当性について、あなたの考えを示しなさい。

○問題3

「冷戦が平和的に解決された理由は、ミハエル・ゴルバチョフの政治的手腕によるものだった」という主張の妥当性について、1985年から1991年までの歴史に言及し、あなたの考えを示しなさい。

出典：https://www.aqa.org.uk/subjects/history/as-and-a-level/history-7041-7042/assessment-resources、2020年1月20日確認

　選抜や順位づけを目的とした日本の大学入試では、「知っておく価値がある」かもしれない細かな事実的知識を問うことで、受験者の学力を評価しようとする傾向がある。それに対して、イギリスのＡレベルで評価しようとしているのは、評価の観点が示すように、受験生の歴史解釈の質であり、それを支える歴史的な知識・概念の理解や資料の解釈・評価といった歴史的思

考力である。

　新しい学習指導要領のもとで、日本においても、こうした学力が重視されるようになってきている。「良い授業と悪い入試」という言葉が象徴するように、歴史解釈や歴史的思考力を養う授業が行われたとしても、大学入試が細かな事実的知識を競うような試験であるならば、そうした授業の試みは頓挫してしまうだろう。高大を入試によって接続していくためには、試験そのものあり方を問い直す必要があり、イギリスの A レベルは、そのための視座の一つとなりえるのではないだろうか。

6．手間をかけた採点

　現在、進められている日本の大学入試改革の中でも問題となっているように、論述式試験では、信頼性の確保が課題となる。A レベルでは、どのように信頼性を確保しているのだろうか。A レベルの採点では「標準化（standardisation）」と「調整（moderation）」という二つの方法で、採点の信頼性を確保する試みがなされている[17]。

　イギリスでは、採点を行うのは、現役の教師あるいは退職した教師である。そうした教師たちは、試験機関に「試験官（examiner）」として雇用され、採点を行う（227 ページコラム参照）。「標準化」とは、試験官の採点にばらつきが生じないように、試験官の採点基準をそろえる方法である。

　具体的な「標準化」の方法として重視されているのは、試験機関が作成した「採点基準（mark scheme）」にもとづき採点を行うこと、そして、「採点基準」の理解の共有、採点の作業中に行われる検証・補正である。例えば、先ほどの歴史科の「冷戦時代」の問題例の大問 B では「採点基準」が、表 8 のように定められている。

　こうした「採点基準」に加え、採点の際の参考資料として、各問題に即した具体的な解答内容の参考例も示されている。表 9（220 ページ）は、大問 B の問題 1 に関する解答内容の参考例である。また、問題文の主張に対して疑義を提起する解答も許容されており、例えば、「アメリカの政策は積極的であり、ある点では挑発的であり、ソビエト連邦の脅威に正面から向き合うこ

表8　大問 B の問題 1 の「採点基準」

レベル 5（21-25 点） 　問題で要求されていることに対して十分で素晴らしい理解を示した解答。解答は、よく構造化され、効果的に表現されている。根拠となる情報が適切に選択され、具体的かつ正確に示されている。主要な特徴、問題、概念がよく理解されており、十分に分析的で、バランスの取れた叙述と適切な判断がなされている。
レベル 4（16-20 点） 　問題で要求されていることに対して十分な理解を示した解答。解答は、よく構造化され、効果的に述べられている。概念的な理解と合わせて、主要な特徴や問題についての理解を示す根拠となる特定の情報が明確に示されている。解答は、問題に関して直接的な言及をする形で分析的になされている。自らの判断を伴うバランスの取れた解答となっているが、判断の実証は部分的である箇所がある。
レベル 3（11-15） 　問題で要求されていることを理解し、解答されており、主要な特徴や問題について正確な情報を示している。しかし、具体性と正確さに欠く点がある。解答は、効果的に叙述されており、適切なコミュニケーションスキルを持っていることが示されている。問題に関連した十分な量のコメントがあり、バランスの取れた叙述がなされているが、その多くが、十分には根拠づけられず、一般的である。
レベル 2（6-10） 　問題は、ほぼ理解されているものの、要求されていることを完全には理解できておらず、解答が羅列的で、断片的である。コミュニケーション・スキルが不十分であるが、何らかの形で資料を使う試みがなされている。いくつかの主要な特徴や問題についての理解を示す適切な表現があるものの、解答の範囲と内容の点において不正確さや関係づけに不十分さがみられる。問題に関連するいくつかのコメントがあるが、限定的であり、ほとんどの場合、根拠が示されず、一般的である。
レベル 1（1-5） 　問題が適切に理解されていない。解答も構造化されておらず、コミュニケーションスキルにも不十分さがうかがえる。使われている情報は、無関係または極端に限られており、根拠がなく、曖昧で一般的な主張がなされている。

出典：https://www.aqa.org.uk/subjects/history/as-and-a-level/history-7041-7042/assessment-resources、2020 年 1 月 20 日確認

とを望んでいた」というような解答を歴史的な資料を根拠に述べることも可能とされている。解答内容の参考例は、あくまで解答の一例であり、実際の受験生の解答が、必ずこれらを参照しなければならないわけではない。

　しかしながら、「採点基準」にもとづき採点を行ったとしても、それについての理解が試験官によって異なると、採点結果に差異が生じる。そのため、

表 9　大問 B の問題 1 の解答内容の参考例

戦後ヨーロッパを支配しようとするスターリンの意図によって冷戦が発展したという見解を支持する議論としては、以下のような歴史内容を参照できる。 ・モスクワのスターリン制御下での「ソビエト連邦の傀儡」に見られるスターリンの性格と一貫した拡大路線 ・ヤルタ会談で見られたような、ポーランド支配に対するスターリンの特別な執着 ・1945 年からベルリンを単独都市としてソビエト連邦が統治しようとするスターリンの試み（1948 〜 49 年のソビエト封鎖の開始を含む） ・1947 年のパリでのモロトフの妨害的外交、ソビエト連邦のマーシャルプランの拒否
戦後ヨーロッパを支配しようとするスターリンの意図によって冷戦が発展したという見解に異議を唱える議論には、以下のような歴史内容を参照できる。 ・アメリカの政策は不必要に挑発的であり、スターリンを追いつめた。 ・アメリカの政策は、ソビエトの損失と犠牲の大きさを認識していなかったこと。なぜスターリンがポーランドにそれほど執着したのかをアメリカは理解していなかった。 ・ケナンの「ロングテレグラム」とアメリカの外交政策への影響（封じ込め）。 ・特にトルーマン政権下のアメリカの政策は、原子力兵器をアメリカが独占しようとすることでソビエト連邦を追い詰めた。 ・マーシャルプランは一方的なものであり、東側諸国では受け入れられる余地がなかった。 ・ドイツと西ベルリンの同盟政策、特に通貨改革は、スターリンを封鎖という行動へと追いやった。

出典：https://www.aqa.org.uk/subjects/history/as-and-a-level/history-7041-7042/assessment-resources、2020 年 1 月 20 日確認から一部抜粋の上、筆者が作成。

　イギリスでは、試験官の理解の差異を確認し、補正する手立てが採点のプロセスにおいて講じられている。「標準化（standardisation）」や「調整（moderation）」と呼ばれている方法が、それである。

　例えば、イギリス政府は、2017 年に各試験機関に対して、「標準化」の具体的な手法として、次のような二つを示している[18]。一つめは、「seed item」と呼ばれている手法である。まず試験問題の中からいくつかの問題を選び出し、熟練の試験官が事前に採点を行う。それらの問題と採点結果を「seed item」とし、それらについての全ての試験官の採点結果を検証することで、採点基準についての理解を確認するのである。もう一つは、試験官が採点した解答のいくつかを選び、それを熟練の試験官がチェックするという

手法である。こうした「標準化」のプロセスの中で、採点結果に許容できないほどの差異がある場合には、その試験官の採点は止められ、採点基準についての指導がなされ、再採点が行われることになる（コラムも参照）[19]。

　「調整」という方法は、コースワークと呼ばれる「non-exam assessment」の信頼性を確保するために用いられているものである[20]。コースワークとは、教師の支援のもと学校での学習活動において受験生が自ら作成したレポートや作品を評価対象とするものであり、その採点は自校の教師が担う。そのため、コースワークの採点については、ペーパーテストよりも厳格に、採点の信頼性が求められている。

　まず評価を行う前提として、受験者と採点者である教師が共に、評価対象となるレポートや作品が、受験者本人のものであり、また盗用などの不正が行われていないことを宣誓することが求められている。その上で、採点の信頼性を確保するために、学校内での「標準化」と試験機関との「調整」が行われる[21]。

　まず学校内での「標準化」としては、例えばAQAでは、次のようなプロセスが示されている。まず学校の全ての教師が、サンプルを採点し、互いに採点基準が共有できているかを確認する。その上で、採点結果の違い等について議論する場を持つと共に、AQAから提供される過去の作品やサンプル作品を利用しながら、採点基準を共有する準備活動を行う。

　そうした学校内での「標準化」を行った上で、教師たちは、コースワークの採点を行う。その後、各学校は、受験生の作品に採点結果と採点理由を添えて、試験機関に送付する。それらは、試験機関に雇われたモデレーターによって確認されることになる。これが「調整」である。モデレーターは、送られてきた作品と採点結果、採点理由を点検する。そして、その結果を各学校に知らせる。「調整」によって、問題がないと判断された場合には、教師たちの採点結果が成績となる。もし問題がある、例えば採点結果に一貫性がない、あるいは正確でないと判断された場合には、採点のやり直しなどが命じられることになる。

　こうした採点の信頼性の保証と向上のための取り組みに加え、採点基準や

解答例、試験結果の公表にも、イギリスでは力が注がれている。日本に比べると、大学入試に関わる評価や評価方法の透明性がはかられていると言えるだろう。

7．おわりに

　イギリスの大学入試制度は、日本のものとは大きく異なる。それは両国の歴史や文化の違いに起因するものであり、それゆえに、イギリスの制度を日本の大学入試制度にそのまま持ち込むことは難しい。しかし、制度そのものではなく、その考え方を視座に日本の大学入試のあり方を見つめ直すことはできるだろう。最後に、そうした視座を 2 点とりあげておこう。

　1 点目は、大学進学における社会的公平性の視座である。1990 年代以降、イギリスの大学入試改革の中心課題の一つは、高等教育への進学機会の拡大にあった。それは、一方では職業教育をはじめとする多様な学習履歴を持つ進学希望者の大学入学への道をどのように確保していくか、他方では進学機会における家庭・地域の格差をどのように是正していくのかという具体的な課題として取り組まれてきた。

　多様な資格を大学入試資格として認め、その比較を可能にするタリフの開発、そして家庭や学校、地域の進学格差を是正するためにアファーマティブ・アクションを入学選考に取り入れる試みは、こうした課題に対応するために進められてきたものであった。

　3 節で紹介したように、それを実現するために導入された制度が、結果的に職業教育のアイデンティティの喪失につながりかねない「アカデミック・ドリフト」やイギリスのローカル・スタンダードであった A レベルとグローバル・スタンダードとして近年、台頭してきている国際バカロレアとの相克といった新たな問題を生じさせていることは事実である。しかし、多様な学習履歴を持つ人々や社会的不利な立場に置かれている人々にも進学機会を開いていこうとする姿勢と取り組みは、日本の大学入試のあり方を問う視座として共有すべきものである。なぜなら、大学進学の機会が普通高校を卒業した 18 歳、あるいは 19 歳の学生によって占められ、また大学進学に学力

以外の要因、とりわけ家庭の所得や地域、性別といった要因が大きく関わっていることが指摘されているように、日本においても、高等教育へのアクセスを多様な人々に開いていくこと、進学機会の格差を是正していくことは、大きな課題だからである。受験の機会ではなく、進学の機会が保障されているのか、社会的公平性の視座から日本の大学入試のあり方を問い直す必要があるだろう。

　２点目は、大学入学試験のあり方についてである。日本やイギリスは、高等教育への進学率が 50% を越えるユニバーサル型の高等教育段階へと移行している。そうした状況の中で、今、大学入試のあり方が問い直されている。資格型入試を長く実施してきたイギリスでは、大学の学修に必要な学力を評価するために、Ａレベルでは、単答式や選択式ではなく、論述式の試験が利用されてきた。

　本稿で紹介したように、そうしたＡレベルの採点では、日本の小論文試験などに比べると、採点の信頼性を高めるための時間と労力、経済的なコストが非常に費やされていることが分かる。それでも、採点の間違いや不備があることは、受験生からの異議申し立てが一定程度認められていることからも明らかである。論述式の試験は、あくまでも大学の学修に必要な学力を確認するための評価方法であり、1点刻みの選抜のためのものではない。1点あるいは小数点の僅差で合格・不合格を決定する日本の入試において、論述式試験にそうした選抜機能を担わせることは、果たして可能なのだろうか。イギリスの経験に学ぶならば、たとえイギリスに習い、試験の信頼性を確保するための採点方法や技術を高めようとも、そうした選抜機能を担うだけの信頼性を論述式試験に求めることは難しいのではないだろうか。

　最後に、大学入試改革のキーワードである高大接続に関わる昨今のイギリスの大学入試改革の動向を一つだけ紹介しておこう。イギリスでは、近年、中等教育修了資格としての性格を持ってきたＡレベルを、大学で学ぶために必要な学力、大学が求める学力の質保証として機能させようとする方向で大学入試改革が進められている。政府は、その具体的な改革の一つとして、Ａレベルから中等教育学校での学習活動を重視したコースワーク（non examination assessment）を大幅に削除する方針を示した。結果、2014 年の A レベルから、筆記試験を従来から使用していなかった「アーツとデザイン」科目等、技能の評価を必須とする科目を除き、ほとんどの科目で A レベルの特徴の一つであったコースワークが姿を消すことになった[22]。

　こうした結果をもたらした昨今の A レベル改革については、賛否が分かれている。A レベルを中等教育修了の資格ではなく、大学の学修に必要な学力の中身として具体化させることによって、大学進学のための質保証を行う試みとみるのか、あるいはコースワークの消失を中等教育の学習経験を尊重してきた従来の高大接続を崩すものとみるのか、意見が分かれるところである。これまで中等教育修了資格として位置づけられてきた A レベルが、大学が求める学力の質保証としての機能をも担わされる中で、今後、どのように変わっていくのか。高大接続の要となってきた A レベルの今後の変化に注目したい。

　【追記】新型コロナウイルスの感染拡大にともない、イギリスでも 2020 年 3 月 20 日から全ての公立の初等・中等教育学校が休校になった。そして、4 月 3 日には政府から 2020 年の A レベル試験の中止が発表された。ただし、試験は中止されるが、A レベルのグレードの付与は、行われる予定となっている。各学校は、教師の専門性にもとづき、個々の生徒のグレードを判断し、それを各グレードの人数分布などの情報と共に試験団体へ提出する。各試験団体は、これらの情報をもとに「標準化」を行い、グレードを決定し、8 月 13 日に送付する計画である。

※Department for Education, *Coronavirus (COVID-19): cancellation of GCSEs, AS and A levels in 2020*, 2020.

Book Guide

◎日英教育学会編『英国の教育』東信堂、2017 年。

◎ジョン・ファーンドン（著）、小田島恒志・小田島則子（翻訳）『オックスフォード＆ケンブリッジ大学 世界一「考えさせられる」入試問題：「あなたは自分を利口だと思いますか？」』河出文庫、2017 年。

1　例えば、2019 年の The Sun の 8 月 15 日の記事などを参照。（https://www.thesun.co.uk/news/ 3629435/a-level-results-day-ucas-track-date/、2020 年 1 月 20 日確認）

2　佐藤博志「大学入試制度改革の課題と展望：諸外国及び国際バカロレアとの比較を通して」 『日本教育経営学会紀要』59 号、2017 年。

3　イギリスの大学入試の概要については、沖清豪「イギリスの大学進学のための資格試験制度： GCE 試験の現在、過去、未来」『大学ジャーナル』vol.109-vol.112、2014 年が参考になる。

4　イギリスの大学は、A レベルの結果と願書にもとづいて志願者の選抜を行うことが多いが、大 学あるいはコースによっては、面接などを課す場合もある。イギリスでは、日本と異なり、大 学が行う個別の学力試験はオックスフォードやケンブリッジといった特定の大学以外では行わ れない。

5　ただし、世界的にも有名なオックスフォードとケンブリッジ、そして医学部は、このスケジュ ールとは異なるスケジュールで入試を実施している。

6　UCAS, UCAS Tariff tables: Tariff points for entry to higher education from 2019, 2018. を参照。

7　イギリスの資格制度については柳田雅明『イギリスにおける「資格制度」の研究 』多賀出版、 2004 年が詳しい。

8　岡部善平「イギリスにおける職業教育から高等教育への移行：職業教育の『アカデミック・ド リフト』か」『教育学研究』83(4)、2016 年。

9　同上書。

10　花井渉「イギリスにおける国際バカロレア認証に伴う資格試験制度変容に関する研究」『比較 教育学研究』52 号、2016 年や花井渉「イギリスにおける国際バカロレア拡大に伴う資格試験制 度の質保証に関する研究：資格試験統制局（Ofqual）の機能に着目して」『国際教育文化研究』 16 号、2016 年、花井渉「イギリスにおける大学入学者選抜制度の多様化・国際化：国際バカロ レアの認証に着目して」『九州教育学会研究紀要』42 巻、2014 年を参照。

11　Resnik, J. The Denationalization of Education and the Expansion of the International Baccalau-reate, *Comparative Education Review*, Vol.56, No.2, 2012.

12　木谷由佳「英国の入試制度―より適切な大学入学者選抜を目指して―」ロンドン研究連絡セン ター、2013 年。

13　Contextual data and the UCAS contextual data service の HP を参照（https://www.ucas.com/ file/94051/download?token=N7E5d78V 2020 年 2 月 19 日閲覧）。またイギリスの学生支援につ いては、濱中義隆「高等教育機会と授業料・奨学金」『イギリスにおける奨学制度等に関する 調査報告書』独立行政法人日本学生支援機構、2015 年を参照。

14　社会的不利な背景を持つ志願者への入学条件通知は「contextual offer」とも呼ばれる。この 「contextual offer」の適用条件や手続きは、大学によって異なっている。

15　例えば Ofqual. *Variability in A level results for schools and colleges 2016-2018*, 2018 などを参 照。

16　菅尾英代「歴史的思考の発達と概念的理解力：イギリスの中等学校歴史授業（11-12 歳）の教 授・学習過程に関する探索的ケース・スタディ」『国立教育政策研究所紀要』146 号、2017 年や 土屋武志「イギリスの歴史教育における思考力の意味」『愛知教育大学教育実践総合センター 紀要』2 号、1999 年などを参照。

17　Ofqual, Regulating GCSEs, AS and A levels: guide for schools and colleges, 2017 や AS AND A-LEVEL HISTORY AS（7041）A-level（7042）（https://filestore.aqa.org.uk/resources/histo ry/specifications/AQA-7041-7042-SP-2015.PDF、2020 年 1 月 20 日確認）を参照。

18　Ofqual. *Regulating GCSEs, AS and A levels: guide for schools and colleges*, 2017.

19 「標準化」については、以下を参照。Ofqual. *Standardisation methods, mark schemes, and their impact on marking reliability*, 2014、Ofqual. *Research and Analysis Online standardisation Observations, interviews and survey*, 2018、Jackie Greatorex, Tom Sutch, Magda Werno, Jess Bowyer and Karen Dunn. Investigating a new method for standardising essay marking using levels-based mark schemes, *International Journal of Assessment Tools in Education, 2019,* Vol. 6, No. 2 を参照。

20 「調整」については、Ofqual. *Regulating GCSEs, AS and A levels: guide for schools and colleges,* 2017 を参照。

21 AS AND A-LEVEL HISTORY AS (7041) A-level (7042) pp.79-82 (https://filestore.aqa.org.uk/ resources/history/specifications/AQA-7041-7042-SP-2015.PDF、2020 年 1 月 20 日確認) を参照。

22 Dennis Opposs. Whatever happened to school-based assessment in England's GCSEs and A levels?, *Perspectives in Education,* vol.34 (4), 2016.

Column

コラム⑧　A レベルの試験官（Examiner）

　A レベルの採点は、中等教育の現職教師や退職教師など、教職の経験を持つ者によって行われている。表 1 に示されているように、試験官にも役割や責任の違いがある。多くの試験官は、採点業務のみを行う「Marker」「Moderator」「General Marker（正誤問題などの簡単な採点のみを行う）」であるが、「Chair of Examiners/Chief Examiner」や「Principal Examiner/Moderator」「Team Leader」といったマネージャー業務を担う試験官もいる。

　Ofqual の 2018 年の調査によれば、99% の試験官が教職の経験を持っており、73% が現職の教師として働いている。平均年齢は 47 歳、教職経験の平均年数は 19 年と、その多くは長年の教職経験を持つベテラン教師なのである。

　試験官として働く教師たちの多くは、教師としての専門性を深め、受け持つ生徒の学習のために試験官を勤めている。調査によれば、「担当している生徒たちの試験準備のため」という理由が最も多く（38%）、次いで「追加収入のため」（22%）、「自らの専門性を伸ばすため」（16%）、「専門教科の内容を学ぶため」（14%）となっている。また、採点業務に強いストレスを感じる一方で、90% 以上の試験官が、採点という仕事に意義を見いだし、試験官として働くことに誇りを持ち、次の年も試験官として働くことを希望している。

　中等教育の教師に

表 1　試験管の役割と割合

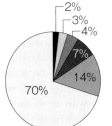

- 2%
- 3%
- 4%
- 7%
- 14%
- 70%

■ Chair of Examiners/Chief Examiner
▨ General Marker
■ Assessment design/review role
■ Principal Examiner/Moderator (or assistant)
▨ Team Leader
□ Marker or moderator

出典：Ofqual. Research and Analysis Survey of Examiners 2018 Headline findings, 2018, p.10.

Column

とって A レベルの採点を行う経験が、教師としての専門性を深めることにつながっていることが、こうした調査から示されている。つまり A レベルの試験に関わることそのものが、専門性発達の場として機能しており、A レベルという大学入試が、入試としての機能以外の役割も果たしていることがうかがえる。

表 2　オンライン標準化のプロセス

Familiarisation
Practice
Test or qualification
Live marking

出典：Ofqual. Research and Analysis Online standardization: observations, interviews and survey, 2018, p.7.

　A レベルが、教師の専門性の発達の場として機能している理由は、採点業務において「標準化」や「調整」が強く求められているからでもある。2000 年半ばから「標準化」はオンライン化されており、今ではほとんどの試験機関がオンラインで実施している。その手続きは、おおよそ 4 段階に分けられる（表 2 参照）。1 段階目は、過去の試験問題と採点基準、解答を閲覧し、どのように採点がなされるのかを知る段階である。2 段階目は、実際に採点を行ってみる段階である。ここでは数日間をかけて、採点基準の典型となっている解答を 5 から 10 程度採点する。そして、それをチームリーダーと呼ばれる試験官に送付し、採点内容について対話し、採点基準についての理解を共有していく。3 段階目は、最終の準備段階であり、採点業務を担えるかがチームリーダーによってチェックされる。2 段階目と同様の採点を行う中で、このチェックが行われる。このチェックを経た採点官のみが、4 段階目となる実際の採点業務へと進んでいく。こうした「標準化」のプロセスを踏むことで、試験官の評価能力が担保されている。　　　　　　　　　　　　　　　　　　　　　　　　　（二宮衆一）

【参考】
・Ofqual. *Research and Analysis Survey of Examiners 2018 Headline findings*, 2018.
・Ofqual. *Research and Analysis Online standardization: observations, interviews and survey*, 2018.

Column

コラム⑨　国を超える大学入学資格としての
国際バカロレア

●国際バカロレア（IB）とは

　国際バカロレア（IB: International Baccalaureate）の構想段階から
1968年の創設に至る時期に中心的な牽引役を担ったのは、国連の欧州本
部のある都市、ジュネーブの国際学校であった。IBが生まれる以前、この
学校では外交官や国際機関職員、駐在員等の子どもたちが、卒業後にそれ
ぞれ母国の大学へ戻って円滑に入学できるよう、Aレベル（イギリス）、
アビトゥア（ドイツ）、バカロレア（フランス）、マチュリテ（スイス）、
AP（アメリカ）のように、出身各国の大学入学資格に応じた指導を行わ
ねばならないことに教師たちが苦心していた。IBはもともと、このような
問題を克服するために、各国から専門家を集めて大学入試を研究し、国際
的に通用する共通の大学入学資格を付与することを目指して開発された教
育プログラムであった。これが発展し、2020年現在、IBは150を超え
る国、約5,000の学校で、年齢や志望に応じて次の四つのいずれかのプ
ログラムが採用されるまでに至っている。

```
(1) PYP (Primary Years Programme：初等教育プログラム)
    3歳〜12歳、1997年設置
(2) MYP (Middle Years Programme：中等教育プログラム)
    11歳〜16歳、1994年設置
(3) DP (Diploma Programme：ディプロマ・プログラム)
    16歳〜19歳、1968年設置
(4) CP (Career-related Programme：キャリア関連プログラム)
    16歳〜19歳、2012年設置
```

　四つのプログラムは個別にも導入することができ、とくに国際的な大学
入学資格として広く通用するDP資格を得ることのできるDP認定校が
国内外ともに最も多い。ただし認定校といっても、全校生ではなく校内の
一部希望者だけをプログラムの対象としている場合も多い。

Column

　IB はバカロレアの名を冠しているものの、フランスの国家試験である
バカロレアと直接的な関係はない。運営する国際バカロレア機構（IBO）
は特定の国家や国連などの機関に属しておらず、IB は民間のプログラムで
ある。ゆえに、各学校が IB プログラムを行う認定を得るためにも、認定
校を継続するためにも、生徒が DP 資格のために必要な世界共通試験
（最終試験）を受けるためにも、少なくない金銭的負担が必要になる。例
えば世界共通試験の受験料は一人につき約 9 万円である（2019 年現在）。

●ディプロマ・プログラム（DP）の全体像──学びの広さと深さの両立
　日本では高校 2・3 年生を対象とする DP の全体像は表 1 の通りであ
る。DP 資格取得を狙う生徒は、六つのグループ、すなわち言語と文学

表 1　DP の科目とコア

必修三要件	
コア	知の理論（TOK）／課題論文（EE）／ 創造性・活動・奉仕（CAS）

グループ名	選択科目
1. 言語と文学 （母国語）	**言語 A：文学**／**言語 A：言語と文学**／文学と演劇
2. 言語習得 （外国語）	言語 B ／初級語学／ラテン語または古代ギリシア語
3. 個人と社会	ビジネスマネジメント／**経済**／**地理**／グローバル政治／**歴史**／ 情報テクノロジーとグローバル社会／哲学／心理学／ 社会・文化人類学／世界の宗教
4. 理科	**生物**／**化学**／コンピュータ科学／デザインテクノロジー／ **物理**／スポーツ・運動・健康科学／環境システムと社会※
5. 数学	**数学スタディーズ**／**数学**／数学さらにハイレベル
6. 芸術	ダンス／**音楽**／フィルム／演劇／**美術**

出典：IBO ホームページ（2020 年 6 月現在）をもとに筆者作成。太字は日本語で学ぶこ
とが可能な科目。
※「環境システムと社会」は学際科目でありグループ 3 として選択も可能。

（母国語）、言語の習得（外国語）、個人と社会（人文・社会科学系科目）、理科、数学、芸術それぞれの中から 1 科目ずつ選択し、うち 3 ～ 4 科目を上級レベル（HL）で各 240 時間、2 ～ 3 科目を標準レベル（SL）で各 150 時間学ぶ。そのうえ、必修要件として知の理論（TOK）、課題論文（EE）、創造性・活動・奉仕（CAS）の三つに取り組むことが求められる。IB が大学入学資格として求めるのは、6 グループに 3 必修要件を加えた学びの「広さ」と、大学での専門的な学びに備えた 2 ～ 3 科目の上級レベルの学びの「深さ」のバランスである。

　ところで、IB はすべて英語で行われるプログラムと誤解されがちあるが、2013 年以降、DP の科目の一部を日本語でも実施可能とする日本語 DP の開発が IBO と文部科学省によって進められており、外国語ともう 1 科目を英語等（英語・フランス語・スペイン語が IB の公式言語）で実施すれば、その他は IB の教育方法・教育内容に従いながら日本語で授業を行うことができるようになっている（表 1 中、太字の科目については日本語で実施可能）。また、PYP・MYP はすべて日本語で実施が可能である。

　DP 資格は原則的に各グループ 7 点に必修要件 3 点を加えた総合 45 点満点中、24 点以上で得られる。取得率は例年 80％程度である。近年、IB の教育内容が高く評価されていることもあって、DP 資格取得に至らなくても各科目の得点だけを評価して入学を許可する大学や、得点によって入学後の単位として認定する大学もある。DP 資格取得志望者の得点はほぼ正規分布しており、総合点や専攻に関連する上級レベル科目の得点等に応じて、研究レベルや選抜制の高い大学への門戸も開かれる。例えば、イギリスの名門キングズ・カレッジ・ロンドンの数学コースへの入学資格は総合 38 点以上、数学 HL において 7 点満点中 6 点以上であることとされている（2019 年現在）。

　スコアは、芸術グループ以外の各科目では 7 ～ 8 割が外部評価すなわち IBO の行う世界共通の国際バカロレア試験から、残り 2 ～ 3 割は内部

評価すなわち所属する学校におけるレポートやプレゼンを担当教師自身が
IB 基準に基づいて評価することによって算出する（内部評価は IBO に
よってモデレーションも行われる）。このように、IB とは教育プログラム
を指すものであって、DP についても、たんに一つの試験の名称やその成
否を指すものではなく、規定された教育内容・教育方法・授業時数などの
枠組みに沿ったカリキュラムでの学びに対する内部評価と外部評価を総合
して得られるものである。

●ディプロマ・プログラムでは何がどう評価されているか

　例として DP のグループ3「個人と社会」から選択科目「歴史」を取り
上げてみよう。まず、内部評価は定期テストの積み上げなどではなく、レ
ポートやプレゼンテーションといったいわゆるパフォーマンス評価を用い
ることが指定されている。「歴史」では、英語 2,200 語、日本語 4,400
字を上限とするレポート「歴史研究」が課される。トピックは自由である
が、評価規準については、次の表2のように具体的に示されており、事
前に生徒にも配られ共有したうえで、教師はこれに従って内部評価を行う。
このように内部評価といっても、日本の内申点のように評価課題や評価規
準が下級学校に任されているというわけではない。

　次に外部評価である国際バカロレア試験を見てみよう。試験は IBO が
規定している学習内容の中から、学習した項目に合った問題を選択して解
答できるようになっている。標準レベルでは、問題1（資料問題4題・60
分間）、問題2（小論文2題・90 分間）に解答する。上級レベルではさら
に問題3（小論文3題・150 分間）が加えられる。この長時間に及ぶ記述
式の試験では、記号選択や穴埋め式で網羅的・辞書的な知識の暗記と再生
を求めることはない。例えば「『戦争は解決するよりも多くの問題を生み
出した』という主張について、20 世紀の二つの戦争（異なる地域から選
べ）を例に挙げ論じよ」（1992 年・問題2）といった問いに答えるため
に、戦争を「原因」「結果（影響）」という概念（concept）から見るこ

Column

表2　DP科目「歴史」の内部評価規準一例

セクション（配点）	内部評価各規準で最高評点を示す記述
A. 資料の説明と評価 （6点）	適切な研究課題が明確に述べられている。適切で関連性のある資料を特定・選択しており、研究との関連性も明確に説明されている。 2つの資料の詳細な分析と評価が行われており、出典、目的、内容に言及したうえで、その価値と限界を明確に議論している。
B. 研究（15点）	研究は明瞭で一貫性もあり、効果的に構成されている。十分に発展された批判的分析が、研究課題に明確に沿って行われている。さまざまな資料から得た根拠を、議論を効果的に補強するために使っている。 異なる視点の評価が行われている。前段の議論や提示した根拠に合致する論理的な結論が述べられている。
C. 考察（4点）	歴史学の方法論について、研究から何が明らかになったかを明確に論じている。 歴史学者が直面する課題や歴史学の方法論の限界について、明確な理解が見受けられる。 考察と他のセクションとのつながりが明確に示されている。

出典：国際バカロレア機構『「歴史」指導の手引き　2020年第1回試験』、pp.88-89の内部評価規準A〜Cより「レベルの説明」の記述の一部を抜粋。

とをIBは求めている。つまり戦争というものの「原因」には、経済・イデオロギー・政治・領土などに関連する問題があること、短期的な要因と長期的な要因という見方もあることを理解したうえで論じられているかが重要となる。このような概念としての理解ができていれば、新たな知に対しても広く応用することができる。また実際の答案では、概念理解を示すために、具体的な歴史的事象（内容）を例に挙げ、論拠を明らかにしつつ設問の要求に的確に応えること（スキル）が求められる。このような概念・内容・スキルの相互関係がIBの学びの基盤であるとされている。

　惜しまれるのは、このIBの学びに対して、現行の日本の大学入学者選抜が相いれないことである。DP資格の保有者への入学枠の拡大が進んで

いるといっても、学校推薦型選抜（旧・推薦入試）や総合型選抜（旧・AO 入試）の有資格者となる程度の評価がまだまだ中心的である。選抜性の高い大学ほど定員の多い一般選抜（旧・一般入試）では、日本の教科書の内容を広く学ぶこと要求され、IB の学びだけでは対応が難しい。ゆえに日本の大学への進学を考える生徒にとって、DP に特段の有利性もなく、これを選ぶ心理的なハードルは高い。

　一般的に見ても、レベルの高さや費用等を考えれば、DP については万人向けのプログラムとは言い難いのが現状である。実際、IB は 50 年の歴史を有するものの、長くその利用は国際学校を中心にした限定的なものであり、広く認知もされていなかった。しかし、とくに近年になって認定校が国内外で急増しているだけでなく、世界的に脚光を浴び、関連著作の出版も相次いでいる。おそらくこれは国外の大学への入学の道を拓いたり、よりハイレベルな大学入学資格として自国の入試制度に代えたりするという期待によるものだけではない。IB が目指す学習者像や育もうとしている力が、OECD のキー・コンピテンシーや学習指導要領の「生きる力」、「主体的・対話的で深い学び」、「見方・考え方」などとも通じる現代的な要求を満たすものであり、その実現のために練り上げられてきた教育方法や評価方法へ注目することが、自国の教育方法に好ましい影響を与えるという期待を受けての動きと捉えることもできる。言葉をかえれば、IB からは試験制度・カリキュラムの両面において豊富に学べる点があることに筆者のみならず教育関係者の多くが気づきはじめた証左であろう。

（次橋秀樹）

【参考】
・A. D. C. Peterson, *Schools Across Frontiers: The Story of the International Baccalaureate and the United World Colleges, 2nd Edition.* Chicago, Illinois. Open Court, 2003.
・国際バカロレア機構『「歴史」指導の手引き　2020 年第 1 回試験』［2015 年 1 月発行、2017 年 6 月および 2018 年 6 月改定の英文原本 *History guide* の日本語版］
・国際バカロレア機構『「歴史」教師用参考資料　2017 年第 1 回試験』［2015 年 3 月に発行の英文原本 *History teacher support material* の日本語版］

第9章 *Japan*

揺れる日本の大学入試改革
——その実態と挑戦

木村　裕

1．日本の大学入試改革の流れと揺らぎ

　2019年（令和元年）11月1日、萩生田光一文部科学大臣から、「受験生をはじめとした高校生、保護者の皆様へ」という大臣メッセージが出された[1]。令和2年度の大学入試における英語民間試験活用のための「大学入試英語成績提供システム」の導入を見送ることを決定したという内容である。そしてそこでは、導入見送りの判断をした理由として、「英語教育充実のために導入を予定してきた英語民間試験を、経済的な状況や居住している地域にかかわらず、等しく安心して受けられるようにするためには、更なる時間が必要だと判断するに至」ったことが示された。さらに、2019年（令和元年）12月17日には同じく萩生田大臣から、閣議後記者会見において、「再来年（令和3（2021）年）1月実施の大学入学共通テストにおける記述式問題の導入については、受験生の不安を払拭し、安心して受験できる体制を早急に整えることは現時点において困難であり、記述式問題は実施せず、導入見送りを判断をいたしました」[2]という発言も行われた。具体的には、現時点では実際の採点体制を明示することができないこと、採点ミスをゼロにすることまでは期待できず、試験の円滑かつ適正な実施には限界があると考えられること、そして、受験生による自己採点と実際の採点結果との不一致を格段に改善することは難しいことが挙げられた[3]。

　日本では、2012年8月28日に、当時の平野博文文部科学大臣から中央教育審議会に「大学入学者選抜の改善をはじめとする高等学校教育と大学教育

の円滑な接続と連携の強化のための方策について（諮問）」[4] が出されて以降、高大接続改革に関する議論が本格化してきた。また、中央教育審議会による議論と並行して、2013 年 10 月 31 日には教育再生実行会議による「高等学校教育と大学教育との接続・大学入学者選抜の在り方について（第四次提言）」が出された。その後、2014 年 12 月 22 日の中央教育審議会「新しい時代にふさわしい高大接続の実現に向けた高等学校教育、大学教育、大学入学者選抜の一体的改革について 〜すべての若者が夢や目標を芽吹かせ、未来に花開かせるために〜（答申）」[5]（いわゆる「高大接続答申」）を経て、2016 年 3 月 31 日には「高大接続システム改革会議『最終報告』」が、2017 年 7 月 13 日には文部科学省から「高大接続改革の実施方針等の策定について」がまとめられ、その後の取り組みのあり方が提案された。現在も進められている高大接続改革ならびに大学入試改革は、こうした流れの中に位置づくものである。

　2016 年 3 月 31 日に出された「高大接続システム改革会議『最終報告』」は、「高大接続システム改革について今後文部科学省において具体化が図られるべき改革について、現時点でのできる限りの具体案を提言するもの」[6]とされた。そこでは、関連する各種調査や答申等をふまえながら、「義務教育段階の学習内容の定着について課題がある層が存在していること」、高等学校では「『学力の 3 要素』を踏まえた指導が十分浸透していないことが課題として指摘されて」いること、高等学校卒業時に必要な学力が十分に身についていない状態で卒業する高校生に関して「その後の学習や活動に支障を来す場合があることが大きな課題となっている」こと、大学においては「学生の能動的学習を重視した教育への質的転換の取組が進みつつある。その一方で、いまだ一方的な知識の伝達にとどまる授業も見られる」こと等の課題があることが指摘されている。こうした状況をふまえ、「高等学校教育改革、大学教育改革、及び大学入学者選抜改革をシステムとして、一貫した理念の下、一体的に行う改革」として進められてきたのが、高大接続システム改革である。ここから分かるように、この度の大学入試改革は、高等学校教育改革および大学教育改革と関連づけた三位一体の改革の一環として、他の二つの改革とも深く関連づけるかたちでそのあり方が検討され、取り組みが進め

られてきた。

　先述した萩生田大臣による発言の内容は、こうして進められてきた大学入試改革の大きな二つの取り組みの見直しを求めるものであり、高等学校および大学を中心として、対応を進めてきた関係各所にも大きな影響を与えるものであった。そしてまた、今後の議論ならびに動きに注目が集まっているところでもある。

　こうした状況において、日本の大学入試をめぐる現状やこれまでに進められてきた大学入試改革に関する取り組みの具体像を整理することは、今後、具体的な議論や入試改革を進めていくうえで重要であろう。本章では、以上の課題に迫る。これはまた、他章で取り上げられている各国の入試改革の特徴や日本の入試改革との相違点、可能性や課題をより良く理解することにもつながると考えられる。

2．日本の大学入試をめぐる現状と改革の主要な方向性

　表1は、日本の中学生および高校生の、高等学校等ならびに大学等への進学率を示したものである。2019年の調査時において、中学校を卒業した生徒の98.8%が高等学校等へ、高等学校を卒業した生徒の54.7%が大学等へ進学していることが分かる。

表1　日本の中学生・高校生の進学率（2019年）

区分	項目	計	男	女
中学生	卒業者数	1,112,070（人）	569,017（人）	543,053（人）
	高等学校等進学者数	1,098,877（人）	561,328（人）	537,549（人）
	卒業生全体に対する高等学校等進学率	98.8（%）	98.6（%）	99.0（%）
高校生	卒業者数	1,051,246（人）	530,986（人）	520,260（人）
	大学等進学者数	574,695（人）	274,147（人）	300,548（人）
	卒業生全体に対する大学等進学率	54.7（%）	51.6（%）	57.8（%）

出典：2019年の学校基本調査（2019年8月8日公開）における「中学校・高等学校の状況別卒業者数」[7]をもとに、筆者が作成。

　次に、表 2 に示したのは、2019 年の学校基本調査に基づく高等教育機関の学校数ならびに学生数である。ここからはまず、日本では、本書で取り上げられている各国と比べて設置されている大学数が多いことが分かる。ここで、日本の大学の約 77 ％、短期大学の約 95 ％を私立学校が占めている[8]。ところで、先述した「高大接続システム改革会議『最終報告』」では、高等学校卒業時に必要な学力が十分に身についていない生徒についての指摘が見られた。ここからは、入学定員を満たすために、高等学校修了時までに習得すべき学力が充分には身についていない受験生に対しても入学を認める大学等が存在している可能性があることが示唆される。定員の充足率が大学の存続にも影響を及ぼしかねない状況において、高等学校卒業時に身につけておくべき学力の習得を要件とした入学者選抜の実施をどのように実現するのかは、重要かつ難しい課題の一つになっていることが指摘できる。

表 2　日本の高等教育機関の学校数と学生数（2019 年）

区分		学校数		学生数		
				計	男	女
大学	計		786	2,918,708	1,625,717	1,292,991
	国立	86		606,317	391,696	214,621
	公立	93		158,147	74,315	83,832
	私立	607		2,154,244	1,159,706	994,538
短期大学	計		326	113,008	13,147	99,861
	公立	17		5,735	905	4,830
	私立	309		107,273	12,242	95,031
高等専門学校	計		57	57,121	45,800	11,321
	国立	51		51,295	40,655	10,640
	公立	3		3,781	3,321	460
	私立	3		2,045	1,824	221
通信教育	大学（私立）	44		207,867	94,010	113,857
	大学院（私立）	27		7,783	4,523	3,260
	短期大学（私立）	11		20,860	4,497	16,363

出典：2019 年の学校基本調査（2019 年 8 月 8 日公開）における「高等教育機関の学校数・学生数・教職員数」[9] をもとに、筆者が作成。

　続いて、大学入学者の選抜方法を見ていく。「令和2年度大学入学者選抜実施要項」では、入学者の選抜は一般入試によるほか、各大学の判断によって、入学定員の一部について多様な入試方法を工夫することが望ましいとしている[10]。表3は「令和2年度大学入学者選抜実施要項」に示された試験の種別とその概要をまとめたものであり、表4（次ページ）は、2018年度に実施された入学者選抜において入学者が経由した「一般入試」「アドミッション・オフィス入試（AO入試）」「推薦入試」「その他（専門高校・総合学科卒業生入試、帰国子女入試、中国引揚者等子女入試、社会人入試）」それぞれの試験の種別ごとの割合である。なお、2021年度入試より、多面的・総合的な評価の観点からの改善を図りつつ、各々の入学者選抜としての特性をより明確にするという観点から、「一般入試」「AO入試」「推薦入試」という入試区分はそれぞれ、「一般選抜」「総合型選抜」「学校推薦型選抜」へと変更されることとなっている[11]。

　表3に示したように、試験は五つの種別に大別されている。そして、表4

表3　「令和2年度大学入学者選抜実施要項」に示された試験の種別とその概要

試験の種別	概要
一般入試	調査書の内容、学力検査、小論文、面接、集団討論、プレゼンテーションその他の能力・適性等に関する検査、活動報告書、大学入学希望理由書及び学修計画書、資格・検定試験等の成績、その他大学が適当と認める資料により、入学志願者の能力・意欲・適性等を多面的・総合的に評価・判定する入試方法
アドミッション・オフィス入試	詳細な書類審査と時間をかけた丁寧な面接等を組み合わせることによって、入学志願者の能力・適性や学習に対する意欲、目的意識等を総合的に評価・判定する入試方法
推薦入試	出身高等学校長の推薦に基づき、原則として学力検査を免除し、調査書を主な資料として評価・判定する入試方法
専門学科・総合学科卒業生入試	高等学校の専門教育を主とする学科又は総合学科卒業及び卒業見込みの入学志願者を対象として、職業に関する教科・科目の学力検査の成績等により評価・判定する入試方法
帰国子女入試・社会人入試	帰国子女（中国引揚者等子女を含む）又は社会人を対象として、一般の入学志願者と異なる方法により評価・判定する入試方法

出典：文部科学省「令和2年度大学入学者選抜実施要項」pp.2-3をもとに、筆者が作成。

から分かるように、国立大学では約83%、公立大学では約72%が一般入試を経て入学するのに対して、私立大学では一般入試を経ての入学者が50%を下回り、その分、AO入試と推薦入試を経ての入学者の割合が高くなっている。ただし、学部別に見てみると、国立大学の約49%、公立大学の約25%、私立大学の約75%の学部がAO入試を、国立大学の約72%、公立大学の約94%、私立大学の約99%の学部が推薦入試を実施していることから分かるように、AO入試や推薦入試自体を実施している大学の学部の割合は、より高くなる。

　周知のように、大学入試において実施される試験は、大学入試センター試験（以下、センター試験）による共通テストと、各大学が個別に行う個別選抜とに大別される。そして、両者のうちの一方のみを実施する、あるいは両

表4　2018年度入学者選抜において入学者が経由した試験の種別とその割合
　　　（2018年5月1日現在で集計）

大学区分 ＼ 試験の種別		一般入試	AO入試	推薦入試	その他	計
国立大学	全入学者数（人）[実施大学・学部数]	82,086	3,603[57大学195学部]	11,949[78大学289学部]	482	98,120[82大学399学部]
	全入学者数に占める割合（%）	83.66	3.67	12.18	0.49	100
公立大学	全入学者数（人）[実施大学・学部数]	23,425	899[30大学50学部]	8,008[87大学187学部]	169	32,501[89大学198学部]
	全入学者数に占める割合（%）	72.07	2.77	24.64	0.52	100
私立大学	全入学者数（人）[実施大学・学部数]	228,967	55,329[482大学1,334学部]	198,057[582大学1,769学部]	1,269	483,622[584大学1,785学部]
	全入学者数に占める割合（%）	47.34	11.44	40.95	0.26	99.99（※）
計	全入学者数（人）	334,478	59,831	218,014	1,920	614,243[755大学2,382学部]
	割合（%）	54.45	9.74	35.49	0.31	99.99（※）

出典：文部科学省「平成30年度国公私立大学入学者選抜実施状況」[12] pp.1-3をもとに、筆者が作成。※については、四捨五入したため、合計が100になっていない。

者を併用するかたちで実際の選抜が行われ、入学者が決定されてきた。セン
ター試験では多肢選択式の問題（リスニングテストを含む）が出され、個別
選抜に関しては、多肢選択式の問題を用いるもの以外にも、「記述式問題」
「英文などの翻訳」「小論文」「面接」「調査書などによる審査」等の多様な評
価方法が採られてきた。また、各大学が実施する個別の学力検査に際しては、
採用する入試方法や学力検査を実施する教科・科目、出題する問題等が基本
的に、大学によって決定されてきた。さらに、どのような資料や方法を用い
るかに関わらず、入試は基本的に、選抜型となっている。すなわち、あらか
じめ入学者の定員数が設定されており、入学予定者数がその定員数を超え
（過ぎ）ない範囲で、入試の成績に応じて合否が決定されてきた。

　こうした現状の中、表5に示したように、今回の大学入試改革ではセン

表5　大学入学者選抜改革の概要

	現行の取り組み	主たる改革の内容	2020年度からの具体的な取り組みの方針
大学入学共通テスト	多肢選択式の問題のみで構成される。	多肢選択式の問題に加えて、記述式問題を導入する。	・国語については80〜120字程度の問題を含めて3問程度、数学については数式・問題解決の方略などを問う問題を3問程度、出題する。 ・2024年度からは地歴・公民分野や理科分野等でも記述式問題を導入する方向で検討を進める。
	英語については「読む」「聞く」の2技能のみを評価対象とする。	「読む」「聞く」「話す」「書く」の4技能を評価対象とするかたちに転換する。	・英語の外部検定試験を活用し、4技能を評価する。 ・センターが入学者選抜に適した試験を認定し、各大学の判断で活用する。 ・大学入学共通テストの英語試験は、2023年度までは継続して実施する。 ・各試験団体に検定料の負担軽減方策を講じることを求めるとともに、各大学に、受検者の負担に配慮して、できるだけ多くの種類の認定試験の活用を求める。
個別選抜	・学力の3要素を評価できていない入試が多い。 ・早期合格を決めた受験生の学習意欲の低下が見られる。	新たなルールを設定する。	・AO入試と推薦入試において、小論文、プレゼンテーション、教科・科目に係るテスト、大学入学共通テスト等のうち、いずれかの活用を必須化する。 ・調査書の記載内容も改善する。 ・出願時期を、AO入試は8月以降から9月以降に変更し、合格発表時期をAO入試は11月以降、推薦入試は12月以降に設定する（これまではルールなし）。

出典：文部科学省「高大接続改革の実施方針等の策定について（平成29年7月31日）」の中の
「大学入学共通テスト実施方針」[13] p.1をもとに、筆者が作成。

ター試験による共通テストと個別選抜の両方に関して、新たな取り組みの方向性が示された。具体的には、共通テスト改革の一環としての「記述式問題の導入」「英語の外部検定試験を活用した 4 技能評価への転換」、ならびに各大学が実施する「個別選抜に関する新たなルールの設定」を主要な三つの柱とした改革が構想され、進められることとなったのである。

　以下では、これら三つの取り組みをそれぞれ取り上げながら、大学入試改革で何がねらわれ、どのようにその実現が図られたのか、また、そこでどのような課題が浮かび上がってきたのかを整理していく。

3．大学入学共通テスト改革の具体とそれをめぐる議論

（1）現行の共通テストとしてのセンター試験の概要

　ここではまず、センター試験の概要を確認しておく。センター試験とは独立行政法人大学入試センターと各大学が共同で毎年 1 月半ばに実施するものであり、約 50 万人が受験する。その目的は高等学校段階における基礎的な学習の達成の程度を判定することにあり、多肢選択式の問題にマークシート方式で解答する。表 6 は、センター試験の概要をまとめたものである。

　各大学は、必要に応じて、このセンター試験の結果を入学者選抜のための資料として活用する。具体的には、国公立大学の一般入試では基本的に、センター試験の結果と各大学が行う個別の学力検査の結果を総合して入学者選抜が行われる。また、私立大学においてセンター試験の結果を活用する場合には、センター試験の結果と各大学が行う個別の学力検査の結果を総合するかたちが採られることもあるが、センター試験の結果のみで入学者選抜が行われることが多い。また、国公立大学か私立大学かを問わず、学習指導要領に基づいて高等学校の教育課程に設置されている教科・科目の中から、大学が指定する教科・科目を受験するかたちとなることが多い。

　センター試験は 1990 年 1 月より実施されてきたが、2021 年度大学入学者選抜（2020 年度実施）からはこれに代わるものとして「大学入学共通テスト」が導入されることとなった。そして、この転換に伴う主要な改革として示されたのが、多肢選択式の問題に加えて記述式問題を導入することと、英

表6　大学入試センター試験（令和2年度）の概要

実施日	教科	出題科目	試験時間	配点
1日目 （2020年 1月18日）	地理歴史	「世界史A」「世界史B」 「日本史A」「日本史B」 「地理A」「地理B」	60分 ※2科目受験の場合	100点
	公民	「現代社会」「倫理」「政治・経済」 「倫理、政治・経済」	130分 （うち、解答時間120分）	200点
	国語	「国語」	80分	200点
	外国語	「英語」「ドイツ語」「フランス語」 「中国語」「韓国語」	【筆記】 80分	200点
			【リスニング】※「英語」のみ 60分 （うち、解答時間30分）	50点
2日目 （2020年 1月19日）	理科①	「物理基礎」「化学基礎」 「生物基礎」「地学基礎」	60分 ※2科目選択必須	100点
	数学①	「数学Ⅰ」「数学Ⅰ・数学A」	60分	100点
	数学②	「数学Ⅱ」「数学Ⅱ・数学B」 「簿記・会計」「情報関係基礎」	60分	100点
	理科②	「物理」「化学」「生物」「地学」	60分 ※2科目受験の場合	100点
			130分 （うち、解答時間120分）	200点

出典：大学入試センター「令和2年度大学入学者選抜　大学入試センター試験受験案内」[14] pp.3-5
をもとに、筆者が作成。

語の外部検定試験を活用して「読む」「聞く」「話す」「書く」の4技能を評価対象とするかたちに転換することの二つである。なお、現在のところ、導入後の4年間はセンター試験と同様の教科・科目で実施されることとなっている。2018年に告示された学習指導要領に基づく教育課程を履修した高校生が受験する2025年度大学入学者選抜（2024年度実施）以降の実施体制については、検討が進められている。

（2）記述式問題の導入をめぐる議論

　まず、記述式問題の導入をめぐる議論を見ておこう。大学入学共通テスト

では、国語と数学において記述式問題の導入が検討された。先述の通り、結果的には記述式問題の導入は見送られ、その実施体制も含めて再検討されることとなったが、ここでは、大学入試センターが2018年11月10日と11日に実施した試行調査（プレテスト）で出題された実際の問題の中から、国語に関する問題を取り上げ、その特徴について考えてみたい[15]。

　国語のプレテストは五つの大問から成り、100分の制限時間で実施された。点数は、「200点＋記述式の評価」である。記述式の評価の点数については、配点は示されていない。五つの大問のうち、第1問が記述式問題であり、第2問から第5問までが多肢選択式の問題である。

　記述式問題が出題された第1問は、「ヒトと言語」についての探究レポートを書くときに参考にされた二つの文章を読んで、三つの問いに答えるというものである。解答に際して求められる文字数は、問1が30字以内、問2が40字以内、そして問3が80字以上120字以内となっている。紙幅の都合上、ここでは問題の詳細には立ち入らないが、問題の傾向ならびにそこで把握しようとされている学力の内実を検討するために、問1〜3それぞれの正答の条件を確認しておこう（表7）。なお、各問は、示された条件をどの程度満たしているかに応じて、a〜dの4段階で採点された。

　表7の「主に問いたい資質・能力」の欄から分かるように、記述式の問題はいずれも、「知識・技能」および「思考力・判断力・表現力」を問うことをめざして設定されている。ただし、多肢選択式の問題で出題されている第2問から第5問についても同様に、これら二つの資質・能力を問うものとされているため[16]、把握したい資質・能力の観点が特別であるというわけではない。続いて、「思考力・判断力・表現力」および「小問の概要」欄を見ると、問1と問2においてはテクストの内容や要旨を把握して説明する力を、問3においてはテクストの内容に対する自身の考えを、与えられた条件に沿うかたちで説明する力を把握することがねらわれていることが分かる。さらに、「正答の条件」からは、自身の考えを説明する問3においても、文章の丁寧な読み取りが重視されていることが指摘できる。

　先述のように、2019年12月17日に、萩生田大臣によって記述式問題導入

表7　国語のプレテスト（平成 30 年実施分）における記述式問題の「主に問いたい資質・能力」「小問の概要」「正答の条件」

	主に問いたい資質・能力		小問の概要	正答の条件
	知識・技能	思考力・判断力・表現力		
問1	言葉の特徴や使い方に関する知識・技能（文や文章）	テクストにおける文や段落の内容を、接続の関係を踏まえて解釈することができる。	【記述式】テクスト（文章Ⅰ）に示された事項について、文脈との関連において的確に説明する。	① 30 字以内で書かれていること。 ② ことばを用いない、または、指さしによるということが書かれていること。 ③ コミュニケーションがとれる、または、相手に注意を向けさせるということが書かれていること。
問2	言葉の特徴や使い方に関する知識・技能（文や文章）	目的等に応じて情報をとらえ、テクスト全体の要旨を把握することができる。	【記述式】テクスト（文章Ⅱ）に示された事柄について、文脈を踏まえて整理された内容をとらえ、必要な情報を的確に説明する。	① 40 字以内で書かれていること。 ② （大人は）教えてはくれないということが書かれていること。 ③ 指示対象と単語との対応関係が書かれていること。
問3	情報の扱い方に関する知識・技能	テクストを踏まえ、推論による情報の補足や、既有知識や経験による情報の整理を行って、テクストに対する考えを説明することができる。テクストを踏まえ、条件として示された目的等に応じて、必要な情報を比較したり関連付けたりして、テクストに対する考えを説明することができる。	【記述式】テクスト（資料）の内容について、複数のテクストを比較し、別の事柄を用いた例示とその理由について考え、的確に説明する。	① 80 字以上、120 字以内で書かれていること。 ② 二つの文に分けて書かれていて、二文目が、「それが理解できるのは」で書き始められ、「からである。」で結ばれていること。 　　ただし、二文目が「理解ができるからである。」で結ばれているものは正答の条件②を満たしていないこととなる。 ③ 一文目に、話し手が地図上の地点を示しているということが書かれていること。 ④ 一文目に、話し手が指示しようとする対象が実際の場所だということが書かれていること。 ⑤ 二文目に、次のいずれかが書かれていること。 　　なお、両方書かれていてもよい。 　　・指差した人間の視点に立つということ。 　　・指差した人間と同一のイメージを共有できるということ。

出典：大学入試センター「【国語】問題のねらい、主に問いたい資質・能力、小問の概要及び設問ごとの正答率等」[17] p.1 および、大学入試センター「正解表　国語」[18] pp.1-3 をもとに、筆者が作成。

の見送りが発表された。その主要な理由として挙げられた、現時点では実際の採点体制を明示することができないこと、採点ミスをゼロにすることまでは期待できず、試験の円滑かつ適正な実施には限界があると考えられること、そして、受験生による自己採点と実際の採点結果との不一致を格段に改善することは難しいことという点からは、「信頼性と公平性を担保できる採点体制をどう整えるのか」が重要な課題の一つとして意識されていたことが分かる。これは、従来のセンター試験においては多肢選択式の問題の形式が採られていたために問題にはなりにくかったことであるが、記述式問題の導入に伴って、評価基準や採点者の質保証の重要性と困難さが浮き彫りになった結果であると言えよう。また、この点に付随して、受験生一人ひとりが自身の点数を直接知ることはできず、自己採点による「見込み」をもとに出願する大学を決定するという体制を採っているからこその課題もまた浮かび上がってきたことが指摘できよう。

（3）英語の外部試験をめぐる議論の動向

　大学入試改革のもう一つの重要な柱とされた英語の外部試験とは、従来のセンター試験に加えて、民間企業等が実施する英語の試験の受験（大学を受験する年度の4月から12月の間に受験する）を受験生に求めるとともに、その成績（最大2回まで、成績を大学入試英語成績提供システムに登録可能）を大学入試の材料として活用するというものである。従来のセンター試験においては「読む」「聞く」の2技能を評価するかたちとなっていたが、外部試験を活用することによって、「話す」「書く」を加えた4技能を評価するかたちへと転換することがねらわれたのである。そして、2019年9月17日に、最終的に「Cambridge Assessment English（ケンブリッジ大学英語検定機構）」「Educational Testing Service」「IDP:IELTS Australia」「ブリティッシュ・カウンシル」「株式会社 ベネッセコーポレーション」「公益財団法人 日本英語検定協会」の六つの資格・検定試験実施主体との間で、大学入試英語成績提供システムの運営に関する協定書が締結されたことが発表された [19]。

　ただし、大学入学共通テストにおける英語民間検定試験の活用に関しては、大きな議論が展開された。たとえば、全国高等学校長協会から、2019 年 7 月 25 日には「大学入試に活用する英語 4 技能検定に対する高校側の不安解消に向けて（要望）」[20] が、2019 年 9 月 10 日には「2020 年 4 月からの大学入試英語成績提供システムを活用した英語 4 技能検定の延期及び制度の見直しを求める要望書」[21] が、それぞれ文部科学大臣宛に提出される等、その実施に向けた準備の不十分さを背景とした不安や制度の見直しを求める要望が示された（資料 1）。

　資料 1 から分かるように、英語の外部試験の導入をめぐっては、受験の機会やそれに向けた準備の機会、受験に際しての必要に応じた配慮等をすべての受験生に平等に与えられるかに関する懸念、検定試験の内容の設定や採点等を公平かつ公正なかたちで行えるかに関する懸念、大学側の活用方法が明確になされていないことへの不安等が示されている。そして、本章の冒頭に示したように、これらの懸念に対する十分な対応を行う見通しが立たないという理由から、英語の外部試験の導入は見送られることとなったのである。

資料 1　全国高等学校長協会による「大学入試に活用する英語 4 技能検定」に対する不安

> 1. 生徒が希望する時期や場所で英語民間検定試験を受けられる見通しが依然として立っていない。
> 2. 都道府県間はもとより、同じ都道府県内でも、受験に対して、地域格差、経済格差があり、それらに対する対応が不十分である。
> 3. 実施団体ごとの検定試験の周知に計画性がなく、未だに詳細が明確になっていない。学校では、今年度中の生徒への指導、来年度の年間行事計画及び生徒への指導計画が立てられない。
> 4. 英語民間検定試験の公平、公正に対する不信が払拭されていない。
>   特に、英語民間検定試験の実施方法（公開会場での実施・運営方法、CBT による実施方法等）について、採点の方式、結果の周知時期、事故対応等の経験・実績のない実施団体があることなどにより、生徒も教員も不安を募らせている。
> 5. 活用方法を明らかにしていない大学等があり、志望するにあたって不安である。
> 6. 障害のある受験者への配慮が事業者ごとにまちまちである。

出典：全国高等学校長協会「大学入試に活用する英語 4 技能検定に対する高校側の不安解消に向けて（要望）」（令和元年 7 月 25 日）[22] の一部を抜粋して、筆者が作成。

4. 個別選抜に関する改革をめぐる動き

(1) AO入試と推薦入試の概要と留意点

　表5(241ページ) に示したように、個別選抜に関する具体的な取り組みの方針として、「AO入試と推薦入試において、小論文、プレゼンテーション、教科・科目に係るテスト、大学入学共通テスト等のうち、いずれかの活用を必須化する」「調査書の記載内容も改善する」「出願時期を、AO入試は8月以降から9月以降に変更し、合格発表時期をAO入試は11月以降、推薦入試は12月以降に設定する」の三つが示された。ここではまず、AO入試と推薦入試に関する議論を整理する。

　文部科学省による「大学入学者選抜改革について」[23] では、一部のAO入試や推薦入試について「知識・技能」や「思考力・判断力・表現力」を問わない性格のものとして受け取られて本来の趣旨や目的に沿ったものとなっていない面があり、入学後の大学教育に円滑につなげられていないことが課題として挙げられた。そして、AO入試と推薦入試の両方について、調査書や推薦書等の出願書類だけではなく各大学が実施する評価方法等(小論文、プレゼンテーション等)や大学入学共通テストのうち少なくともいずれか一つの活用を必須化することが示された。さらに、AO入試については本人の記載する資料(活動報告書、大学入学希望理由書、学修計画書等)を積極的に活用することが、推薦入試については学校長からの推薦書の中で、本人の学習歴や活動歴をふまえた「知識・技能」「思考力・判断力・表現力」「主体性を持って多様な人々と協働して学ぶ態度」に関する評価を記載することと、大学が選抜にあたってこれらを活用することを必須化することが改善策として示された。それに加えて、出願や合格発表の時期、テスト等の実施時期、募集人員、ならびに入学前教育の充実に関する方針も示された。

　表8は、「令和2年度大学入学者選抜実施要項」に示されているAO入試と推薦入試の主な違いである。表に示したように、AO入試については、「知識・技能の修得状況に過度に重点を置いた選抜基準」とはしないことや、「大学教育を受けるために必要な基礎学力の状況を把握する」こと、「調査書

を積極的に活用することが望ましい」ことが留意点として挙げられている。また、推薦入試については、「高等学校の教科の評定平均値を出願要件（出願の目安）や合否判定に用い」ることや、必要に応じて、AO入試において基礎学力の状況を把握するための取り組みとして挙げられているものを行うことが示されている。

表8　「令和2年度大学入学者選抜実施要項」に示されたAO入試と推薦入試の主な違い

	アドミッション・オフィス入試（AO入試）	推薦入試
概要	詳細な書類審査と時間をかけた丁寧な面接等を組み合わせることによって、入学志願者の能力・適性や学習に対する意欲、目的意識等を総合的に評価・判定する入試方法	出身高等学校長の推薦に基づき、原則として学力検査を免除し、調査書を主な資料として評価・判定する入試方法
留意点	入学志願者自らの意志で出願できる公募制とする。 アドミッション・オフィス入試の趣旨に鑑み、知識・技能の修得状況に過度に重点を置いた選抜基準とせず、合否判定に当たっては、入学志願者の能力・意欲・適性等を多面的・総合的に評価・判定する。 大学教育を受けるために必要な基礎学力の状況を把握するため、以下のア〜エのうち少なくとも一つを行い、その旨を募集要項に記述する。 ア　各大学が実施する検査（筆記、実技、口頭試問等）による検査の成績を合否判定に用いる。 イ　大学入試センター試験の成績を出願要件（出願の目安）や合否判定に用いる。 ウ　資格・検定試験等の成績等を出願要件（出願の目安）や合否判定に用いる。 エ　高等学校の教科の評定平均値を出願要件（出願の目安）や合否判定に用いる。 上のア〜ウを行う場合にあっては、エと組み合わせるなど調査書を積極的に活用することが望ましい。	推薦書・調査書だけでは入学志願者の能力・意欲・適性等の評価・判定が困難な場合には、左の欄に示したア〜ウの措置の少なくとも一つを講ずることが望ましい。 高等学校の教科の評定平均値を出願要件（出願の目安）や合否判定に用い、その旨を募集要項に記述する。

出典：文部科学省「令和2年度大学入学者選抜実施要項」p.2をもとに、筆者が作成。

（2）調査書の記載内容の改善

　調査書の記載内容に関する具体的な見直しの内容としては、「指導上参考となる諸事項」「『評定平均値』の取扱い」「活用の在り方」に関するものが

挙げられた[24]。

　「指導上参考となる諸事項」については、生徒の特長や個性、多様な学習や活動の履歴についてより適切に評価することができるよう、欄を拡充するとともに「各教科・科目及び総合的な学習の時間の学習における特徴等」「行動の特徴、特技等」「部活動、ボランティア活動、留学・海外経験等」「取得資格・検定等」「表彰・顕彰等の記録」「その他」の項目ごとに記載する欄を分割することと、実施要項の「調査書記入上の注意事項等について」に記載方法をより詳しく記述すること、大学がこれら以外の多様な学習や履歴等を入学者選抜に用いる場合にはその記載方法等を募集要項等にできるだけ具体的に記載するようにすること、そして、現行の調査書の様式に関する裏表両面１枚という制限を撤廃してより弾力的に記載できるようにすること、とされた。また、「『評定平均値』の取扱い」については、従来の AO 入試および推薦入試や高等学校教育において果たしている役割を踏まえつつ、高等学校の学習成績を全体的に把握するうえでの１つの目安であることの明確化や目標に準拠した評価の観点から、2020 年度からは「評定平均値」の呼称を「学習成績の状況」に改めるとともに、2024 年度からはその記載欄のさらなる見直しを検討することとされた。そして、「活用の在り方」については、各大学の募集要項等に調査書や志願者本人が記載する資料等を「どのように」活用するかを明記するようにすることと、各大学が必要に応じて、各高等学校が定める学校運営の方針および学校設定教科・科目等の内容や目標等に関する情報の提供を求められることを実施要項に明記することが示された。

　資料２（251〜252 ページ）は、公開されている調査書の様式例である。ここから分かるように、調査書には、「各教科・科目」の評定や修得単位数に加えて「特別活動の記録」「指導上参考となる諸事項」「総合的な学習の時間の内容・評価」等も記載される。ここからは、学校の教育課程全体、そして教育課程外でのものも含めた取り組みの様相が記載され、評価対象とされうることが分かる。

　「令和２年度大学入学者選抜実施要項」では、各大学は入学志願者から調査書の提出を求めるとともに、入学者の選抜に当たっては調査書を充分に活

資料２　文部科学省が示す現行の「調査書（様式）」と主要な見直しの内容

別紙様式
（表）

調　査　書

| ※ | | ※ | | ※ | | ※ | |

1. ふりがな 氏　名			性　別		現住所	都道府県	市区
	昭和 平成　　年　　月　　日生					町村　　丁目　　番　　号	

学校名	国立 公立 私立	高等学校 中等教育学校 特別支援学校 （分　校）	昭和 平成 令和　　年　　月	入学，編入学，転入学 （第　　学年）
全・定・通	普通・専門（　　・　　）・総合	昭和 平成 令和　　年　　月	卒　業 卒業見込	

2．各教科・科目等の学習の記録

教科・科目			評定				修得の単位数計	教科・科目		評定				修得の単位数計
教科	科目		第1学年	第2学年	第3学年	第4学年		教科	科目	第1学年	第2学年	第3学年	第4学年	

「2．各教科・科目等の学習の記録」
※各学年における教科・科目ごとの
　評定と修得単位数の合計、および、
　総合的な学習の時間等の修得単位
　数の合計を記載する。

総合的な学習の時間

「各教科の学習成績の状況」
に名称変更。

「3．各教科の評定平均値」

3．各教科の評定平均値	教科 平均値	国語	地歴	数学	理科	外国語	普・家庭	普・情報	全体の評定平均値
	教科 平均値								

4．学習成績概評	成績段階別人数								
	段階	A　　人	B　　人	C　　人	D　　人	E　　人	合計　　人	（　　人）	

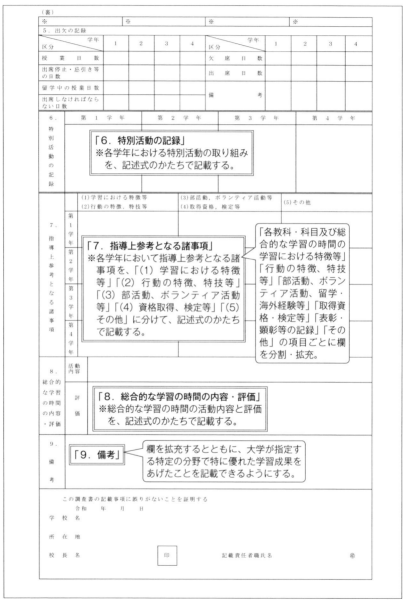

用するものとされた[26]。具体的な活用方法については各大学に任されているが、他章で取り上げられている各国では主に教科学習に関する学習の状況に焦点が当てられている点に鑑みれば、より幅広い側面が評価の対象とされ、選抜の際の材料として活用されようとしている点は、日本の大学入試の一つの特徴であると言えよう。なお、調査書については現在、「大学入学者選抜改革推進委託事業」[27]とも関連させるかたちで、電子化のあり方についても検討が進められている。今後の具体的な取り組みの方針や取扱い方等についても注視していく必要があるだろう。

5.　個別選抜に関する特徴的な取り組み

　個別選抜に関しては、これまでにも各大学が出題内容や出題方法を検討する等の取り組みを行ってきた。ここでは、今後の大学入試のあり方を検討するうえで示唆に富み、また、他章で取り上げられている各国の取り組みと比較・検討するための助けになると考えられる特徴的な取り組みの例を紹介する。

（1）大学での授業場面におけるパフォーマンスを評価対象とする取り組み

　お茶の水女子大学では 2017 年度入試より、「新フンボルト入試」と呼ばれる AO 入試（2020 年度実施の入試より、総合型選抜へと呼称を変更）を実施している[28]。これは、「1 次選考を兼ねるプレゼミナールと 2 次選考の図書館入試・実験室入試という二段構えの、受験者の資質を丁寧にじっくりと見極めるユニークな入試」[29]であり、2019 年度実施の入試では、全 3 学部 13 学科のうちの 3 学部 12 学科を対象に、全学で 20 名（全学部学科の入学定員の合計は 452 名）を募集している[30]。なお、同大学の入学者選抜方法には、「新フンボルト入試」のほかに、一般入試（前期日程、後期日程）、推薦入試、帰国子女・外国学校出身者特別入試、私費外国人留学生特別入試がある[31]。

　「新フンボルト入試」[32]では、まず 1 次選考において、受講が必須とされるプレゼミナール（2020 年度実施の入試より、理系学科については書類審査

に変更 [33]）で志願者に大学の授業をじかに体験させ、そこでのレポートや他の提出書類を評価する。続く 2 次選考に関して、文系を対象とする「図書館入試」では、大学附属図書館の文献や資料を駆使してレポートの作成を求めるとともに、グループ討論や面接を通じて論理力や課題探究力、独創性等を評価する。また、理系を対象とする「実験室入試」では、各学科の専門性に即した実験や実験演示、データの分析等の課題を課したり、高校での学びを活かした課題研究発表等を行わせたりすることによって探究する力を評価する。これらの成果やプロセスを評価することで、ペーパーテストでは測れない潜在的な力を丁寧に見極めることがねらわれているものであり、単なる知識（暗記）量の多寡ではなくその知識をいかに「応用」できるかを問う入試であるとされている。なお、合格者には、所属学科が指定するセンター試験の教科・科目の受験が課せられる [34]。

　この取り組みでは、入学後に受講することとなる実際の大学の授業を受験生に経験させる中で課題に取り組ませ、それに対するパフォーマンスを評価対象としている。これにより、高等学校までの学習の成果や到達度をもとに選抜を行うということにとどまらず、大学入学後の学業への取り組みの可能性も含めた資質・能力を把握し、それをふまえて選抜を行うという機能を有した取り組みであることを指摘できる。

（2）多様な評価方法を組み合わせて用いる取り組み

　京都大学では 2016 年度入学者より「高大接続型」特色入試（以下、特色入試）と呼ばれる AO 入試が導入され、2018 年度入試からは全学部全学科で実施されている。具体的な選抜方法等は学部学科によって異なるが、ここでは例として、教育学部の取り組みを見てみよう。表 9 は、教育学部の特色入試の概要である。

　第 1 次選考では、受験生自身が記入する「学びの報告書」「学びの設計書（志望理由書）」と、高等学校で作成される「調査書」によって選考が行われる。「学びの報告書」では、中学時代から現在までに取り組んだ「学び」の活動のうちの主なもの、取得した資格や各種検定の成績、主な「学び」の活

表 9　「令和 2 年度　京都大学特色入試選抜要領」に示された教育学部の特色入試の概要

教育学部が特色入試を通じて求める人物像	・教科の学習及び総合的な学習の時間などにおいて学習を深め、テーマを設定して探究活動を行い、卓越した学力を身につけ、成果をあげた者、あるいは、学校内外の活動で豊かな経験を積み、創造的な熟達を通して、深い洞察を得ている者 ・人間と社会、教育や心理について関心を持ち、論理的・批判的に思考し、問題を解決する能力とコミュニケーション能力を持つ者 ・将来、教育や心理にかかわる専門的識見を発揮して、社会に貢献する志を持つ者
募集人員	6 名
試験実施方式	学力型 AO
提出書類	調査書、学びの報告書、学びの設計書
大学入試センター試験利用教科・科目名	【国語】「国語」 【数学】「数学 I・数学 A」「数学 II・数学 B」 【地歴・公民】および【理科】（次のどちらかを選択） 　・世界史 B、日本史 B、地理 B、「倫理、政治・経済」から 2 科目、および、物理基礎、化学基礎、生物基礎、地学基礎から 2 科目 　・世界史 B、日本史 B、地理 B、「倫理、政治・経済」から 1 科目、および、物理、化学、生物、地学から 2 科目 【外国語】英語、ドイツ語、フランス語、中国語、韓国語から 1 科目
選抜方法および基準	・提出書類、課題、および口頭試問によるパフォーマンス評価の成績、並びに大学入試センター試験の成績を総合して合格者を決定する。 ・第 1 次選考は、調査書、学びの報告書、および学びの設計書により選考を行う。 ・第 2 次選考は、第 1 次選考に合格した者に対して、課題と口頭試問により選考を行う（第 2 次選考における配点は、「課題：100 点」「口頭試問：100 点」の計 200 点満点）。 ・最終選考は、第 2 次選考に合格した者に対して、大学入試センター試験の得点の合計が 900 点満点中 80％以上の者を合格者とする。

出典：京都大学「令和 2 年度　京都大学特色入試選抜要領」[35] p.5、p.10、p.14 をもとに、筆者が作成。

動の中で大学での学びに向けて受験生自身が重要だと考える三つの活動に関する説明を自筆で記入することが受験生に求められるとともに、必要に応じて「学び」の活動の成果を示す資料を A4 判のファイル 1 冊にまとめて添付して提出することが求められる。また、「学びの設計書（志望理由書）」では、

教育学部への入学を希望する理由、大学生活において何を目標としてどのように学びたいか、卒業後に大学で学んだことをどのように活かしたいかを記入することが求められる。このポートフォリオとしてのファイル[36]は、高等学校での日常的かつ精力的な学びの成果を評価対象とすることも可能にしていると言えよう。

　続く第2次選考では、「課題」と「口頭試問」によって選考が行われる。「課題」では、「問題冊子」「解答冊子」とともに、課題と関連する考察や研究に関する英語や日本語の文章、グラフ、図表等を収めた「資料集」が配布され、英文の読解や要約を行ったり、資料を参照しつつ自身の考えを論述したりすることを求める課題が課される[37]。また、「口頭試問」では、上述したポートフォリオも含めた提出書類についての応答等が行われる[38]。

　そして最終選考では、第2次選考に合格した者に対してセンター試験の受験を求め、得点の合計が900点満点中80％以上の者が合格とされる[39]。

　書類審査や口頭試問、ペーパーテスト等はそれぞれ、従来から大学入試において比較的一般的に活用されてきた方法ではある。ただし、京都大学の取り組みは、これらの多様な評価方法を組み合わせるかたちで使うとともに、それぞれの内容を工夫することによって、多様な幅と質の学力を把握し、選抜に生かす取り組みの例であると言えよう。

（3）幅広く入学者を集めるための取り組み

　早稲田大学では2018年度入試より、「新思考入試（地域連携型）」と呼ばれる「高大接続」型の入学試験を導入した。これは、「グローバルな視野と高い志を持って、社会的・文化的・学術的に地域へ貢献する人材を育成・輩出することを目的」としたものである。そこでは、「地域性を重視し、全ての都道府県からの受け入れを目標」にするとともに、同試験による入学者で指定の奨学金の申請資格に当てはまる受験生については、その奨学金の支給が確約されるといった取り組みがなされている。2019年度に実施された入試では、法学部、文化構想学部、文学部、商学部、人間科学部、スポーツ科学部において実施されている。これは、書類審査（課題レポートと評価書）に

よる１次選考、筆記形式の総合試験による２次選考、そしてセンター試験の成績による最終選考の３段階で行われる[40]。早稲田大学ではさらに、基幹理工学部において、「新思考入試（北九州地域連携型推薦入試）」と呼ばれる指定校推薦入学試験を、2018 年度入試より新設した[41]。これは、北九州地域にある高等学校を対象としたものであり、若干名（最大 10 名程度）を募集するものとなっている。

　慶應義塾大学の法学部では、2012 年度より、従来型の AO 入試である FIT 入試（A 方式）に加え、地域ブロック枠という考え方を採用した入試制度（B 方式）が導入された。これは、「様々な地域の個性ある学生の『慶應で学びたい』という意欲に応え」るとともに、「それらの学生が、卒業後にその才能と大学で学んだ成果を、様々な形で出身地域の活性化に活かしてくれることを期待して」設置されたものである[42]。具体的には、日本全国を「北海道・東北」「北関東・甲信越」「南関東」「北陸・東海」「近畿」「中国・四国」「九州・沖縄」の七つのブロックに分け、各ブロックから法学部の法律学科と政治学科それぞれに、最大 10 名程度合格させるというものである[43]。

　東京大学において 2016 年度入学者選抜より導入された推薦入試は、「学部学生の多様性を促進し、それによって学部教育の更なる活性化を図ることに主眼を置いて実施」されるものであり、その選抜にあたっては、「本学の総合的な教育課程に適応しうる学力を有しつつ、本学で教育・研究が行われている特定の分野や活動に関する卓越した能力、若しくは極めて強い関心や学ぶ意欲を持つ志願者」が求められている[44]。具体的な推薦要件や提出を求める書類・資料等は学部によって異なるが、この推薦入試において学校長が推薦できる人数は、男女各１人までとされている[45]。また、入学者選抜では、提出書類・資料による第１次選考の後、その合格者に対して、学部ごとの面接等が実施される。そして、提出書類・資料、面接等、およびセンター試験の成績を総合的に評価したうえで最終合格者を決定するという流れで実施される[46]。

　以上の取り組みに見られる特徴の一つとして、幅広く入学者を集めるための取り組みとしての側面があることを指摘できる。たとえば早稲田大学や慶

應義塾大学の取り組みでは、広く全国から積極的に入学者を集めるという機能を見出すことができる。また、早稲田大学において一定の基準を満たす受験生には奨学金の支給を確約するという取り組みには、経済的な理由により地方から首都圏の大学への進学に困難を抱える受験生にも受験しやすい状況をつくり、大学での学びの機会を提供するという側面もあることも指摘できよう。さらに、東京大学の例では、学校長が推薦できる人数が男女各 1 名とされていることによって、推薦入試の受験生全体における男女の偏りを減らす機能が働きうることが指摘できる。このように、各大学が行う個別選抜においては、受験生の学力のみならず、出身地や性別等の属性も加味した選抜方法が一部採用されている例も見られるのである。

6．日本の大学入試改革に見る特徴と挑戦

　ここでは最後に、他章で取り上げられている各国の取り組みも念頭に置きながら、日本の大学入試改革の特徴の一端として以下の 3 点を指摘するとともに、それらに関する若干の考察を加えることで、本章の結びとしたい。

　1 点目は、高等学校での授業の内容や進め方が、大学入試の傾向に影響されるという状況が生じやすいことである。高等学校の教員が試験問題の作成や採点に関わる国とは異なり、日本では個別選抜における入試方法の決定や試験問題の作成と採点が、基本的には大学によって行われる。そのため、入試に合格するために必要となる学力の幅や質が多様なものとなり、時として、志望する大学の学部や学科に合わせた「大学入試用の」学習を行うことが必要となる。これは、たとえば高等学校での学習内容の一定程度までの習得が必ずしも大学入試合格の要件とはならないという「学力保障」に関わる課題や、予備校等へ通うことのできる経済的な条件や地理的な条件を満たすことのできる生徒に有利に働くという「公正」に関わる課題が生まれうる要因の一つであると言えるだろう。

　2 点目は、教科学習に関する学力の到達度のみならず、教科外学習、あるいは部活動やボランティア活動等の教育課程外の活動に関する取り組みも大学入試において評価対象とするという側面が見られるという点である。セン

ター試験および大学入学共通テストを中心として教科学習に関する学力の到達度が測られようとしているが、これに加えて、調査書等を用いることによって教科学習以外の学習活動や教育課程外の活動を通して身につけた力についても選抜の材料としようとしていることが指摘できる。ただし、たとえば「スポーツ推薦」等の一部の AO 入試や推薦入試等に代表されるように、センター試験等がすべての受験生に求められるわけではなく、また、教科学習に関する学力の到達度を必ずしも十分にはふまえずに選抜が行われる例も見られる。これは、基本的に教科学習に関して一定程度の水準以上の到達を前提とする資格試験型の入試制度を採っている国と比べた場合に特徴的な点であると言えよう。そしてここからは、高等学校での教育活動を通して共通に保障すべき学力の内実や、大学入学後の学修に生きる学力の習得状況を入試において捉えるための方途を検討することの必要性という課題が浮かび上がってくると考えられる。

　3点目は、特にセンター試験ならびにその後継としての大学入学共通テストと一般入試に関しては、「一発勝負」が基本となっている点である。すなわち、受験生がどれほど実力を身に付けていたとしても、また、高等学校における日々の学習活動にどれほど精力的に取り組んでいたとしても、入試本番にその実力を（入試問題に対応するというかたちで）発揮できなければ評価されないという状況が生じうる。これは、高等学校での日常的な学びを通して取り組む課題への成果に基づく "school-based" の試験が一定の割合で取り入れられている国と比べた際の特徴であると言えよう。

　もちろんこれらの特徴は不変のものではなく、また、大学入試の改善・充実をめざした多様な挑戦も行われている。たとえば1点目および2点目に関連して、大学入学共通テストにおいて記述式問題の導入が検討されていることは、従来のセンター試験よりも幅広い学力を評価対象とし、高等学校での学びと大学入試との連続性を確保しようとする動きであり、高等学校教育改革および大学教育改革と関連づけた三位一体の改革の一環として進められているこの度の大学入試改革は、高等学校までの学習内容をふまえた学力の習得の保障および保証につながる大学入試をめざす動きであると捉えられる。

　また、早稲田大学や慶應義塾大学、東京大学のように、出身地や性別等の属性も加味した選抜方法を採ることである特定の属性を有する受験生のみにとって有利になり過ぎないようにする取り組みは、入試における「公正」さを担保する可能性を持つ取り組みの例であると言えるだろう。

　さらに、2点目に関して、お茶の水女子大学の例では、大学の授業場面を設定してその中で発揮されるパフォーマンスを評価対象とすることによって、大学入学後の学業への取り組みの可能性も含めた資質・能力を把握し、それを踏まえて選抜を行う一つの方途が示されていた。また、京都大学の取り組みは、ポートフォリオを用いることで受験生が入試以前に行ってきた学校内外での学習活動の成果をふまえた選抜を実践することを可能にするものである。これは現行の入試制度の枠組みの中において、特徴の3点目として挙げた従来の「一発勝負」とは異なるかたちで受験生の学力を把握し、選抜につなげる一つの方途を示していると言えよう。

　もちろん、少なくとも現行の大学入試の一義的な目的は、各大学がそれぞれのアドミッションポリシーにしたがって入学者を選抜することにある。しかしながら、1点目に関して述べた高等学校での授業の内容や進め方が大学入試の傾向に影響されるという状況が生じやすい点も念頭に置けば、以上のような取り組みは、時に「暗記中心」とも言われる従来の入試方法から脱却し、高等学校までの教育活動が豊かに展開されることを促すものとなりうる。さらに、これらの取り組みはまた、高等学校まででの学びの成果を基礎として受験生一人ひとりが各自の能力や可能性を大学入学後にさらに伸ばすことにつながる可能性を持ったものでもあると言える。

　本章で見てきたように、揺れる日本の大学入試改革の中にあって、日本国内でも様々な改革や取り組みが進められてきている。今後の大学入試をよりよいものにしていくための挑戦として、一つには、国内外で展開されている多様な取り組みの実態やその成果と課題を共有すること等を通して、関係者を中心に入試や教育評価に関する見識を深めるとともに、新たな取り組みのあり方やその可能性を探ることが挙げられよう。ただし、具体的な取り組みの推進を個々の大学の努力のみに任せてしまえば、改革を行いやすい大学と

そうでない大学との間で、取り組みやすさにも差が生まれうる。大学入試改革をめぐるこれまでの動きや議論もふまえながら、高等学校までの教育活動を通して生徒に共通に保障すべき学力や大学入学後の学修に生きる学力の内実を明確化するとともに、そうした学力を確実に身につけるための教育活動のあり方やそうした学力の習得状況を捉えることのできる入試のあり方を検討し、それらをふまえた全国的な制度改革を進めて行くこともまた、今後の重要な挑戦の一つとなるのではないだろうか。

【追記】新型コロナウイルス感染症の感染拡大に伴い、日本では 2020 年 4 月 7 日に、埼玉県、千葉県、東京都、神奈川県、大阪府、兵庫県、福岡県の 7 都府県を対象として緊急事態宣言が発出された（2020 年 4 月 16 日には、緊急事態宣言の対象区域が全都道府県に拡大された）。それに伴って、小・中・高等学校ならびに大学等の休校や、ICT 等を活用した遠隔授業の実施などの対応が進められた。その後、2020 年 6 月 30 日に公表された「令和 3 年度大学入学者選抜に係る大学入学共通テスト実施要項」では、入学志願者が新型コロナウイルス感染症の影響に伴う学業の遅れに対応できる選択肢を確保するために、大学入学共通テストの実施期日として「① 2021 年 1 月 16 日、17 日」「② 2021 年 1 月 30 日、31 日」「③ 2021 年 2 月 13 日、14 日（特例追試験）」の三つが設定された（②の日程については、原則として 2021 年 3 月に卒業・修了見込みの生徒のうち、新型コロナウイルス感染症の影響に伴う学業の遅れを理由として②の日程で受験することが適当であると在学する学校長に認められた生徒を対象とするとともに、①の追試験としても実施される。また、③の日程については、②の追試験として実施される）。各大学が実施する個別の学力検査の日程や出題範囲等への対応や、今後の感染拡大の状況への対応等も含めて、今後の動向に注目が集まっている。

Book Guide

◎石井洋二郎『危機に立つ東大－入試制度改革をめぐる葛藤と迷走』筑摩書房、2020 年。
◎『現代思想 2020 年 4 月号　特集＝迷走する教育－大学入学共通テスト・新学習指導要領・変形労働時間制』青土社、2020 年。
◎『科学 2020 年 4 月号　特集「大学入試のあり方」を問い直す』岩波書店、2020 年。

1 文部科学省のウェブサイト内にある「大臣メッセージ（英語民間試験について）」https://www.mext.go.jp/content/1422381_01.pdf（2019 年 12 月 23 日確認）

2 文部科学省のウェブサイト内にある「令和元年 12 月 17 日（火）萩生田文部科学大臣の閣議後記者会見における冒頭発言」p.5（https://www.mext.go.jp/content/20191217-mxt_kouhou01-000003280_2.pdf：2019 年 12 月 23 日確認）

3 同上、pp.4-5

4 「大学入学者選抜の改善をはじめとする高等学校教育と大学教育の円滑な接続と連携の強化のための方策について（諮問）」（https://www.mext.go.jp/b_menu/shingi/chukyo/chukyo0/toushin/1325060.htm：2020 年 3 月 8 日確認）

5 中央教育審議会「新しい時代にふさわしい高大接続の実現に向けた高等学校教育、大学教育、大学入学者選抜の一体的改革について 〜すべての若者が夢や目標を芽吹かせ、未来に花開かせるために〜（答申）」（https://www.mext.go.jp/b_menu/shingi/chukyo/chukyo0/toushin/__icsFiles/afieldfile/2015/01/14/1354191.pdf：2020 年 3 月 8 日確認）

6 高大接続システム改革会議「高大接続システム改革会議『最終報告』」（平成 28 年 3 月 31 日）、p.6。

7 https://www.e-stat.go.jp/stat-search/file-download?statInfId=000031845959&fileKind=0（2019 年 11 月 1 日確認）

8 私立大学・短期大学の入学志願の動向については、日本私立学校振興・共済事業団 私学経営情報センター編集・発行「平成 31（2019）年度 私立大学・短期大学等入学志願動向」2019 年 8 月に詳しい。

9 https://www.e-stat.go.jp/stat-search/file-download?statInfId=000031845995&fileKind=0（2019 年 11 月 1 日確認）

10 文部科学省「令和 2 年度大学入学者選抜実施要項」p.2（http://www.mext.go.jp/component/a_menu/education/detail/__icsFiles/afieldfile/2019/06/05/1282953_001_1_1.pdf：2019 年 11 月 4 日確認）

11 文部科学省「大学入学者選抜改革について」p.41（http://warp.ndl.go.jp/info:ndljp/pid/11293659/www.mext.go.jp/b_menu/houdou/29/07/__icsFiles/afieldfile/2017/07/18/1388089_002_1.pdf：2020 年 3 月 24 日確認）

12 https://www.mext.go.jp/content/20200115-mxt_kouhou02-000004077_1.pdf（2020 年 3 月 17 日確認）。なお、一般入試の実施大学・学部数は元データには示されていなかったが、全ての国公私立大学において実施されたものと考えられる。また、「その他」の種別欄に示した全入学者数は「専門高校・総合学科卒業生入試」「帰国子女入試」「中国引揚者等子女入試」「社会人入試」それぞれによる入学者数の合計であり、実施大学・学部数を算出することが困難であったことから、数値を省略している。

13 http://warp.ndl.go.jp/info:ndljp/pid/11293659/www.mext.go.jp/b_menu/houdou/29/07/__icsFiles/afieldfile/2017/07/18/1388089_002_1.pdf（2020 年 3 月 24 日確認）

14 https://www.dnc.ac.jp/albums/abm.php?f=abm00036163.pdf&n=受験案内_R2.pdf（2020 年 2 月 12 日確認）

15 独立行政法人大学入試センターのウェブサイト内にある国語の試行調査（プレテスト／ 2018 年 11 月 10 日と 11 日に実施）の問題例：https://www.dnc.ac.jp/sp/albums/abm.php?f=abm00035513.pdf&n=02-01_問題冊子_国語.pdf（2019 年 12 月 23 日確認）

16 大学入試センター「【国語】問題のねらい、主に問いたい資質・能力、小問の概要及び設問ごとの正答率等」pp.2-5（https://www.dnc.ac.jp/albums/abm.php?f=abm00035678.pdf&n=01_問題

のねらい・正答率等（国語).pdf：2019 年 12 月 24 日確認）

17　https://www.dnc.ac.jp/albums/abm.php?f=abm00035678.pdf&n=01_問題のねらい・正答率等（国語).pdf（2019 年 12 月 24 日確認）

18　https://www.dnc.ac.jp/albums/abm.php?f=abm00035541.pdf&n=04-01_正解表_国語.pdf（2019 年 12 月 24 日確認）

19　大学入試センター「大学入試英語成績提供システムの運営に関する協定書の締結状況」（https://www.dnc.ac.jp/albums/abm.php?f=abm00037738.pdf&n=大学入試英語成績提供システムの運営に関する基本協定書の締結状況.pdf：2020 年 2 月 24 日確認）。なお、2018 年 3 月 26 日に公表された「大学入試英語成績提供システム参加要件を満たしていることが確認された資格・検定試験」（https://www.dnc.ac.jp/albums/abm.php?f=abm00033008.pdf&n=02_参加要件を満たしていることが確認された試験一覧.pdf：2020 年 2 月 24 日確認）の中には一般財団法人国際ビジネスコミュニケーション協会の TOEIC® Listening & Reading Test および TOEIC® Speaking & Writing Tests も含まれていたが、2019 年 6 月 28 日に大学入試英語成績提供システムへの参加申込み取り下げの申し出がなされたため、大学入試英語成績提供システムに参加しないこととなった（大学入試センターのウェブサイト内にある「令和元年 7 月 2 日公表「大学入試英語成績提供システム」における資格・検定試験に関する報告」（本体資料）（https://www.dnc.ac.jp/albums/abm.php?f=abm00036198.pdf&n=本体資料.pdf：2020 年 2 月 24 日確認）より）。

20　全国高等学校長協会「大学入試に活用する英語 4 技能検定に対する高校側の不安解消に向けて（要望）」（令和元年 7 月 25 日）（http://www.zen-koh-choh.jp/iken/2019/20190725.pdf：2019 年 12 月 25 日確認）

21　全国高等学校長協会「2020 年 4 月からの大学入試英語成績提供システムを活用した英語 4 技能検定の延期及び制度の見直しを求める要望書」（令和元年 9 月 10 日）（http://www.zen-koh-choh.jp/iken/2019/20190910.pdf：2019 年 12 月 25 日確認）

22　http://www.zen-koh-choh.jp/iken/2019/20190725.pdf（2019 年 12 月 25 日確認）

23　「AO 入試」および「推薦入試」に関する以下の記述は、文部科学省「大学入学者選抜改革について」pp.41-45（http://warp.ndl.go.jp/info:ndljp/pid/11293659/www.mext.go.jp/b_menu/houdou/29/07/__icsFiles/afieldfile/2017/07/18/1388089_002_1.pdf：2020 年 3 月 24 日確認）に基づく。

24　調査書の見直しに関する以下の記述は、文部科学省「大学入学者選抜改革について」pp.46-48 に基づく。なお、同資料には、「推薦書の見直し」や「志願者本人の記載する資料等」に関する記述もなされているが、ここでは紙幅の都合上、取り上げないこととする。

25　https://www.mext.go.jp/component/a_menu/education/detail/__icsFiles/afieldfile/2019/06/05/1282953_005_1.doc（2020 年 3 月 8 日確認）

26　文部科学省「令和 2 年度大学入学者選抜実施要項」p.3

27　文部科学省のウェブサイト内にある「大学入学者選抜改革推進委託事業」に関するページ（https://www.mext.go.jp/a_menu/koutou/senbatsu/1397824.htm：2020 年 3 月 24 日確認）

28　「令和 2 年度　お茶の水女子大学特別入試学生募集要項 AO 入試（新フンボルト入試）」（http://www.ao.ocha.ac.jp/application/faculty/body/application_faculty_d/fil/R02_AO.pdf：2020 年 2 月 25 日確認）

29　同上、p.1

30　「令和 2 年度　お茶の水女子大学入学者選抜要項」p.13（http://www.ao.ocha.ac.jp/application/faculty/body/application_faculty_d/fil/R02_senbatsu.pdf：2020 年 3 月 15 日確認）

31 同上

32 この段落の記述は、「令和 2 年度　お茶の水女子大学特別入試学生募集要項 AO 入試（新フンボルト入試）」p.1 に基づく。

33 同上、p.17

34 同上、p.12

35 http://www.tokushoku.gakusei.kyoto-u.ac.jp/assets/uploads/pdf/R2essential_notice.pdf（2020 年 3 月 15 日確認）

36 西岡加名恵「大学入試改革の現状と課題－パフォーマンス評価の視点から」『名古屋高等教育研究』第 17 号、2017 年、p.211

37 「平成 31 年度特色入試問題＜教育学部＞課題」（http://www.tokushoku.gakusei.kyoto-u.ac.jp/assets/uploads/pdf/ 過去の問題 /H31/h31_educ.pdf：2020 年 3 月 22 日確認）、「平成 31 年度特色入試問題＜教育学部＞資料集」（http://www.tokushoku.gakusei.kyoto-u.ac.jp/assets/uploads/pdf/ 過去の問題 /H31/h31_educ_sup.pdf：2020 年 3 月 22 日確認）、「平成 30 年度特色入試問題＜教育学部＞課題」（http://www.tokushoku.gakusei.kyoto-u.ac.jp/assets/uploads/pdf/ 過去の問題 /H30/h30_educ.pdf：2020 年 3 月 22 日確認）、「平成 30 年度特色入試問題＜教育学部＞資料集」（http://www.tokushoku.gakusei.kyoto-u.ac.jp/assets/uploads/pdf/ 過去の問題 /H30/h30_educ_sup.pdf：2020 年 3 月 22 日確認）、および、西岡加名恵、前掲論文、pp.212-213 による。

38 西岡加名恵、同上論文、p.213

39 西岡は、この点について、特色入試においても従来の入試で求められてきたような高等学校での 5 教科での学力が軽視されるわけではないことを示していることと、センター試験はマークシート方式のため従来の 2 次試験で行われてきた筆記試験に比べれば測られる学力の幅は狭まるものと考えられることを指摘している（西岡加名恵、同上論文、p.213）

40 「新思考入試（地域連携型）」に関する以上の記述は、「2020 年度早稲田大学　新思考入学試験（地域連携型）入学試験要項」（https://www.waseda.jp/inst/admission/assets/uploads/2019/05/2020_youkou.pdf：2020 年 3 月 24 日確認）に基づく。

41 早稲田大学入学センターのウェブサイト内にある「新思考入試」のページ（https://www.waseda.jp/inst/admission/undergraduate/system/wacel/、および、https://www.waseda.jp/fsci/admissions_us/：2020 年 2 月 25 日確認）より。

42 「2020 年度 FIT 入試（AO 入試）募集要項」p.3（http://exam.52school.com/guide/index.php/download_file/9923/2625/：2020 年 2 月 25 日確認）

43 同上、p.4

44 「令和 2 年度 東京大学推薦入試学生募集要項」p.1（https://www.u-tokyo.ac.jp/content/400126165.pdf：2020 年 3 月 24 日確認）

45 同上、p.5

46 同上

各国教育制度図

＊本書で紹介したヨーロッパの国々について、「The structure of the European
　education systems」（Eurydice）をもとに教育制度図をまとめた。
＊国によっては、見やすさと本文の内容を考慮し、省略したところもある。

1．オランダ　*266*

2．イタリア　*266*

3．オーストリア　*267*

4．ドイツ　*267*

5．フランス　*268*

6．スウェーデン　*268*

7．フィンランド　*269*

8．イギリス　*269*

【凡例】
　　　　　幼児教育と保育（教育省管轄外）　　　　　幼児教育と保育（教育省管轄）
　　　　　初等教育　　　　　　　　　　　　　　　　一般中等教育
　　　　　職業中等教育　　　　　　　　　　　　　　中等教育以降・高等教育以前教育
　　　　　（フルタイムの）第3期の教育

ISCED レベル[1]
　　　　0　　　　1　　　　2　　　　3　　　　4　　　　5　　　　6　　　　7

　　　　　フルタイムの義務教育　　　　　　　パートタイムの義務教育
　　　　　追加学年　　　　　学校と職業訓練の混合コース（デュアルシステム）
／n／　必修の職業経験とその年数

注1：国際標準教育分類。ユネスコ（UNESCO）が策定した、教育分野における各国間比較を可
　　　能にするための国際統計上のフレームワーク。

1．オランダ

生徒の年齢

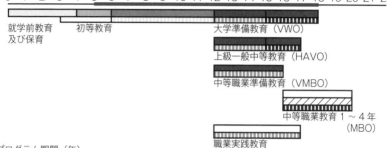

就学前教育
及び保育　　　初等教育　　　　　　　　　大学準備教育（VWO）

上級一般中等教育（HAVO）

中等職業準備教育（VMBO）

中等職業教育 1 ～ 4 年
（MBO）

職業実践教育

プログラム期間（年）

大学（WO）学士／修士

高等職業教育（HBO）学士／修士

高等職業教育（HBO）準学士

2．イタリア

生徒の年齢

託児所　　幼稚園　　　小学校　　　　　中学校　　　リチェーオ（進学系高等学校）

技術系高等学校／専門職系高等学校

専門職養成課程（IFP）

高等技術職養成
課程（IFTS）

プログラム期間（年）

大学

芸術・音楽・舞踊高度養成課程（AFAM）

言語訳者養成高等学院

高等技術専門学校

3. オーストリア

生徒の年齢

0　1　2　3　4　5　6　7　8　9　10　11　12　13　14　15　16　17　18　19　20　21　22

幼稚園

保育所

国民学校
（基礎学校）

AHS（オーストリアのギムナジウム）

実科ギムナジウム上級段階

NMS（新中等学校）

ポリテク学校　職業学校と実習

BHS（マトゥーラが取得可能
な職業学校）

プログラム期間（年）

0　1　2　3　4　5　6　7　8

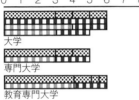

大学

専門大学

教育専門大学

4. ドイツ

生徒の年齢

0　1　2　3　4　5　6　7　8　9　10　11　12　13　14　15　16　17　18　19　20　21　22

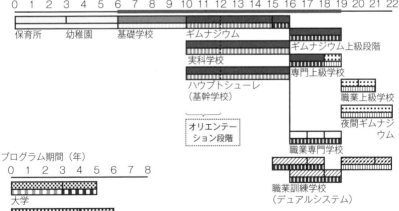

保育所　　幼稚園　　基礎学校　ギムナジウム

ギムナジウム上級段階

実科学校

専門上級学校

ハウプトシューレ
（基幹学校）

職業上級学校

オリエンテー
ション段階

夜間ギムナジ
ウム

職業専門学校

職業訓練学校
（デュアルシステム）

プログラム期間（年）

0　1　2　3　4　5　6　7　8

大学

芸術大学・音楽大学

専門大学

5. フランス

生徒の年齢

幼稚園　　　小学校　　　コレージュ　　普通リセ（高校）・技術リセ
　　　　　　　　　　　　　（中学校）

保育所

職業リセ

見習い技能者養成センター

プログラム期間（年）

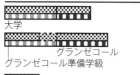

大学

グランゼコール
グランゼコール準備学級

中級技術者養成課程

技術短期大学部

6. スウェーデン

生徒の年齢

就学前教育　　　　基礎学校（初等・前期中等教育）

就学前学級　　　　　　　　　　　　高校

成人教育

プログラム期間（年）

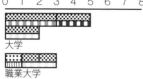

大学

職業大学

7. フィンランド

生徒の年齢

```
0  1  2  3  4  5  6  7  8  9  10 11 12 13 14 15 16 17 18 19 20 21 22
```

幼児教育　　　　　　基礎学校（初等・前期中等教育）
　　　　　　就学前教育

上級中等学校

職業学校

上級職業専門学校

特別職業専門学校

プログラム期間（年）

```
0  1  2  3  4  5  6  7  8
```

大学

応用科学大学（ポリテクニック）/≧3

8. イギリス

生徒の年齢

```
0  1  2  3  4  5  6  7  8  9  10 11 12 13 14 15 16 17 18 19 20 21 22
```

就学前教育

公立保育園・
幼稚園等　　　　初等学校　　　　　　中等学校

中等学校／
継続教育機関

継続教育機関

キー・ステージ1（5〜7歳）
キー・ステージ2（7〜11歳）
キー・ステージ3（11〜14歳）
キー・ステージ4（14〜16歳）

プログラム期間（年）

```
0  1  2  3  4  5  6  7  8
```

高等教育／継続教育機関

あ と が き

　学力を「一斉」に「筆記」で測定し、それを公平だ、客観的だと感じることが、一般的な感覚ではないということを、わたしたちは自覚する必要がある。学力あるいはそれに類する能力を完全に公平には測定することができないという前提に立ち、試験をより厳密に行うべきであるという信仰を見直さなければならない。各章で検討してきた様々な国の試行錯誤を知った読者には、この主張をきっと理解していただけるだろう。

　選抜試験よりも中等教育修了資格試験に重きをおいてきたヨーロッパの国々において、大学進学希望者数の増加などによって制度を維持することには限界があり、さまざまな改革が行われていることを本書では検討した。

　こうしたヨーロッパの入試改革から私たちは次のような視点を見出せるのではないだろうか。①大学進学希望者を選抜あるいは認定する主体、②全国統一試験のあり方、③多様な試験の方法とその評価、④大学入試あるいは入試改革のもっとも重要なステイクホルダーとしての受験生の役割といったことである。以上のことを、もう少し具体的な可能性として提示してみよう。

①入学試験あるいは卒業試験、いずれであっても、その判定には高校、大学、試験機関など複数のエージェントが関与してよい。これまで学校を基準にした評価を伝統としてきたヨーロッパにおいても、複数のエージェントが関与する方向性へシフトしつつある。フランスは在学時の成績を重視する改革を、オーストリアは試験機関が作成する統一試験を重視する改革を行った。少なくとも、在学時の成績が選抜資料にならないのは、日本の一般入試だけである。
②全国で統一の試験を行うとき、複数の主要教科だけを共通にすることができる。オーストリアのマトゥーラ改革では、3教科は統一し、他教科は各学校で行われていた。また、オランダの英語のように、一つの教科のなかでも統一化する部分と学校で評価する部分に分けることも可能である。

③仮に②の方法を採用した場合、主要教科以外は、教師（学校）が作成する
試験や評価課題であってもよい。その試験は、記述や口述といった様々な方
法の可能性がある。こうした方法においては、評価の厳密性や公平性ばかり
が問われるのではなく（決して不問にするのではない）、日常の学習との関
連性や生徒個人の特性をある程度生かす必要があり、またそれは可能である。
④試験の結果は、受験者に開示され、評価に不服がある場合、異議申し立て
ができる。将来的には、受験者は「選抜される」だけの対象ではなく、大学
入試のもっとも重要なステイクホルダーとして、大学入試に関与することが
望ましい。イギリスは、評価先進国として外部試験機関が非常に発展してい
るが、同時に受験者の評価に関する異議申し立てのシステムも確立されてい
る。イタリアは学校ごとの修了試験に生徒が関与している。また、オランダ、
イタリアやフランスであったように、高校生が入試改革あるいは教育改革に
対してデモを行う風景がヨーロッパでは日常的にある。

　ただし、ヨーロッパの中等教育修了資格試験においても、大学での学修と
の接続が十分に考慮されているとはいいがたい。ドイツの章で見たように、
大学において数学などの補習授業を実施せざるを得ない実態が一つの証左で
あろう。それゆえ、上記の①から④に加え、カリキュラムや選抜試験（ある
いは資格試験）制度のデザインにおいて、大学での学修との接続が検討され
る必要があるだろう。そしてその中で学生と下級学校（送り出す側）と上級
学校（受け入れる側）の三者のステイクホルダーそれぞれがある程度納得す
ることができ、かつ高等教育機関での学習を支援するような評価の仕組みを
考える必要がある。もちろん、残念なことに、どのような方法であっても、
大学でのその生徒の能力や意欲の向上を確実に予測し保障することはできな
い。しかしながら、高校での学習の意義そのものを、入試準備と接続的に感
じることができ、続く大学生活での学修・研究を高い意欲を保持しながら
行っていけるような選抜のありかたは、日本においてさらに議論されるべき
である。

　その時に参照できるのは、本書で取り上げたいくつかの国で、時代に合わ
せときに試験制度を抜本的に改革し、またしばしばマイナーチェンジも行っ

てきた（今も行っている）ことである。そしてそれらの改革に対して、最も重要なステイクホルダーである生徒自身が声を上げ、賛否を表明し、それがまた改革を止めたり、進めたりしていることも合わせて確認をしておきたい。

　入試改革の制度設計は困難である。そこには様々な要因が絡んでいるからである。わたしたちの専門性を越える問題、大学の定員問題、学費や奨学金の問題など入試制度の設計に直接的に関わる問題は検討することはできなかった。しかし、わたしたちが検討した各国の大学入試の具体的な仕組みや方法が、何より受験者に、教員に、高校あるいは大学にとって最も関心のあることであり、本書がそれらに関する視野を広げ、新たな視点を提供できることを願ってやまない。

　最後に、学会の後援も何もない小さなシンポジウムに目をとめ、本にしましょうと声をかけ、研究会にも同席して本づくりを進めてくださった大修館書店の木村信之さんに感謝申し上げる。

2020 年 7 月

伊藤　実歩子

索　引

【あ】

アカウンタビリティー　10, 21, 42, 76, 90

アビトゥア　2, 9, 17, 84, 92, 93, 99, 100, 104-113, 115, 116, 117-122, 229

天野郁夫　2, 7, 9-11, 13, 19, 20

一般入試　4, 6, 7, 11, 16, 19, 234, 239, 240, 242, 253, 259, 262, 271

AO入試　1, 4, 12, 15, 20, 234, 239-241, 248-250, 253, 254, 257, 259, 263, 264

英語民間（外部）試験　iii, 1, 3, 6, 235, 246, 247, 262

エコールポリテクニク　144, 145, 148, 152, 168, 170

エリート　14-18, 105, 118, 120-122, 124, 129, 131, 137, 143-146, 152, 153, 163, 164, 166, 167, 170-172, 191

Aレベル　2, 18, 201-210, 212-214, 217, 218, 222-224, 225, 227, 228, 229

欧州のキー・コンピテンシー　60

ORE法　131

お茶の水女子大学　253, 260, 263

【か】

学修能力　108-110

学生の進路と成功法（La loi relative à l'orientation et à la réussite des étudiants）　131

学力格差　59, 66

学校試験　21, 25-30, 32-36, 40, 42

記述式問題　iii, 1-5, 7, 17, 21, 71, 235, 241-246, 259

記述試験　15, 77, 79, 80, 82, 83, 85, 87, 90-92, 119, 120

ギムナジウム　8, 72, 73, 76, 99, 103-106, 108-110, 115, 116, 118, 119, 120, 121, 122

教育スタンダード　72, 86, 91, 93, 110, 112

教育評価　i, ii, 11-13, 16, 83, 84, 117, 260

京都大学　254-256, 260

勤労経験　173, 177, 179-181, 191

グランゼコール　17, 124, 129, 131, 140, 143-152, 154, 159, 163, 164, 166, 167, 168, 170-172

グランゼコール準備学級（Classe Préparatoire aux Grandes Écoles, CPGE）124, 143, 144, 146-150, 152, 153, 159, 163-165, 167, 168, 170

慶應義塾大学　15, 257, 258, 260

口述試験　15, 17, 48, 49, 53, 55-59, 61-64, 68, 69, 71, 77-92, 94, 119, 120, 124, 125, 127, 137, 140, 144, 150, 151, 154, 159, 165, 167

公正　5, 7, 14-16, 18, 19, 100, 108, 111, 132, 139, 145, 165, 247, 258, 260

高大接続答申　236

高等教育試験（högskoleprovet）　173, 177, 182-184, 186, 187, 190, 191

高等教育進学希望事前登録プラットフォーム（Parcoursup）　130, 131, 133, 139, 147, 165, 171

高等師範学校　140, 144-146, 148, 149, 154-156, 159-161, 163, 167, 168

公平性　i, 2-7, 10, 14, 21, 22, 39, 40, 71, 75, 81, 82, 86, 90, 91, 108, 111, 122, 127, 130, 201, 209, 210, 212, 222, 223, 246, 272

――信仰　4, 5, 7

コール　150, 151, 164

国際バカロレア（IB）　i, 18, 207, 208, 222, 225, 229-234

国立行政学院（École Nationale d'Administration）　140, 144-146, 166, 167, 168

コンピテンシー　37, 72, 75-82, 86-91, 94, 106, 109-111, 116, 234

コンピテンス　56, 57, 59-61, 65, 179, 182, 192

【さ】

指定校推薦　1, 6, 13, 15, 257

市民性　37, 38, 54, 57, 58, 61

修得主義　8, 19

受験学力　12, 13

生涯学習　173, 174, 177, 190, 191, 197, 199

「ジレ・ジョーヌ（黄色いベスト）」運動　166

新思考入試　256, 257, 264

新フンボルト入試　253, 263, 264

信頼性　35, 85, 127, 218, 221, 223, 246

進路指導　46

推薦入試　1, 4, 6, 7, 15-17, 59, 234, 239-241, 248-250, 253, 257-259, 263, 264

ステイクホルダー　17, 56, 61, 271-273

相対評価　12, 13

園田英弘　4, 5, 19

【た】

大学入学共通テスト（共通テスト）　iii, 4-7, 21, 71, 201, 235, 241-243, 247, 248, 259

大学入試センター試験（センター試験）　1, 2, 5-7, 12, 20, 97, 123, 128, 201, 202, 205, 212, 240-243, 246, 249, 254-257, 259, 264

竹内洋　6, 7, 14, 19, 20

多肢選択　5, 15, 16, 21, 29, 30, 96, 183, 186, 241, 242, 244, 246

妥当性　6, 35, 85, 127

田中耕治　13, 14, 19, 20, 65

多様性　1, 3, 6, 7, 11, 14, 15, 101, 153, 166, 257

中央試験　21, 26-30, 33, 34, 37, 39, 40, 42, 43

調査書　13, 148, 171, 239, 241, 248-255, 259, 263

ディセルタシオン　156, 160, 161, 169

統一アビトゥア　109, 119, 120

統一マトゥーラ　71-73, 75-77, 80-82, 87, 91, 92, 93, 95, 97, 120

東京大学　257, 258, 260

到達度評価　12

特色入試　254, 255, 264

ドロップアウト　8, 9, 72

【な】

内申書　6, 13, 130, 203

中村高康　4, 14, 19

中室牧子　15, 20

入学制限　108, 111

【は】

ハイステイクス　ii, 17, 22, 42, 48, 81, 86, 196

バカロレア　2, 9, 17, 80, 82, 93, 123-131, 133-139, 140, 141, 143-145, 147-151, 157, 159, 160, 161, 163, 167, 171, 229, 230

パリ高等経営学院（HEC）　146, 168, 171

パリ政治学院　140, 145, 146, 164-167, 168

PISA 調査（PISA）　ii, 17, 28, 59, 60, 63, 66, 67, 72, 74, 76, 91

――型教育改革　71, 75, 76, 91

——ショック　66, 71, 72, 86, 93, 119

ビースタ　38, 39, 42

久冨善之　5, 19

筆記試験　14, 15, 19, 21, 26, 30, 32, 33, 48-54, 61, 64, 83, 92, 124, 125, 137, 138, 144, 150, 151, 154, 159, 165, 167, 224, 264

FIT 入試　257, 264

フランス全国学生連盟（UNEF）　133

フンボルト　100-104, 121, 122

ポートフォリオ　256, 260

ボローニャ・プロセス　16, 20, 121

【ま】

松下佳代　12, 13

マトゥーラ　9, 71, 73-82, 84, 86, 87, 89-91, 93, 95-97, 118, 121, 271

マトゥリタ　45-50, 53, 55-64, 65

目標に準拠した評価　13, 250

【ら・わ】

履修主義　8, 9, 19

留年　8, 9, 46, 59, 67, 68, 95, 138, 143, 151, 152

早稲田大学　15, 256-258, 260, 264

【A-Z・1-9】

Bildung　17, 99-104, 111, 115, 116, 117, 120-122

CEFR　31, 52, 82

G8　105, 109, 110, 116, 121

KMK　100, 101, 106, 107, 111-113, 122

OECD　ii, 21, 59, 66, 67, 72, 109, 234

25：4 ルール（25：4-regeln）　173, 174, 177, 179-182, 190

執筆者紹介 （執筆順、所属は執筆時）

伊藤実歩子（いとう　みほこ）［まえがき・序章・3章・コラム④・4章（訳・解説）・あとがき］
1974 年生まれ。立教大学文学部教授。博士（教育学）。専門は教育方法学、カリキュラム論。著書に『戦間期オーストリアの学校改革──労作教育の理論と実践』（東信堂、2010 年）、『＜新しい能力＞は教育を変えるか──学力・リテラシー・コンピテンシー』（共著、ミネルヴァ書房、2010 年）など。

奥村好美（おくむら　よしみ）［1章・コラム①］
1985 年生まれ。兵庫教育大学大学院学校教育研究科准教授。博士（教育学）。専門は教育方法学。著書に『＜教育の自由＞と学校評価──現代オランダの模索』（京都大学学術出版会、2016 年）、『「逆向き設計」実践ガイドブック──『理解をもたらすカリキュラム設計』を読む・活かす・共有する』（共編著、日本標準、2020 年）など。

徳永俊太（とくなが　しゅんた）［2章・コラム②③］
1980 年生まれ。京都教育大学大学院連合教職実践研究科准教授。博士（教育学）。専門は教育方法学。著書に『イタリアの歴史教育理論──歴史教育と歴史学を結ぶ「探究」』（法律文化社、2014 年）、『戦後日本教育方法論史（下）』（共著、ミネルヴァ書房、2017 年）など。

ロター・ヴィガー（Lothar Wigger）［4章］
1953 年生まれ。ドルトムント工科大学教育科学・心理学・社会学部教授（哲学博士）。専門は教育哲学。著書に『人間形成と承認：教育哲学の新たな展開』（共編著、北大路書房、2014 年）、『Nach Fukushima?: Zur erziehungs- und bildungstheoretischen Reflexion atomarer Katastrophen. Internationale Perspektiven』（共著、Klinkhardt, 2016 年）など。

坂本尚志（さかもと　たかし）［5章・6章・コラム⑤］
1976 年生まれ。京都薬科大学一般教育分野准教授。博士（哲学）。専門は 20 世紀フランス思想、哲学教育。著書に、『バカロレア幸福論』（星海社新書、2018 年）、『共にあることの哲学と現実──家族・社会・文学・政治』（共著、書肆心水、2017 年）など。

本所恵（ほんじょ　めぐみ）［7章・コラム⑥］
1980年生まれ。金沢大学人間社会研究域学校教育系准教授。博士（教育学）。専門は教育方法学。著書に『スウェーデンにおける高校の教育課程改革——専門性に結びついた共通性の模索』（新評論、2016年）、『岐路に立つ移民教育　社会的包摂への挑戦』（共著、ナカニシヤ出版、2016年）など。

西村教（にしむら　おしえ）［コラム⑦］
1983年生まれ。タンペレ大学大学院教育文化学部博士課程在籍。修士（教育学）。専門は比較・国際教育学。著書に『Perceptions of intercultural education and the concept of culture among immigrant teachers in Finland』（共著, Tampere University Press, 2017年）など。

二宮衆一（にのみや　しゅういち）［8章・コラム⑧］
1974年生まれ。和歌山大学教育学部准教授。修士（教育学）。専門は教育方法学。著書に『新しい教育評価入門——人を育てる評価のために』（共著、有斐閣、2015年）、『戦後日本教育方法論史　上』（共著、ミネルヴァ書房　2017年）など。

次橋秀樹（つぎはし　ひでき）［コラム⑨］
1975年生まれ。京都芸術大学芸術学部講師。修士（教育学）。専門は教育方法学。著書に『教科の「深い学び」を実現するパフォーマンス評価——「見方・考え方」をどう育てるか』（共著、日本標準、2019年）、『新しい教職教育講座（全23巻）教育課程・教育評価』（共著、ミネルヴァ書房、2018年）など。

木村裕（きむら　ゆたか）［9章］
1981年生まれ。滋賀県立大学人間文化学部准教授。博士（教育学）。専門は教育方法学。著書に『オーストラリアのグローバル教育の理論と実践——開発教育研究の継承と新たな展開』（東信堂、2014年）、『子どもの幸せを実現する学力と学校——オーストラリア・ニュージーランド・カナダ・韓国・中国の「新たな学力」への対応から考える』（共編著、学事出版、2019年）など。

変動する大学入試——資格か選抜かヨーロッパと日本

© ITO Mihoko, 2020   NDC 375/vii, 278p/22cm

初版第1刷———2020年 9 月 1 日

編著者———伊藤実歩子
発行者———鈴木一行
発行所———株式会社 大修館書店
     〒113-8541　東京都文京区湯島 2-1-1
     電話　03-3868-2651 販売部／03-3868-2291 編集部
     振替　00190-7-40504
     [出版情報] https://www.taishukan.co.jp

装丁者———鈴木衛
印刷所———壮光舎印刷
製本所———牧製本

ISBN978-4-469-22272-2   Printed in Japan